KB121061

당신은
체인지메이커입니까?

당신은 체인지메이커입니까?

1판 1쇄 발행 2018. 12. 10.
1판 3쇄 발행 2020. 3. 10.

엮은이 정경선

발행인 고세규
편집 조은혜 | 디자인 이경희

발행처 김영사
등록 1979년 5월 17일(제406-2003-036호)
주소 경기도 파주시 문발로 197(문발동) 우편번호 413-120
전화 마케팅부 031)955-3100, 편집부 031)955-3200 | 팩스 031)955-3111

값은 뒤표지에 있습니다.
ISBN 978-89-349-8431-3 03300

홈페이지 www.gimmyoung.com   블로그 blog.naver.com/gybook
페이스북 facebook.com/gybooks   이메일 bestbook@gimmyoung.com

좋은 독자가 좋은 책을 만듭니다.
김영사는 독자 여러분의 의견에 항상 귀 기울이고 있습니다.

이 도서의 국립중앙도서관 출판시도서목록(CIP)은 서지정보유통지원시스템 홈페이지
(http://seoji.nl.go.kr)와 국가자료공동목록시스템(http://www.nl.go.kr/kolisnet)에서
이용하실 수 있습니다.(CIP제어번호 : CIP2018037662)

당신은
체인지메이커입니까?

Are You a
Changemaker?

정경선 묻고 체인지메이커 답하다

김영사

작은 변화를 모아

1999년 다음커뮤니케이션이 코스닥 시장에 상장한 후 10년 가까이 상장회사의 CEO로 일하면서 한 가장 큰 고민은, 어떻게 하면 회사가 더 성장해 더 많은 이익을 주주와 직원에게 돌려줄 수 있는가였다. 회사의 가장 중요한 목표는 주주들에게 더 많은 이익을 지속적으로 돌려주는 것이라고 배웠기 때문이다. 그런데 어느 순간부터 이익극대화를 목표로 하면 할수록 회사의 지속 가능성이 떨어진다는 생각이 들었다. 회사의 목표가 이익 창출에만 맞춰지면서 여러 사회 가치와 충돌이 일어났기 때문이다. 과연 회사가 이익극대화를 목표로 갖는 것이 맞는가라는 의문이 들던 시점에 중국에서 한 뉴스가 들려왔다.

2008년 중국에서 아기들의 분유에 멜라민이라는 유해 물질을 넣어 30만 명의 아기들을 입원하게 만든 사건은 세계적으로 논란이 되었다. 아기들의 건강에 해로운 것을 알면서도 조금 더 많은 이익을 얻고자 분유에 멜라민을 넣은 회사의 최대 주주는 회사 노동자조합이었다. 2대 주주는 뉴질랜드 농부들의 협동조합이었다. 도대체 어떻게 비용 절감을 명목으로 아기들의 건강에 해로운 물질을 넣을 수 있었을까. 좋은 뜻으로 모였던 주주들은 왜 회사 경영진의 잘못된 결정에 제동을 걸지 못했을까. 회사의 사명은 이익극대화라는 믿음에서 벗어나지 못해 벌어진 일이었다. 결국 회사는 청산되며 경영진은 처벌을 받았고, 주주들은 엄청난 손해를 봤다. 이 사건은 내가 상장회사 경영진 역할을 그만두게 된 결정적 계기였다.

단순히 중국의 한 분유 회사의 일만은 아니다. 여러 나라에서 많은 회사가 이런 일을 벌이고 있다. 자본주의의 최고 발명품이 회사라고 한다. 하지만 주주 이익극대화에만 전념하는 회사는 불완전한 발명품에 불과하다. 어떻게 하면 이런 불완전한 회사의 개념을 보완할 수 있을까 고민하던 차에 눈에 들어온 것이 사회혁신 기업이었다. 이익극대화가 아닌 사회혁신을 사명으로 삼고 그것을 실현하는 회사. 이런 회사를 만들고 경영하는 체인지메이커들. 이런 회사와 사람들이야말로 불완전한 회사와 자본주의의 개념을 보완할 수 있다는 생각을 하게 되었다.

체인지메이커. 변화에 적응하고 따라가는 것도 쉽지 않은 세상에서 주도적으로 변화를 만들어가는 사람들. 현장에서 사회의 어려운 문제를 하나하나 해결하고 작은 변화를 모아 큰 변화를 만드는 사람들. 이 사람들이 주목을 받는 이유는 시대가 변했기 때문이다. 소수의 정치나 종교 지도자가 아니고서는 변화를 만들 방법이 없던 시대에서 누구나 변화의 주체가 될 수 있는 시대가 되었다. 또한 사회문제 해결과 관련된 생태계도 만들어지는 중이다. 체인지메이커들이 만들어 낼 임팩트(체인지메이커들이 사회 변화를 위해 창출해내는 긍정적인 영향력)에 투자하는 임팩트 투자(사회적 가치와 재무 수익률을 동시에 추구하는 투자 행위), 체인지메이커를 지원하는 인큐베이터 (초기 스타트업에게 멘토링, 자금, 네트워크 등을 지원해 자립을 돕는 조직), 액셀러레이터Accelerator(스타트업이 지속 가능한 성장을 할 수 있도록 사업과 조직 운영 전반에 집중적인 전략 프로그램을 제공하는 조직), 코워킹스페이스Co-working Space 등이 어우러지며 더 많은 체인지메이커를 만들 수 있는 환경이 조성되고 있다.

물론 현실은 녹록지 않다. 체인지메이커를 이해하는 사람이 많지 않아 외롭고, 정부와 민간 모두에게서 영역을 침범한다는 말을 듣는다. 그렇게 해서 변화를 만들 수 있냐는 냉소도 있다. 국내에 다양한 영역의 체인지메이커들이 모이는 인스파이어드(체인지메이커들의 지속 가능한 성장을 위해 휴식과 네트워킹의 기회를 제공하는 행사)에 가면 사람들이 얼마나 외롭고 힘들게, 하지만 꾸준히 체인지메이커 생태계를 만들고 있는지 알 수 있다.

이 책을 엮은 정경선 대표는 시작하는 단계인 체인지메이커 생태계에 필요한 것을 하나하나 꾸준하게 만들어가고 있는 체인지메이커다. 나 또한 같은 곳에서 일하는 사람이라 자원과 에너지가 부족한 체인지메이커 생태계에서 하나씩 사업을 해나가는 그가 반갑다. 처음 가는 길이다 보니 외로울 때도 있고, 옳은 방향으로 가고 있는지 두렵기도 한데, 옆에서 같이 이야기하고 상의할 수 있는 정경선 대표 같은 동료가 있어 힘이 되기도 한다.

앞으로 만들어낼 변화가 더 기대되는 정경선 대표가 체인지메이커들의 이야기를 듣고, 자신의 생각을 더한 책이 나온다는 소식은 나를 설레게 했다. 인터뷰에 응한 체인지메이커와 체인지메이커를 돕고 지원하는 이들 모두 소중한 사람이다. 이들의 고민을 들어주고, 어떻게 하면 함께 고민을 해결할 수 있는지 말하는 이 책 또한 매우 소중하다. 이 책이 홀로 있는 것 같아 외롭던 체인지메이커들의 외로움을 덜어주고, 체인지메이커와 무관하다 생각했던 사람들이 체인지메이커들을 응원하게 하고, 더 나아가 많은 사람을 체인지메이커 생태계로 끌어들이는 계기가 되길 바란다.

　이 세상의 체인지메이커들, 체인지메이커가 되려는 이들, 그리고 이들을 응원하는 정경선 대표를 비롯한 체인지메이커 생태계 사람 모두를 응원한다.

이재웅
옐로우독YELLOWDOG, 에스오피오오엔지sopoong,
다음커뮤니케이션 창업자
현 쏘카 대표이사

모두가 체인지메이커인 세상
Everyone a Changemaker

우리 사회는 그간 각자에게 주어진 일을 반복하여 역량과 효율성을 높이는 방식을 추구해왔습니다. 공장의 조립라인이나 로펌처럼 말입니다. 그러나 우리 사회는 지금 역사적인 전환을 맞이하고 있습니다. 급격한 속도로 사회가 변화하고 있는 것이죠. 모든 것이 변화하고 그 변화가 또 다른 변화를 일으키는 세상에서 그간의 방식은 금세 실패하기 마련입니다.

세상의 변화에 적극적으로 도전하는 사람과 팀이 늘어나고 있고, 그들은 변화를 만들 수 있는 역량을 갖추어가고 있습니다. 또한 인터넷web의 등장과 발전은 변화무쌍한 글로벌 환경에서 상호협력에 대한 가능성과 그 니즈를 높입니다. 이제는 빠르게 모습을 바꿀 줄 아는 팀 오브 팀스Team of Teams(여러 팀으로 구성된 하나의 팀이라는 의미로, 개인과 기업 등이 모여 이들이 다시 하나의 팀을 이루는 방식을 말한다)가 성공할 겁니다. 팀 오브 팀스의 구성원들은 세상을 끊임없이 관찰하며 다양한 기회를 통해 새로운 목표를 정하고 서로를 돕기 때문입니다. 팀 오브 팀스의 구성원인 체인지메이커가 된다는 것은 단순히 직업의 선택을 의미하지 않습니다. 새로운 세상에서 개인이 살아가기 위한 방식이죠. 그래서 우리 모두는 체인지메이커가 되어야 합니다.

모든 사람이 체인지메이커가 되는 세상이란, 모든 문제가 해결될 수 있는 세상을 의미합니다. 문제를 해결하고 세상의 변화를 만들 역량을 갖춘 사람들은 서로를 평등하게 바라봅니다. 특정 엘리트가 아니라 모든 사람이 구체적인 행동을 통해 타인과 사회에 대한 사랑을 전하고 존경을 표하는 곳이 바로 체인지메이커가 가득한 세상입니다. 지금과 같은 전환기에는 근본적인 사회구조가 변화합니다. 우리는 이 사회가 전환기에 있다는 사실을 인식하고 받아들여야 합니다. 그리고 새로운 세상에 맞추어 모든 것을 바꿔야 합니다. 이제 학교와 가정에서는 다음 세대들이 체인지메이커로 성장할 수 있게 도와야 합니다. 앞으로는 체인지메이커와 그 생태계를 만드는 이들에 대한 투자가 자선가들에게 최고의 투자가 될 것이고, 기업의 미래는 유연하고 협력적인 팀 오브 팀스를 이룰 수 있느냐에 따라 좌우될 것입니다.

루트임팩트는 한국 사회 구성원들이 전환기를 명확하게

인식하고 이에 따른 기회를 포착할 수 있도록 돕고 있습니다. 이 책에서 소개된 한국과 다른 여러 나라의 체인지메이커들은 모두를 위한 선善을 증진하는 데서 삶의 만족을 찾고, 역사적인 전환기에 누구보다 빠르게 적응한 사람들입니다. 여러분은 이 책을 통해 무엇이 체인지메이커를 만드는지, 여기 나온 체인지메이커들이 걸어온 길은 어떤 길이었는지 알게 될 겁니다. 저는 이들의 모습이 여러분의 향후 선택에 큰 도움이 되리라 믿습니다.

이 책에도 나온 이수인 에누마Enuma 대표, 정찬필 미래교실네트워크 사무총장을 비롯한 3500여 명의 아쇼카 펠로우Ashoka Fellow(아쇼카는 매년 뛰어난 사회혁신가를 아쇼카 펠로우로 선정해 더욱 원활한 사회혁신이 가능하도록 지원한다)들은 시대의 흐름과 변화를 명확히 인식하게 하는 체인지메이커들입니다. 이들은 수많은 체인지메이커와 활발하게 협력해 각자의 지역과 분야에서 기존의 관행과 시스템을 바꾸고 있습니다. 체인지메이커들은 변화하는 세상에서 지속적으로 아이디어를 만들고, 바꾸고, 진화시키며 모두를 위한 선을 실현해나가고

추천의 말

있습니다.

 자, 모두가 체인지메이커인 세상*Everyone a Changemaker*을 만들기 위해 함께 나아갑시다.

빌 드레이튼*Bill Drayton*

아쇼카 CEO

체인지메이커를 만나며

어렸을 때 보던 만화와 영화에는 공통적인 특징이 있었습니다. 선한 주인공과 뼛속부터 사악한 악당이 등장한다는 점이죠. 마왕이든 독재자든, 악당은 시종일관 세상을 파괴하고 주인공을 무너뜨리는 계획에만 골몰하는 존재들이었습니다. 어린 우리는 마음 편히 주인공의 편에 서서 악당이 무너지기를 간절히 바랐습니다. 실제로 이런 이야기에서는 악당이 비참한 최후를 맞으며 대부분의 문제가 깔끔하게 해결되고요.

선과 악으로만 가르는 것, 즉 문제를 단순하게 인식하는 것은 사람의 본능일지도 모릅니다. 직관적이고, 쉬우니까요. 오랜 역사에 걸쳐 인류는 어떤 한 대상을 '악의 근원'으로 지정하고 공통의 적으로 몰아 집단을 결속해왔습니다. 종교인에게 공통의 적은 악마나 이교도일 것이고, 국가주의자에게는 적국일 것이며, 공산주의자에게는 기업과 자본가, 한국의 애국 보수에게는 빨갱이, 트럼프 지지자에게는 불법 이민자와 무슬림일 것입니다. 그리고 이들은 악의 근원이라 믿는 대상을 배제하고 척결하면 사회의 모든 문제가 해결되리라 믿습니다. 더 정확히는 모든 사회문제의 책임이 그 대상에게 있다고 보겠죠.

하지만 기술이 발전하고 인구가 증가함에 따라 전 세계는 점점 더 밀접하게 연결되고, 사회문제도 더 복잡해지고 있습니다. 문제를 단순화하면 마음은 편할 수 있지만, 제가 나열한 예시만 보더라도 문제의 해결책을 찾는 게 쉽지는 않습니다. 이런 단순화는 오히려 무자비한 폭력과 더 많은 문제를 불러일으키는 상황으로 이어지는 경우가 많죠.

2018년 넷플릭스에서 제작한 TV 시리즈 중 〈나는 살인자다 I am a killer〉라는 다큐멘터리가 있습니다. 살인을 한 뒤 사형수로 복역 중인 범죄자들을 인터뷰한 이 다큐멘터리는 과연 살인은 범죄자 개개인의 문제인지, 아니면 사회구조로 인한 문제인지에 대한 질문을 던집니다. 사형수들은 대부분 아동학대, 마약 등에 방치된 어린 시절을 보냈고 사회안전망의 부재로 제대로 된 도덕관을 세우지 못했습니다. 이들은 청소년기부터 범죄와 폭력에 노출되었습니다. 그렇다면 살인이라는 끔찍한 범죄를 사라지게 하는 방법의 정답은 무엇일까요? 이 살인자들을 영원히 격리하는 것일까요? 아니면 애초에 살인이라는 범죄에 이르는 상황을 최대한 방지하는 것일까요?

대학생들의 힘으로 사회문제를 해결하겠다고 마음먹은 2008년 12월부터 지금까지, 10여년의 짧은 경험으로 얻은 교훈은 정답은 없다는 것입니다. 다양한 사회문제를 더 깊이 공부할수록, 더 큰 어려움에 처한 이들을 만날수록, 문제 해결을 위해 노력하는 사람을 만날수록 최대한 다양한 시행착오를 통해 점진적으로 문제를 개선하는 것만이 최선이라는 생각에 이르렀습니다. 그렇기에 사회문제 해결을 추구하는 모든 사람은 자신이 정말 옳은 일을 하고 있는지에 대해 끊임없이 고민하고요.

이 책은 이런 고민에서 나왔습니다. 저희는 체인지메이커 열아홉 명과의 인터뷰를 통해 사회문제를 해결하는 과정이 만화와 영화의 주인공이 악당을 물리치는 것처럼 단순하지 않음을, 그 과정은 오히려 지루할 정도로 느리며 고통스러울 정도로 혼란스럽다는 것을 공유하고 싶었습니다. 그리고 이들처럼 충분한 고민과 노력이 있다면 누구든 문제를 해결할 수 있다는 희망도요.

인터뷰를 하며 개인적으로 흥미로웠던 것 중 하나는 '선의'에 대한 이야기였습니다. 많은 분이 인터뷰에서 선의만으로 세상은 변하지 않는다고 했습니다. 어떻게 보면 절망스러운 말이죠. 우리는 어려서부터 선의와 진정성은 통한다고 배워왔으니까요. 너무나 천천히 해결되는, 심지어 가끔은 악화되기까지 하는 사회문제들을 보다 보면 암담해지는 것도 사실입니다. 한때 가장 성공적으로 사회 통합을 하던 유럽은 극우 민족주의자들의 등장으로 혼란에 휩싸였고, 전 세계의 미투 운동과 페미니즘은 어려움을 겪고 있습니다. 이 책을 쓰기 위해 인터뷰를 하는 중에도 수많은 비극과 범죄가 발생했죠.

그렇기에 저는 이 책이, 이 인터뷰들이 가치가 있다고 믿습니다. 세상에 만연한 모든 사회문제가 방치되고 악화되기만 하는 것이 아니라, 문제들을 해결하기 위해 노력하는 수많은 사람이 있다는 증거이기 때문이죠. 이 책을 읽는 모든 사람이 사회 곳곳에서 노력하고 있는 체인지메이커들의 존재와 그들이 어떤 생각으로 일을 하고 있는지 보며 희망을 갖고, 사회를 더 나은 곳으로 만들기 위한 나름대로의 답을 찾았으면 합니다.

끝으로, 지금 이 순간에도 끊임없이 체인지메이커를 정의하며 찾고 있는 루트임팩트와 홈페이지를 보고 먼저 이 책의 기획을 제안해준 김영사, 그리고 인터뷰에 흔쾌히 응해준 모든 체인지메이커에게 감사를 전합니다.

2018년 겨울

정경선

차례

1장 일로써 세상의 문제를 해결하는 체인지메이커

일러두기

- 엮은이가 쓴 글은 고딕체로 표시했다.
- 외국인의 추천의 말, 외국인과의 인터뷰는 번역을 해서 실었다.
- 외국어가 들어간 기업명은 국립국어원 외래어표기법을 따르되
  몇몇 경우는 관용적 표현을 따랐다.

일로써 세상의
문제를 해결하는
체인지메이커

1장

사회적 동물인 인간에게 대다수와 다른 선택을 한다는 것은 무척 어려운 일이다. 더군다나 그 선택이 전례가 많지 않은 새로운 일이라면 그 어려움은 몇 배로 커진다. 기본적으로 체인지메이킹이란 '전례가 없는 다른 선택'이기에 체인지메이커들 대다수는 넘어도 넘어도 끝없이 고비가 나타나는 산을 오르고 있는 것이나 다름없다.

이런 상황에서, 다른 체인지메이커들과 함께 보다 거대한 변화를 만들고자 기수 역할을 하는 창업자의 어려움을 상상해보라. 어렵다는 걸 알고 있었기에 힘들지만 투덜거릴 수 없고, 자신을 믿고 따라오는 이들이 있기 때문에 멈출 수도 없다. 지근거리에서 불타 스러지는 다른 창업자를 보면서도, 언젠가 본인이 지향하는 비전에 도달할 수 있다는 믿음으로 끊임없이 발을 내딛는 것이 바로 창업자들이다.

이번 인터뷰를 통해, 도발적인 메시지로 한국 사회에 깊게 내재된 문제를 파헤치는 조소담 대표, 선생님 없이 학습이 가능한 교육용 애플리케이션 '토도수학'을 글로벌 에듀테크(교육Education과 기술Technology의 합성어로 신기술 기반 차세대 교육 서비스)로 발전시킨 이수인 대표, 막대한 영향력을 지닌 강연 콘텐츠의 대세가 된 구범준 대표, 한국 공교육에 본질적인 변화를 불러일으킨 정찬필 사무총장, 낯선 타국에 와 말 그대로 무에서 유를 창조하고 있는 크레이그 라투슈Craig LaTouche까지, 체인지메이커로서 생존했을 뿐만 아니라 새로운 영역을 개척하고 있는 창업자들을 만나보았다.

　창업한 시기나 사업의 규모는 다르지만, 다섯 명의 체인지메이커 창업자들은 어느 정도 비슷한 특성을 공유하고 있었다. 본인이 해결하려는 사회문제에 대한 깊은 이해, 문제를 해결하기 위해 본인과 본인의 조직이 할 수 있는 것과 할 수 없는 것에 대한 명확한 구분, 그리고 그 인지를 바탕으로 비슷한 관심사를 가진 이해관계자들과의 유연한 파트너십 등등. 이들은 인터뷰를 통해 지금껏 어떤 길을 걸어왔는지, 지금 어떤 고민을 하는지 등 창업자의 현실과 미래에 대한 본인들의 생각을 가감 없이 이야기했다.

　이들과 대화를 나누며 개인적으로 든 생각이 있다. 사회문제를 해결하는 이들의 방식은 누구보다도 많이 고민하고 열심히 노력해서 만든 해결책이라는 것이었다. 이 인터뷰들을 통해 창업자들은 공감과 의지를, 창업을 준비하는 체인지메이커들은 이들의 치열한 고민과 집념을 만나볼 수 있기를 바란다.

새로운 상식을
만들다

▶ ▶ ▶

인플루언서 **조소담**

2016년 밀레니얼 세대(1980년대 초반에서 2000년대 초반에 태어난 세대)를 위한 미디어 닷페이스
DotFace를 창업했다. 다음 해, 여성과 소수의 인권에 관한 이야기를 풀어낸 다큐멘터리로 누적
조회 수 1억 뷰를 달성했다. 랜덤채팅 어플로 하는 미성년자 성매수 문제를 조명한 'H.I.M. Here i
am', 낙태죄 폐지를 이야기하는 '세탁소의 여자들' 등을 통해 사회문제를 심도 있게 전한다. 포
브스 선정 '유리천장을 깬 아시아 여성 20인', '아시아의 영향력 있는 30세 이하 리더'로 꼽혔다.
이야기를 나누면 새로운 상식이 만들어진다 생각하고, 세상에 선한 영향을 끼치는 미디어를 만
들고자 노력하고 있다.

변화를 만드는 것은 불편하다. 이미 굳어진 관행이 부정적인 파급 효과를 낳는다 하더라도, 거기에 반기를 들고 새로운 방법을 모색하는 건 예측 가능한 미래를 선호하는 인간의 습성과 맞지 않기 때문이다.

우리가 '체인지메이커'라고 부르는 사람들은 현실에 안주하려는 대다수에게 현재 상황의 문제점을 지적하고, 앞으로 나아가야 할 방향에 대해 골치 아픈 질문을 던진다. 그렇기에 체인지메이커는 종종 튀는 사람, 유별난 사람이라는 주홍글씨를 지고 살아야 한다.

설립된 지 2년밖에 되지 않은 온라인 미디어 닷페이스는 우리 사회가 마땅히 생각했어야 하지만 충분히 생각하지 못했던 불편한 주제들에 대해, 세련되고 이해하기 쉬운 영상 콘텐츠로 질문을 던지는 체인지메이커 미디어다. 닷페이스의 창업자이자 수프림 리더Supreme Leader (회사 동료가 붙여준 직함이라고 한다)인 조소담 대표는 한국 사회가 체인지메이커들에게 찍는 '유별남'이라는 주홍글씨를 받아들이는 것을 넘어 적극적으로 본인의 정체성으로 수용했다.

그가 대학생 때 글을 썼던 매체의 이름, 미스핏츠Misfits에서 드러나듯 그는 사람을 그룹화해 사회가 정한 정형正形에 맞추려는 한국 사회의 불편함에 대해 지속적으로 의문을 제기한다. 나답게 사는 것을 불가능하게 만드는 여러 가지 문제에 대해 글을 쓰고, 영상을 만들고, 함께 고민하는 사람들을 위한 장을 만들고 있다.

닷페이스가 하는 일은 무척이나 어려운 일이다. 우리 사회에 만연하지만 대다수 미디어는 차마 건드릴 엄두도 내지 못하는 불편한 주제를 다루기 때문이다. 물론 가벼운 콘텐츠에 속하는 탈색이나 정치, 코스프레 이야기도 있지만 아동 성매매를 하는 남성, 성소수자에게 전환 치료를 행하는 종교인, 강력한 저항에 부딪힌 한국의 페미니즘 운동 등 비교적 무거운 콘텐츠를 다루기도 한다. 닷페이스는 이런 콘텐츠들을 통해 사람다움에 대한 이야기를 하고 있다.

콘텐츠는 결국 사람에게서 나온다. 닷페이스가 다양한 콘텐츠를 만들 수 있는 건, 조소담 대표도 다양한 매력을 지닌 사람이기 때문이다. 한 시간 인터뷰로는 조소담 대표가 어떤 인생의 궤적을 밟아왔는지, 어떤 일을 하고 있는지 등 큰 이야기만 담기에도 부족한 시간이었지만, 그가 장기적으로 그리는 그림이 무엇인지 가늠할 수는 있었다.

조소담

대의를 위해 희생하기보다, 내 주변 3미터의 영향력을 위해

대표님 인터뷰는 자퇴 이야기부터 시작할 수밖에 없을 것 같아요. 대표님 여정에 가장 큰 터닝 포인트라고 할 수 있잖아요. 어떤 일이 부당하다고 느껴도 그것에 대항해 행동하고, 시스템이 마음에 들지 않으면 떠나겠다고 결정하는 건 쉽지 않아요. 어떻게 결정하게 되었나요?

다른 인터뷰에 일련의 과정이 간단하게 언급되어서 알고 계실 거예요. 선생님이 여자아이들의 교복 단속을 공개적으로 하고, 단추를 달아야 할 위치를 지적하는 것을 보고 교무실로 찾아가 사과를 요구했어요. 처음부터 결연한 의지를 갖고 '절대 안 됩니다!' 한 건 아니에요. 하루 종일 수업을 못 듣고 계속 고민만 했어요. 사실 이미 많은 친구가 부당하다고 느끼고는 있었어요. 쉬는 시간에 울거나, 우리끼리 옳지 못하다고 말은 하지만 실제 상황에서 '이건 부당합니다. 당신은 부당한 일을 했습니다'라는 말은 못 한 거죠. 수업이 끝날 때까지 고민했던 것이, 과연 제가 그 말을 할 수 있냐는 거였어요. 이 부당함을 직접적으로 이야기하면 혼나지 않을까? 이 세계에서 살아남을 수 있을까? 여섯 시간은 고민한 것 같은데, 결국 결론은 같았어요. '이건 부당한 일이다. 그러니까 충분히 이야기해도 된다' 그래서 항의를 하게 된 거죠.

 이야기하겠다고 결정한 후에는 오히려 큰 고민이 없었어

요. 하지만 생각지도 못한 충격을 많이 받았죠. 제가 공개적
으로 비난을 받고, 선생님들이 저를 압박했으니까요. 가장 충
격이었던 건 처음에는 저를 응원하며 고마워하던 친구들이
자신들이 불이익을 받자 다른 태도를 보인 거예요. 그 불이익
이라는 게, 예를 들면 선생님들이 저와 가까운 친구들에게는
종례를 안 하거나 진학상담을 해주지 않는 거였어요. 그러니
까 친구들이 '부당한 건 맞는데 네가 그렇게까지 하는 건 좀
유별난 것 같다'는 반응을 보이더라고요. 그런 태도 변화에
대해 뭐라 말할 수는 없었어요. 그 친구들도 약자라서 강자인
선생님들에게 피해를 받는 것이었으니까요. 그러다 보니 무
엇이 옳고, 무엇이 그른 건지 헷갈리더라고요.

　대학에 가서, 《버려진 아이 외》라는 책에 실린 〈미하엘 콜
하스〉라는 단편소설을 읽고 고등학생 때 일이 많이 생각났
어요. 대의를 위해 한 인물이 희생하는 내용이었거든요. 교
양 수업 과제로 그 책을 읽고 독후감을 쓰는데, 저도 모르게
엄청 화를 내고 있더라고요. 이 사회도 구조적인 부당함과
상처를 방관하고는 영웅처럼 희생하는 모델을 하나씩 만들
잖아요. 그런 사람을 일찍부터 대단했고, 결의에 가득 찬 결
심을 하는 특별한 사람인 양 묘사하지만, 사실 그런 결정을
하게 된 건 그만큼 갈등이 생겼기 때문이거든요. 그때 든 생
각이, 시회가 특정 인물을 백신처럼 한 번 소비하고 만다는
거였어요. 사회는 건강해지겠지만, 정작 그 백신은 수레바퀴
에 깔리듯 한순간에 잊히고요. 고등학생 때를 생각하면서 대

조소담

의를 위해 희생하는 사람은 절대 되지 않겠다고 생각했어요. 그래서 주변 3미터를 변화시키는 게 정말 중요하다는 생각을 했고, 개인적인 문제가 오히려 큰 문제일 수 있다고 생각했어요. 주변을 바꾸기 위해 노력해야지, 거창한 문제를 해결하기 위해 노력하는 선택은 절대 하지 않겠다고 마음먹었죠.

제가 자퇴를 결심한 건 학교에 있으면 친구들과 똑같은 선택을 할 것 같아서였어요. 어찌 보면 구조에 적응하는 게 훨씬 편하고, 저도 꽤 잘 적응할 수 있을 것 같았거든요. 제가 이 환경에 계속 노출되면 '적응'이라는 선택을 할 만큼 나약한 사람이라, 그렇게 되지 않도록 저를 격리하는 게 최선이라고 생각한 거죠. 결국 엄청난 대의를 위해 살려고 내린 판단도 아닌 거예요.

지금 말씀하신 게 어떻게 보면 전형적인 체인지메이커 이야기 같아요. 구조에 대해 불편함을 느끼고 이야기하는 것 자체는 당연한 일인데 아무도 말하지 않죠. 대표님이 다른 이들과 조금 다르게 행동한 것은 그래도 '다른 이와 다른 무언가'가 있었기 때문이라고 생각하는데 어떠세요?

저에게 여러 취약함이 있다고 생각하는데, 그걸 인지하고 저의 특성으로 받아들였던 것 같아요. 사람마다 각자 처한 상황이 다르잖아요. 예를 들면, 한부모가정 자녀, 돈이 없는 집, 여성 같은 조건이요. 이런 조건이 어떤 의미인지, 제가 취약할 수밖에 없는 상황이 실제로 제게 어떤 의미인지 생각해보면, 저와 비슷한 조건의 다른 사람들도 취약할 수밖에 없다는 결론이 나와요. 그냥 참고 넘어가기에는 이 일이 다른 사람들에게 또 반복될 거라는 거죠. '나의 취약함은 다른 사람의 취약함'일 것이기 때문에, 함께 이야기하고 해결하는 것이 낫다고 생각한 것 같아요.

제가 원래 그런 사람이어서 혹은 어떤 경험을 겪고 바뀐 사람이어서 이런 선택을 한 건 아닌 것 같아요. 저는 사람이라는 동물이 선택을 할 때마다 조금씩 바뀌어나간다고 생각하거든요. 어떤 순간마다 선택을 해버린 거고, 그래서 그 선택이 곧 자신이 된 것 같아요. 영화 〈해리 포터〉에서 덤블도어 교수가 해리 포터에게 '사람이라는 건 원래 가진 능력으로 나타나는 게 아니라, 어떤 선택을 하느냐가 곧 그 사람이다'라는 말을 해요. 고등학교 자퇴 이후, 어떤 선택을 하든 이 선택이 나를 다른 사람으로 만들 거라고 생각해요. 그게 꼭 다른 사람을 위한 것도 아니에요. 그냥 내가 그런 사람이고 싶어서 하는 선택인 것 같아요.

'사실'은 가장 힘이 세다

고등학생 때가 문제의식을 갖고 고민을 시작한 시기라면, 대학생 때는 그 문제의식에 대한 실험을 시작한 거라고 생각해

조소담

요. 많은 수단 중 문제 해결 방법으로 '글'을 선택한 이유가 있을까요?

어릴 때부터 글 쓰는 걸 좋아했어요. 꼭 글일 필요는 없지만 글이 제일 쉽다고 생각했고요. 하지만 지금은 영상을 하고 있죠. 이런 걸 보면 저는 그냥 이야기를 전하고 싶은 사람이지, 매체는 상관없는 것 같아요. 커뮤니티, 페이스북, 그리고 다른 플랫폼을 볼 때도 메시지를 전하는 형태와 방식에 신경을 많이 써요. 이야기를 듣고, 또 직접 전하는 행위가 사람을 바꾸는 일이라고 생각해요. 그래서 글이든 영상이든 이야기를 전달하는 게 중요하다 보고요.

제가 글을 썼던 미스핏츠라는 매체는 '나'라는 주어로 이야기를 시작해야만 하는 곳이었어요. 미스핏츠라는 말의 의미가, '핏fit하지 않다', 즉, 들어맞지 않는다는 거잖아요. 우리는 사실 굉장히 '핏'한 사람들인데 도대체 왜 핏하지 않은가에 대해 고민했어요. 사실 굉장히 주관적으로 시작한 글이 많았어요. 등굣길 버스 안에서, 뉴스를 보다가, 친구와 이야기하다가 힌트를 얻어 글을 쓴 경우가 많았죠. 나중에 프로젝트를 할 때에는 현재 시점에서 다뤄지지 않는 청년 문제가 무엇인지, 혹은 이미 다뤄지고 있지만 다른 관점에서 접근해야 하는 게 무엇일지 고민하면서 글을 썼던 것 같아요.

미스핏Misfit하게 되는 것은 사실 즐거운 경험이에요. 우리나라는 정석을 원하지만, 그래서 괴로움이 더 많잖아요. 중앙도서관에서 국가고시를 준비하는 것도, 학점을 위해 강의를 모두 녹음해서 공부하는 것도요. 미스핏츠 친구들은 정석에서 탈출할 수 있다는 용기, 그래서 생기는 자부심과 즐거움이 있었던 것 같아요. 우연한 계기로 미스핏츠에서 일을 했지만, 굉장히 재미있는 경험이었어요. 재미있어서 계속하게 된 것 같고요.

저의 문제를 해결한다는 느낌이 들기도 했어요. 주위를 보면 자신의 무력감을 해결하지 못해서 고통스러워하는 경우가 상당히 많거든요. 문제라고 생각하는 것에 대해 발언할 수도 없고요. 요즘은 일반 기업들이 SNS도 검열한다고 하잖아요. 많은 사람이 현실의 문제를 해결하기 위해 개인이 할 수 있는 일이 많지 않다고 생각하는 것 같아요. 현실을 참아낸 대가로 통장에 돈은 쌓이지만, 그 돈이 우리 삶에 엄청난 변화를 가져다줄 만큼은 아니고요. 그런 걸 보면서 건강하게, 무력하지 않게 살고 싶다고 생각했어요. 그렇게 살려면 제가 직접 바꿔나가야겠다고 판단한 거예요.

자퇴할 때는 편지를 썼지만, 창업할 때는 엄마한테 계속 얘길 안 했거든요. 취업 준비한다고 하고 사무실 나가고, 필기시험 보러 간다고 하고 나가기도 했고요. 그러다 나중에 엄마가 어디서 기사를 보고 제가 창업을 했다는 걸 알게 되셨죠. 사실 이렇게 할 수 있었던 건 언니 덕분이에요. 제가 고등학생 때 언니가 그러더라고요. 부모의 기대는 절 갉아먹을 수 있기 때문에, 기대를 되도록 일찍 배반할수록 제 인생에

조소담

이롭다고요.

엄마와 많이 이야기하면서 설득하려고 하는데 가끔 너무 가슴 아파하시는 경우가 있더라고요. 제가 저출산고령사회 위원회에 가서 인터뷰를 할 때, 발언자로서 제 정체성을 설명하기 위해 '나는 홍은동에 있는 보증금 500에 월세 35만 원짜리 집에 살고 있다. 그런데 여기 몇십 명 중에 이렇게 살고 있는 사람이 있는가. 거의 없지 않느냐. 10년 후, 20년 후의 삶이나 노인이 되었을 때 본인이 살 사회를 고민하는 사람도 없지 않느냐'라는 취지로 이야기를 한 적이 있어요. 저는 아무렇지 않았거든요. 그게 제 현실이고 제가 선택한 집이니까요. 심지어 방도 좋아요. (웃음) 그런데 엄마는 신문에서 그 이야기를 보고 자신이 해준 게 없어서 마음이 아프셨대요. 저는 제 취약함을 사람들과 나누면서 바뀌나가는 게 좋은데, 이 과정이 부모님께 상처일 수 있다는 생각이 드니 한편으로는 죄송하기도 했어요.

얼마 전에 어머니가 새벽 5시에 전화하셔서 '네가 남들이 시키지도 않은 힘든 일을 하는 걸 보니 마음이 아프다'라는 말씀을 하시더라고요. 저는 '엄마가 이 시간에 전화하는 게 훨씬 힘들다'고 말했어요. (웃음) 청년 체인지메이커들이 겪는 일들은 다 닮아 있네요.

처음엔 거짓말하는 게 좋지 않나 싶어요. (웃음)

지금까지는 글을 쓰거나 이야기를 전달하는 조소담에 대해 말해주셨어요. 하지만 미디어에는 워낙 다양한 형태가 있잖아요. 예를 들면, 저는 최근에 '안전가옥'이라는 공간을 열어서 장르문학을 통해 사회적 메시지를 전하려고 하거든요. 그렇지만, 대표님은 저널리즘 이야기를 해온 것 같아요. 전달하려는 이야기의 형태가 저널리즘이라는 생각을 언제부터 했는지 궁금합니다.

저는 '사실'이 가장 힘이 세다고 생각해요. 대학생 때 어르신들 자서전 써드리는 모임을 했는데, 그때 사람의 실제 이야기가 가장 마음을 울리고 변화를 가져올 수 있다는 생각을 했어요. 저널리즘을 한다기보다는, '논픽션'이 가장 힘이 세다고 믿는 거예요.

차별화에 대한 고민을 많이 하셨나요? 아니면 이 팀이 원하는 콘텐츠를 만드는 것에 더 가까웠나요?

없어서 만드는 거였으니까 그게 이미 차별화였던 것 같아요. 그리고 저희 이야기를 하려는 마음도 있었어요. 마치 영상통화를 하거나 라이브 미디어를 보듯이 진짜 현장을 담아보자는 의도도 있었고요. 마침 페이스북이 모바일 영상을 잘 밀어주었어요. 처음에는 탐사보도 같은 게 아니라 1분짜리 영상이나 퀄리티가 높지 않은 카드뉴스 형식의 보도를 내보냈

조소담

어요. 그럼에도 성장할 수 있었던 건, 미디어 환경의 변화를 잘 타서인 것 같아요. 요즘은 점점 깊게 가보자는 생각이 생겨서 초기와 완전히 다른 형태가 되었죠.

2017년 하반기부터 유튜브에 가장 주력하고 있어요. 두 번째가 페이스북이고요. 원래는 페이스북이 먼저 영향을 미쳤죠. 유튜브를 주력 채널로 삼은 이유가 있어요. 페이스북은 휘발성이 크고 지인 중심으로 페이지가 노출돼요. 또 콘텐츠 제작자들과 수익을 나누지도 않고, 지난 콘텐츠들이 다시 발견되기도 힘들어요. 지금까지는 페이스북을 통해 사람들 일상의 1분을 빼앗아왔다면 이제는 더 많은 시간을 빼앗아오는 것이 과제예요. 그러기 위해서는 유튜브가 굉장히 유리한 영향을 미친다고 생각한 거죠. 채널도 좋고, 다시 발견되기도 쉽고, 긴 시간을 빼앗아오기도 좋고요. 실제로, 유튜브 구독자들이 숫자는 적은데 훨씬 더 적극적으로 활동해요.

오프라인에서는 닷페피플(닷페이스 멤버십 회원)을 통해 '새로운 기준'이 될 사람들을 보여주고 만나게 해요. 닷페이스는 변화의 지점이라는 의미의 '닷dot'과, 새로운 기준이 되는 사람의 얼굴을 마주하자는 '페이스face'라는 의미를 담거든요. 닷페이스는 결국 미디어 커뮤니티라는 거죠. 사람들이 서로를 마주하게 하고, 또 지지하게 하는 곳이요. 멤버십은 후원자 커뮤니티로 서비스를 하고 있고, 오프라인 모임은 1년에 두 번 정도 진행해요. 그래서 초기에 구상했던 '정기적인 오프라인 모임'과는 방향이 많이 달라졌어요.

오프라인은 빠른 시간 안에 구성원들이 친밀감을 느낄 수 있음에도 불구하고 스타트업한테는 부담스러운 자원 투입일 수도 있다고 봐요. 이 점이 온라인과 오프라인의 큰 차이고요. 지금의 닷페이스로서는 초기에 많은 투자를 하는 걸 수도 있잖아요. 그럼에도 불구하고 오프라인을 통해 팬덤을 모아야겠다고 생각한 계기가 궁금해요.

유튜브에 주력함과 동시에 2~3개월 간 프로젝트 단위로 깊이 있게 진행하는 시리즈 연재를 시작했어요. 이 연재를 진행하려면 수익 모델인 브랜드 콘텐츠를 줄여야 하거든요. 브랜드 콘텐츠는 광고주와 같이 제작하는 거라 시간이나 인력에 비효율적인 부분이 생겨요. 닷페이스가 작업을 할 때는 한 명이 투입됐는데, 브랜드 콘텐츠에는 두 명이 투입되거나 하는 식으로요. 그래서 닷페이스의 장기적 목적은 브랜드 콘텐츠 비중을 줄여나가는 것이기도 해요.

브랜드 콘텐츠를 줄이려면, 중기 프로젝트 진행에 힘이 되어줄 사람들이 필요해서 닷페피플을 론칭했어요. 론칭 후에 가장 크게 변한 건, 콘텐츠 방향이 바뀐 거예요. 그리고 직접 만나면 좋아요. (웃음) 일하는 데 굉장히 힘이 되기도 하고요. 또 실제 변화를 가져오려면 오프라인에서 직접 만나야 하는 상황이 생기거든요. 예를 들어, 미성년자 성매수를 제안한 남성들 영상을 게시하고, '아동·청소년 성보호를 위한 법률' (아청법) 개정 서명을 받았어요. 마지막에는 국회에서 여성

조소담

국회의원 네 분이 발의한 아동청소년보호법개정안 통과를 위한 간담회를 열었어요. 그때도 오프라인에서 사람들에게 이야기를 할 수 있다는 것이 어떤 '실제적 변화'를 가져오는 원동력이 된다는 걸 느꼈죠.

심상정 대선 후보 정책 토론회를 할 때도 300명이 와서 이야기를 했어요. 저희는 몇 명의 이야기만 담을 수밖에 없었지만, 300명이 각자 삶을 토대로 특정 변화를 원한다고 이야기하는 광경이 굉장히 감동적이었어요. '이 변화를 네가 만들어야지!'라면서 정치인을 협박하듯이 말하는 모습도 너무 좋았고요. (웃음) 오프라인에서 이런 이야기를 할 수 있는 사람들을 만나는 일이, 굉장한 효용 가치를 느끼게 하더라고요. 저희에게도, 또 그들에게도요.

새로운 상식을 위한 길

닷페이스는 콘텐츠를 만들 때마다 저항에 부딪혔을 것 같아요. '우리는 새로운 상식을 고민하는 장을 만든다'라는 고민을 해본 사람들과는 커뮤니케이션이 가능하겠지만, 그런 고민조차 불가능한 사람들도 있잖아요. 대표님은 그런 부분까지도 포용하면서 변화를 만들어가는 건가요, 아니면 '현재 시점에서 이야기할 수 있는 사람들과 콘텐츠를 만드는 것'에 집중하는 편인가요?

세상을 한꺼번에 바꿀 수는 없어요. 우리 이야기에 공감하는 사람들이, 각자 본인이 서 있는 주변에 의견을 많이 꺼내면 된다고 생각해요.

영상이라는 매체를 선택한 이유는, 글의 장벽이 높다고 생각했기 때문이에요. 글은 아무리 쉽게 변형하려 해도 그 자체가 갖는 벽이 분명히 있거든요. 영상은 보자마자 납득되는 게 있어요. 동성애를 반대하는 분들도 성소수자 부모 모임의 프리허그 영상을 보면 그냥 인간적으로 느껴지는 게 있거든요. 설명할 수 없지만 감정적으로 와닿는 포인트가 있는 거죠.

영상이 할 수 있는 부분이 많다고 생각해요. 영상을 보여주면, 서로 동의하지 않아도 이해할 수 있는 부분이 생긴다고 보고요. 저희는 '권위적인 문화와 교육이 문제'라고 말하는 게 아니라, 학교에서 서로 반말하는 학생과 선생님을 보여줘요. 서로 반말하며 이야기하는 걸 보면 여러 생각이 들잖아요. 그냥 재미있어서 깔깔대고 보면서도 영상에서 학생과 선생님이 서로 반말을 하니까 관계가 달라질 수 있다는 걸 느끼겠죠. 권위주의에 대해 생각해볼 거고요. 쉽고 친근하게 풀 수 있는 부분이 분명히 있다고 생각해요.

'우리에게는 새로운 상식이 필요하다'가 슬로건이잖아요. 현재 분명히 문제가 많이 있고, 피해를 받는 분이 많다고 생각하기 때문에 상식과 변화가 필요하다고 생각하지만, 변화 때문에 단기적으로 피해를 보는 분들도 있잖아요. 수혜를 받는

조소담

권력층이 아니더라도요. 아까 말씀하신 것처럼 어떤 사람들은 시스템을 납득하고 수용하고 있을 뿐인 건지도 모르죠. 새로운 상식이라는 기준을 갖고, 닷페이스가 새로운 답을 찾아갈 때 누군가는 변화에 적응해야 하기도 하고요. 그래서 저는 상식이라는 말이 조금 위험할 수도 있겠다는 생각을 해요. 어떻게 생각하나요?

'새로운 상식'이라니까 닷페이스가 새로운 상식을 내놓는 정당 같은 거라고 생각하는 분도 많이 있었어요. '네가 말하는 새로운 상식이 뭔데?' 하는 교수님도 있었죠. 새로운 상식이라는 건 우리가 서 있는 곳에서, 변화가 필요한 지점에 대해 많이 이야기하자는 거예요. 이야기를 많이 나누면 상식이 된다는 의미거든요. 저희가 상식을 제시하는 것이 아니라, 사실을 직면하게 해서 사람들이 이야기하게 하는 거예요.
　랜덤채팅 어플로 하는 미성년자 성매수는 디지털 성폭력이에요. 그런 사실과 맞닥뜨리게 하는 거예요. 그러면 새로운 무언가가 필요하다는 의견이 생길 거고, 그 과정에서 새로운 상식선이 생긴다는 거죠. 사람들이 어떤 이야기를 할 때, '상식적으로 그건 아니지'라고 이야기하듯이 일정 수준의 '선'을 만들고 싶은 거예요. '이 명제가 정답이다'라고 하기보다는 적어도 사람들이 '세상이 이러면 안 되지' 하는 기준을 만드는 거요.
　앞으로 사람들의 관점이나, 유통 채널에도 변화가 생길 거라고 생각해요. 닷페이스는 일단 한국에서 시작했고, 지금까지는 1~5분짜리 영상을 만들어서 이슈를 퍼뜨렸는데, 이제는 7~20분 정도 분량의 콘텐츠를 만들어 영역을 확장하려 해요. 지금까지는 닷페이스가 소셜 플랫폼이었다면, 이제는 거기에서 더 나아가 동영상 스트리밍 플랫폼으로 영역을 확장하려는 거죠. 그러면서 아시아의 공통 문제도 퍼뜨리고 싶어요. 아직 멀었지만, 미리 살짝 공개하자면 닷페이스의 비전은 아시아 최고의 논픽션 스토리 채널이에요.

닷페이스를 떠나 개인적으로 하고 싶은 일은 무엇인가요? 또, 사회문제에 대해 울림을 주는 콘텐츠나 다큐멘터리를 만들고 싶은 사람들에게 인플루언서로서 해주고 싶은 말이 있을까요?

전 하고 싶은 건 일로 하고 있는 것 같아요. 그런데 창업하고 나니까 이상한 건 있어요. 저는 분명 이 일을 하고 싶어서 시작했는데, 창업가가 되고 보니 '이 일을 다른 사람이 하도록 만들어주는 사람'이 되더라고요. 콘텐츠를 만들고 글을 쓰고 이야기를 듣는 것이 제가 제일 좋아하는 일 중 하나라 시작했지만 지금은 사실상 판을 짜는 사람이 되어버려서, 오히려 더 직접 일을 하고 싶어요.
　이제는 무언가가 되기 위한 왕도라는 게 없는 것 같아요. 저희끼리 그런 이야기를 한 적이 있어요. 매일 그 일을 하면

　　　　　　　　　　　　　　　　　조소담

그걸 하는 사람이 되는 것이라고요. 예전엔 PD가 되기 위해 준비해야 했잖아요. 하지만 이제는 그냥 매일 스스로 PD가 되어보면 되거든요. 본인이 영상을 찍어서 올리고 반응을 보면서 미디어 운영자도 되고요. 그러면 더 큰 기회가 올 수도 있어요.

제가 어디 가서 강연을 하면 어떤 분들은 '어떻게 하면 닷페이스 같은 걸 만들 수 있나요?', '어떻게 하면 이런 일을 선택할 수 있나요?'라고 물어보시는데 저는 그냥 선택하면 된다고 생각해요. 정해진 길이 있다고 생각하지 말고, 매일 선택하며 살면 좋겠어요.

'산통을 깬다'라는 표현이 있다. 여러 해석이 있겠지만 곗돈을 모을 목적으로 조직한 계 '산통계'에서 곗돈을 탈 사람을 뽑는 투표함을 산통이라고 한다. 즉 '산통을 깬다'라는 것은 일의 목적을 달성할 수 없도록 훼방을 놓는다는 것이다.

불가피한 상황에 내몰렸을 때는 어쩔 수 없이 희생을 감수해야만 하는 경우도 있다. 하지만 한국은 지나치게 많은 상황에서 '다수의 행복'이란 명목으로 충분한 논의나 합의 없이 약자들의 희생을 강요했고, 약자들의 편에 서는 사람들에게 '사소한 일로 산통을 깬다'며 손가락질을 해왔다.

우리는 지난 수십 년간의 경험을 통해, 외형적으로만 그럴듯한 성장은 모든 사회 구성원에게 공평하게 행복을 돌려주지 않는다는 사실을 깨달았다. 이제부터 한국은 충분한 토론을 거쳐 합의를 이루는 사회로 나아가야 한다. 이런 사회가 되기 위해 닷페이스가 앞으로도 설익고 정의롭지 않은 일의 산통을 깨는 데 적극적인 미디어로 성장하길 바란다.

조소담

실리콘밸리에서
전 세계 교육 격차를
해소하다

소셜벤처 창업가 이수인

미대 졸업 후 게임 디자이너로 경력을 쌓은 뒤 엔씨소프트의 기획조정실에서 일했다. 2012년 미국에서 남편과 함께 장애가 있는 아동을 위한 학습 앱을 만드는 회사 에누마를 창업했디. 2014년에 출시한 수학교육 앱 '토도수학'은 앱 스토어의 베스트셀러가 되었고, 현재까지 약 100억 원의 외부 투자를 유치했다. 2017년 세계적인 사회혁신가를 선발하는 아쇼카의 펠로우 로 선정되었다.

▼

문명의 발전과 함께 인권이라는 개념 역시 진화했고, 1948년 유엔 총회의 세계인권선언을 통해 인류가 누려야 할 기본적인 권리에 대한 전 세계적 합의가 이뤄졌다. 세계인권선언 제26조 1항에는 다음과 같은 내용이 있다.

모든 사람은 교육을 받을 권리가 있다.

2018년, 세계인권선언이 공표된 지 70년이 지난 지금 인류는 어디쯤에 와 있을까. 문맹률은 빠르게 낮아지고 있지만 2016년에 유네스코가 한 조사에 따르면, 아이들과 청년들 2억 6천만 명이 교육을 받지 못하고 있다. 학교를 다니더라도 양질의 교육을 받지 못하는 학생들까지 합한다면 우리가 넘어야 할 산은 더욱 험난하게만 보인다.

교사들은 오랜 세월 동안 학생들이 배움에 흥미를 느끼도록 유도하고, 효율적인 지식과 정보의 습득을 가르치는 데 절대적인 역할을 해왔다. 교육과 관련된 가장 큰 문제 중 하나는 학생들 수에 비해 양질의 교육을 제공할 수 있는 교사들의 수가 절대적으로 부족하다는 것이다. 교사의 부족은 교육의 부재로 이어진다.

20세기 말부터 기술의 발전에 따라 교사 의존도를 낮추고 학생의 자기 주도 학습을 유도하는 다양한 시도들이 이어졌지만 눈에 띄는 성과는 없었다. 이 문제를 해결하기 위해 세계 최대 비영리 벤처회사인 엑스프라이즈 XPRIZE 재단과 유네스코, 유엔세계식량계획이 손을 잡았다. 이들은 테슬라의 CEO인 일론 머스크 Elon Musk가 기부한 1500만 달러를 상금으로 걸고, 학생 스스로 기본적인 읽기·쓰기·수학 학습이 가능한 오픈소스 소프트웨어 제품을 겨루는 글로벌 러닝 엑스프라이즈 Global Learning XPRIZE를 개최했다. 최종 결승에 진출한 다섯 개 제품 중 하나인 '킷킷스쿨'은 게임을 기반으로 즐기며 공부하는 종합 애플리케이션으로, 장애가 있는 사람을 배려한 높은 접근성이 특징이다. 이 제품을 만든 교육 회사 에누마는 부부인 이수인, 이건호 공동대표가 미국에서 설립한 회사다.

게임 디자이너였던 이수인 대표의 첫 아이는 학습 장애를 지니고 태어났다. 이후 자신의 아이와 비슷한 아이들이 학습에 어려움을 겪지 않을 수 있는 학습 툴에 대한 고민을 시작했고, 실리콘밸리에서 수학을 배우는 데 어려움을 겪는 아이들을 위한 '토도수학'을 개발해 애플 앱 스토어를 휩쓸었다.

이수인 대표는 사회적 기업가의 본보기라 해도 부족함이 없다. 그

녀는 개인이 겪은 삶의 고통을 통해 비슷한 고통을 겪는 모두를 위한 혁신적인 해결책을 찾아냈고, 배움에 어려움을 겪는 전 세계 학생들을 위한 돌파구에 누구보다도 가까이 다가섰다. 자신이 이뤄낸 업적과 그 과정에서 겪은 수많은 굴곡에도 불구하고, 항상 유쾌하고 겸손하며 앞으로 나아갈 의지도 여전히 충만하다. 스스로를 '영세 교재 공장의 공장장'이라고 부르는 이수인 대표를 만나 그녀가 겪은 삶이 어떻게 전 세계를 아우르는 꿈으로 확장되었는지 들어보았다.

"이 분야에서 이렇게 아름다운 물건을 본 적이 없다"

글로벌 러닝 엑스프라이즈(이하 엑스프라이즈) 이야기부터 해주세요.

얼마 전에 파이널리스트 공식 발표가 있었고 상금 100만 달러를 받았어요. 엑스프라이즈의 파이널리스트 제품들은 탄자니아의 탕가Tanga라는 시골의 200개 마을에서 테스트를 했어요. 유엔세계식량계획은 마을마다 태블릿 PC를 나눠주고, 태블릿 PC를 충전할 수 있는 태양광 충전기를 설치한 뒤 마을을 관찰해요. 탄자니아 정부는 해당 지역을 관리해서 안전하게 실험이 이뤄지도록 하고요. 유네스코는 아이들의 학습을 평가하죠. 요즘 현지 리포트를 보고 있는데, 어떤 마을에서는 플레이 시간이 지나치게 길더라고요. 태양 전지로 충전한 모든 시간이 플레이가 되는 것 같아서 '진짜 아이들이 활용하고 있는 걸까? PC방에서 게임하듯 온 마을 아이들이 돌려가면서 하고 있는 건 아닐까? 너무 재미있게 만든 게 실수가 아니었을까?'라는 생각이 들더라고요. 저희는 그 근처 접근이 금지돼서 실제로 무슨 일이 벌어지는지 알 도리가 없거든요. 그저 로그 데이터를 들여다보면서 무슨 일이 벌어지는지 상상만 하는 거죠.

최근 케냐에서도 테스트를 진행했다고 들었습니다.

이수인

얼마 전 탄자니아에서 코이카KOICA 후원으로 진행했던 테스트가 끝났어요. 총 세 그룹으로 나눠서 테스트를 진행했어요. 첫 번째 그룹은 학교만 다니는 학생들, 두 번째 그룹은 학교를 다니면서 하루 30분씩 킷킷스쿨을 플레이하는 학생들, 마지막은 학교를 다니지 않고 아침부터 저녁까지 센터에서 킷킷스쿨을 플레이하는 학생들이었어요. 놀라운 건, 학교를 다니지 않는 마지막 그룹의 성적이 엄청나게 좋아졌다는 거예요. 학교에 다니면서 30분씩 플레이한 학생들의 성적도 학교만 다니는 학생들보다 늘었고요. '선생님 없이 태블릿 PC만으로 성적이 향상될 수 있는가'라는 엑스프라이즈의 질문에 긍정적인 답을 보여주는 거죠.

탄자니아에서 테스트를 진행하던 시기에 세계에서 가장 오래된 난민캠프인 케냐 카쿠마Kakuma 난민캠프에서도 테스트를 시작했어요. 글로벌 NGO들이 이곳에서 학교를 운영하고 있지만, 우리가 생각하는 형태의 수업이 벌어지긴 힘들어요. 선생님 한 명에 아이들이 무려 1000명이거든요. 다른 문제점도 많아요. 이 학교는 영어를 쓰지 않는 소말리아와 수단의 난민들이 오는 곳인데, 카쿠마가 케냐 권역이라 수업을 영어로 가르쳐야 돼요. 근데 난민 아이들뿐만 아니라 선생님들도 난민이라 영어를 어설프게 해요. 그러니, 아이들도 딱히 학교에 갈 동기가 없어서 출석률이 저조하고요. 그나마 밥을 주니까 오는 아이들이 많아요. 아마 전 세계 학교 중에 여기가 가장 안 좋은 곳일 거예요. 여기에 킷킷스쿨을 도입

했더니 아이들이 알아서 공부한다며 선생님들도 너무 신기해하더라고요. 결과가 너무 좋았던 거죠.

우간다에는 난민촌 건물에 전기와 컴퓨터를 설치해서 사람들이 돌아가며 사용하게 하는 커뮤니티 허브가 있어요. 학교는 아니지만 태블릿 PC만 있으면 학습이 가능한 거죠. 거기서 케냐 사례를 보더니, 킷킷스쿨을 도입해 아이들을 가르치고 싶다는 제안이 왔어요. '일단 킷킷스쿨이 설치된 태블릿 PC 30대를 사서 300명을 가르쳐보겠다. 그게 잘되면 태블릿 PC를 300대로 늘려서 3000명을 가르치고, 이렇게 우간다 난민 아이들 18만 명까지 점차 규모를 확대하고 싶다'고 했어요. 그렇게 첫 계약이 성사됐죠. 생각보다 빨리 진행되고 있어요.

눈에 보이는 결과가 있으니 새로운 기회가 열리겠어요.

네, 많은 기회가 생기고 있어요. 여러 국가에서 디지털 교과서 테스트를 하고 싶어 하는데 콘텐츠를 보급할 만한 곳이 엑스프라이즈의 파이널리스트 말고는 없는 거예요. 다양한 국가에서 디지털 교과서 테스트 문의가 오는데, 잘 모르는 나라가 많아요. 키르기스스탄, 방글라데시, 르완다 같은 곳이요. 최근에 에누마(킷킷스쿨)가 세계은행World Bank(개발도상국에 대부금을 제공하는 유엔 산하 국제 금융기관)이 꼽은 전 세계에서 가장 혁신적인 기술 기반 교육 분야 스타트업 20곳 중 한

이수인

곳으로 이름을 올렸고요.

아무리 소프트웨어를 잘 만든다고 해도, 한국과 미국에만 사무실이 있고 직원이 30명도 안 되는 작은 개발사가 커다란 교육문제를 해결한다고 하면 누가 믿었겠어요? 전에도 없고 앞으로도 없을 것 같은 엑스프라이즈라는 사다리가 저희를 굉장히 빨리 끌어올려주었어요.

엑스프라이즈에 나간다고 했을 때 에누마 이사회가 반대했는데 대표님이 밀고 나가셨다고 들었어요.

엑스프라이즈에 세 가지 규칙이 있어요. 첫째, 영어와 스와힐리어Swahili(탄자니아와 케냐를 중심으로 한 지역의 공통어) 두 개 언어로 만든다. 둘째, 읽기 60퍼센트, 쓰기 10퍼센트, 수학 30퍼센트로 점수를 계산해서 필드 테스트 점수 결과가 높은 팀이 이긴다. 셋째, 모든 파이널리스트 팀의 제품은 오픈소스로 풀린다.

이사회는 마지막 규칙인 '오픈소스'를 제일 걱정했어요. 전통적인 콘텐츠 소프트웨어 기업은 저작권을 지키는 것이 핵심인데, 제품이 오픈소스로 풀리면 앞으로 사업이 어려워질 거라고 생각했죠. 정상적인 기업 활동보다 소셜 미션을 더 중요하게 생각하는 것 아니냐는 말도 했고요. 저희는 엑스프라이즈가 브랜드와 시장 형성을 하기에 좋은 기회고, 소프트웨어 시장이 워낙 빠르게 변하니 저희가 빨리 진화하기만 한다면 오픈소스는 큰 문제가 되지 않을 거라고 생각했거든요. 그런데 회사 매출이 높지 않은 상황에서 적지 않은 금액을 투자해야 하니 결정이 쉽지 않았죠. 이사회의 반대라기보다는 객관적으로 적당한 시기가 아니었어요.

어떻게 설득했나요?

2015년 엑스프라이즈 참가 신청을 하고 마지막 제품 제출까지, 2년 정도 계속 설득하고 이해시키는 시간이 있었어요. 2016년에 코이카에서 진행하는 혁신적 기술 프로그램Creative Technology Solution, CTS 지원을 받은 것도 큰 도움이 됐죠. 이런 외부 지원이 들어오니 이사회도 납득해줬어요. 1단계 지원금은 약 1억 3000만 원 정도였는데, 스와힐리어 번역과 현장 조사를 하는 데 썼어요. 지원금 대부분을 사업 대상국에서 현지 활동을 하며 지출해야 하는 엄격한 원칙이 있어서 저희 사정보다 좀 더 넉넉하게 현장 조사에 투자했고요. 이렇게 하니 '학교에 다니지 않는 학생들이 3개월 동안 킷킷스쿨을 사용해서 언어와 수학 성적이 향상되었다'는 점을 증명하는 현장 데이터를 얻을 수 있었어요. 또 프로젝트가 재미있으니 팀원 모두 신나게 일했고요. 저희가 보기에도 물건이 너무 잘 나왔어요.

당시에는 몰랐지만, 돌아보니 엑스프라이즈 예선 때 케냐와 탄자니아에서 만든 데이터가 많은 도움이 됐어요. 그 덕

이수인

분에 더 나은 제품을 만들었고, 결승에 오를 수 있었죠. 심사하던 중 한 분이 "이 (개발도상국 교육) 분야에서 이렇게 아름다운 물건을 본 적이 없다"는 말씀을 해주신 게 아직도 기억나요.

특별한 아이들을 위한 접근성이 곧 특별한 소프트웨어의 힘

좋은 교육 소프트웨어를 만드는 비결이 있나요?

저희 소프트웨어의 힘은 '접근성'이에요. 예를 들어, 저희 팀에는 아이에게 청각 장애가 있는 부모가 있어요. 그래서 물건을 만들 때 소리에만 의존하는 게임은 잘 안 넣어요. 서양식 교육은 교사의 말에 많이 의존하기 때문에 교육 소프트웨어도 말이 엄청 많아요. 그런 제품을 현지에 가져가면 아이들이 제대로 듣지도 않고, 교실이 시끄러워서 잘 들리지도 않거든요.

접근성이란, 이런 거예요. 똑똑하고, 집중력이 좋고, 신체가 건강하고, 공부 좋아하는 아이들만 생각하며 제품을 만들면 많은 아이와 함께하지 못해요. 모든 아이가 똑같은 능력을 갖고 있지도 않고, 발달 단계에 편차가 있어서 아이들마다 어떤 기능은 천천히 발달하기도 하고, 어떤 기능은 먼저 발달하기도 하거든요. 어떤 아이는 소리를 잘 못 듣고, 어떤 아이는 시력이 좋지 않고, 어떤 아이는 생각하는 데 더 많은 시간이 걸려요. 이런 상황을 고려해서 제품을 개발해요. 시각과 청각 정보를 같이 주고, 시간이 걸리더라도 참을성 있게 기다려주고요.

저희 제품을 테스트하는 아이들 중에는 장애가 있는 아이들이 있고, 이 아이들의 상황이 특정 기능에 대한 기준이 돼요. 시각 처리 능력이 좋지 않은 아이는 노란 바탕에 쓰인 흰 글씨를 못 읽더라고요. 그럼 그 부분을 바꿔요. 소리에 민감한 아이는 게임 안에서 풍선이 터지는 소리를 듣고 겁을 먹어요. 그럼 그 소리는 빼는 게 좋겠죠.

이렇게 문제가 생기는 부분을 없애면서 물건을 만들면, 많은 아이가 두루 편하게 느낄 수 있는 제품이 돼요. 색 대비가 확실해서 읽기 쉽고, 시끄럽거나 안 들리는 상황에서도 문제를 풀 수 있고요. 제품이 이해가 되고 쉽게 따라할 수 있으니까, 공부를 잘 못하는 아이도 자신감을 가질 수 있어요.

접근성을 높이는 일이 아프리카 같은 곳에서는 어떻게 작동하나요?

많은 교육 소프트웨어는 가르치려는 목표가 앞서기 때문에 무언가를 배우기 위해 먼저 가져야 하는 인지 능력을 고려하지 않곤 해요. 예를 들어, 동그라미 기호를 모르는 아이가 '다음 중 서로 쌓인 것을 골라 동그라미를 치세요'라는 학습지

이수인

질문을 마주하면, 서로 쌓인 것을 고르는 것보다 질문을 해석하는 게 훨씬 어려워요. 그래서 학습지는 보호자가 옆에서 문제를 읽어줘야 하는 거예요.

개발도상국에서도 이런 점을 생각해야 해요. 일반 아이들은 본인이 글을 못 읽으면 보호자가 옆에서 읽고 해석해주잖아요. 그런데 여태까지 학교가 지어진 적도 없던 마을이 있다고 생각해보세요. 책도 없고, 미디어도 없어요. 문제를 읽고 해석해줄 사람도, 시스템도 없는 상황인 거죠.

저는 이게 똑똑한 사람들이 교육 소프트웨어를 만들 때 저지르는 실수 같아요. 안타깝지만 교육학을 배워도 마찬가지예요. 물론 아이들 대부분은 똑똑해서 그 단계를 넘어가겠지만 어떤 아이들한테는 문제 해석조차 굉장히 어렵거든요. 이 차이는 웬만하면 잘 안 보여요. 저희는 그 차이를 알기 때문에 장애가 있는 아이들에게 맞춰서 소프트웨어를 만드는 거예요. 이렇게 하면 그보다 아주 어린아이들도 제품을 잘 사용할 수 있고요. 어린아이들도 두 개에 한 개를 더하면 세 개가 된다는 것을 처리할 능력은 있어요. 2+1의 답을 '3'이라고 기호화해서 그려내는 게 어려운 거죠. 이런 식으로 생각해서 아이들 눈높이에 맞추는 거예요.

처음부터 그걸 의도하지는 않으셨다고 들었습니다.

장애에 대한 민감도와 접근성을 높이겠다는 저희의 목표가 교육혁신에 정말 중요하다는 건 나중에 깨달았어요. 처음에는 향후 12년간 학교를 재미없게 다닐 아이를 돕고 싶다는 생각으로 시작했어요. 제 아이는 학습 장애 때문에 앞으로 학교 수업을 따라가기 힘들 거고, 그럼 당연히 학교생활이 재미없을 거잖아요. 아이가 공부에 흥미를 느끼지 못해서 포기하고, 더 나아가 아예 마음을 닫아버리는 상황을 피하고 싶었어요. 어제보다 오늘 좀 더 배울 수 있게 하자는 것이 저희의 목표였죠.

그걸 위해 장애가 있는 아이들의 학습 접근성을 높이다 보니 아시아 지역 어린아이들의 문맹률과 교육 시장 문제 해결, 더 나아가 이민자의 이중 언어 문제 등 생각지 못한 영역으로도 발을 뻗을 수 있게 되었어요.

사회 변화에 큰 영향을 미치는 체인지메이커들의 가장 중요한 특징 중 하나는, 스스로 겪은 사회문제를 단순히 본인만의 문제로 보지 않고 비슷한 일을 겪는 다른 이들의 문제까지 해결하려 한다는 점이다. 당연한 이야기지만 본인과 주변의 문제를 해결하는 것보다 사회문제를 해결하는 것이 훨씬 더 소모적이고 어렵다. 그럼에도 불구하고 체인지메이커들은 비슷한 상황에 처한 이들이 얼마나 고통스러운지 알기에, 비슷한 아픔을 겪는 사람들이 없도록 근본적 문제 해결을 위해 끊임없이 노력한다.

이런 체인지메이커들은 모든 사회문제가 연결되어 있다는 사실을

이수인

깨닫게 된다. 윤리적 패션의 대명사인 신발 브랜드 탐스의 창립자 블레이크 마이코스키Blake Mycoskie도 처음에는 신발이 없는 개발도상국 아이들을 위해 신발 매칭 기부 사업으로 시작했다. 그러다 이들의 경제적 자립이 중요하다는 걸 깨닫고 현지 공장 설립에 나섰다. 그 이후에도 개발도상국의 소득 증대를 위해 탐스 커피 사업을 시작하는 등 근본적인 문제 해결을 위해 다양한 영역으로 노력을 확대하고 있다.

어려움은 없으셨어요?

선진국의 도시에서 문명을 누리며 사니까 아프리카 아이들의 생활이 어떤지 자주 잊게 되는 점이 제일 어려운 것 같아요. 한번은 소프트웨어에 카메라 기능을 넣어보았거든요. 아이들이 신나게 사진을 찍을 거라고 생각했어요. 그런데 이 아이들은 태어나서 카메라를 본 적이 없는 거예요. 당연히 사진이라는 개념도 모르고요. 그러니까 아이들이 카메라 앱을 열면 멍해지는 거예요.

저희는 저희가 모르는 세상을 위해 물건을 만들잖아요. 저희는 장애가 없고, 아프리카의 문맹 아동도 아니지만, 그들이 되어서 열심히 상상하고 공감할 능력은 있어요. IT 분야에서는 이런 능력을 바탕으로 한 사용자 조사가 꽤 일반적인데, 이건 교육 분야가 IT 분야에서 배워야 하는 부분인 것 같아요. 저희도, 지금 알고 있는 것, 거기서 상상할 수 있는 것을 전달하려는 노력을 통해 변화를 이끌어내고 싶어요.

대표님이 창업했던 처음으로 돌아갈게요. 사업을 실리콘밸리에서 시작했잖아요. 어떻게 그곳에서 시작하신 거예요? 첫투자는 어떻게 유치했고요?

장애가 있는 아이들을 위해 뭔가를 만들겠다고 생각했을 때만 해도 회사를 세우겠다는 마음은 없었어요. 에누마를 시작하기 전에 어린 장애 아동을 위한 교육용 게임을 실험용으로 만들었던 게 계기였는데, 그때 첫 투자자인 마누 쿠마르Manu Kumar를 만났어요. 마누는 실리콘밸리 벤처 투자사인 K9 벤처스K9 Ventures의 설립자인데, 이분이 스탠퍼드대학의 '인간 컴퓨터 상호 작용Human Computer Interaction' 분야 박사예요. 사람들의 반응을 체크하려면 장애가 있는 사람들로 설정하고 개발하는 게 편하거든요. 그래서 인간 컴퓨터 상호 작용 분야에서 장애가 있는 사람을 위한 물건을 굉장히 많이 만들어요. 이분이 연구하고 관심을 가지는 분야가 이렇다 보니, 관련 애플리케이션에 관심이 많았다고 하더라고요.

그분이 우연히 앱 스토어에서 제가 만들었던 영유아용 어플을 딸과 함께 사용해보고 '이 프로젝트를 만든 사람을 알면 연락 달라'는 트윗을 공개적으로 남겨서 만나게 됐어요. 처음에는 남의 돈으로 회사를 차릴 생각이 없다며 거절했는데, 몇 달 뒤에 다시 만났을 때 말했어요. 아직 회사를 차릴

이수인

용기는 안 나지만 사업을 하게 된다면, 첫째, 나는 장애가 있는 아이들을 위한 물건을 만들 거다. 둘째, 예전에 나와 같이 프로젝트를 했던 사람들은 모두 아이를 키우는 부모라 풀타임으로 일하기 어려운 사람도 있으니, 일도 하고 아이도 잘 돌볼 수 있도록 유연하게 근무하는 회사를 만들고 싶다. 이런 포부를 밝혔고, 그분이 투자를 해줘서 회사를 차렸어요.

실리콘밸리의 제1요소, 포용력

실리콘밸리 분위기는 어떤가요?

먼저 실리콘밸리의 포용력에 대해 이야기하고 싶어요. 저는 영어도 능통하게 못하는 이민자고, 미국 대학을 나오지도 않았어요. 미국 기자 중에 제 영어를 못 알아듣겠다고 중간에 전화를 끊은 사람도 있어요. 저희 투자자들이 제 영어가 빨리 안 는다고 불평한 적도 있고, 함께 일하는 사람들과도 대화가 완벽하게 되지 않았어요. 영어를 잘 못해서 진입장벽이 높을 거라 생각했던 제가 전문 투자자 여럿에게 투자를 받았다는 건 이곳에 그만큼 포용력이 있다는 거예요. 어떻게든 다양성을 고려하는 거죠. 실리콘밸리에는 '이 사람의 배경이 어디든, 가치가 있는 사람이라면 훌륭한 결과를 만들어낼 수 있다'는 믿음이 있어요.

간혹 한국인 투자자를 만나면 여성 창업자에게 투자해본 적 있냐고 물어봐요. 그러면 별로 없다는 분이 꽤 많아요. 모두가 그렇다고 볼 수는 없지만, 한국은 이런 문제를 바꾸려는 노력이 부족한 것 같아요. 가령 좋은 아이디어가 있고 똑똑하지만, 한국어는 잘 못하는 남아시아 출신 이주 여성이 있다고 쳐봐요. 이때 참을성을 갖고 이 사람이 무언가를 해낼 것이라 믿어주는 투자자가 있을까요? 투자자가 겪을 여러 장애들을 감수할 가치가 있다고 믿고 투자하는 사람들이 있을까요?

실리콘밸리에도 보이스 클럽Boys' Club이라고 불릴 정도로 보수적인 남성 중심 문화가 있지만, 그들과 달리 이민자나 여성에게 투자하는 것을 자랑스러워하는 그룹도 있어요. 저는 다행히 이런 투자자들을 만났고요. 그때 한 투자자는 '네가 성공할지 안 할지 모르겠지만, 나는 네가 성공하는 것을 보고 싶다'고 말하기도 했어요. 이런 분들은 다양성에 투자한다고 생각하는 거예요.

임팩트 투자를 하는 곳들은 '우리 펀드가 다양성을 얼마나 고려하는지' 항상 이야기해요. 피투자사의 여성 비율, 유색 인종 비율을 중요하게 생각하죠. 물론 미국에서 여성 창업 멤버가 있는 팀에 투자할 확률은 13퍼센트, 여성 임원이 있는 팀에 투자할 확률은 3퍼센트밖에 안 돼요. 유색 인종 비율도 아시아인을 기준으로 잡으면 20퍼센트를 넘지 않고요. 실리콘밸리도 이 부분을 신경 쓰기 시작했어요. 저희에게 투

이수인

자한 교육 전문 투자 회사, 뉴스쿨즈 벤처 펀드NewSchools Venture Fund는 미국 아이들의 14퍼센트가 장애를 갖고 있으니, 투자 포트폴리오의 14퍼센트는 특수교육 전문 회사로 채우겠다는 원칙이 있거든요. 의도 자체가 선한지는 모르겠지만, 정치적으로 올바르고자 하는 노력은 분명히 있어요.

투자자의 믿음과 경험이 창업자에게 힘이 되는 것 같아요.

뉴스쿨즈 벤처 펀드의 투자 담당자는 중국계 여성이었는데, 제 이야기를 들어보고는 그 자리에서 본인과 남편도 개인적으로 투자를 하겠다면서, 뉴스쿨즈의 투자도 결정해주었어요. 저나 제 남편 같은 기술 역량을 가진 사람들이 저 문으로 들어오는 광경을 쉽게 볼 수 없다고 하더라고요. 힘이 되는 말이었죠. 저에게 초기에 투자해주신 분들은 K9 벤처스의 마누, 뉴스쿨즈 벤처 펀드, 투자 담당자였던 중국계 여성 벤처 투자자 부부, 이렇게 세 그룹이었어요.

뉴스쿨즈 벤처 펀드의 시드seed 펀드는 운용자가 모두 여성이었어요. 물론 교육 분야라서 그런 것도 있죠. 그분들 소개로 여성 벤처 투자자들이 모인 브로드웨이 엔젤스Broadway Angels라는 모임에 초대받았어요. 이 모임에 가면 나이가 50~60세쯤 된 파워우먼들이 있어요. 본인이 벤처 투자자였다가 나와서 독립 펀드를 차렸거나, 다른 벤처 투자자에게 영향력을 줄 수 있는 사람들이 14명 정도 있어요. 여기서 투자자 두 분을 더 만날 수 있었어요. 그분들은 저를 보고 '장애 아이를 위한 물건을 만드는 여성 이민자'라며 좋아하는 요소를 다 갖고 있다고 하시더라고요. 여기까지가 재무제표를 안 보고 투자하신 분들이에요.

에누마는 여성 벤처 투자자 비율이 높은 편이에요. 여성 벤처 투자자는 남성에 비해 아이가 사용하는 서비스에 관심이 많을 가능성이 높고, 이민자 억양을 쓰는 여성에게 참을성도 많아서 확실히 이야기할 때 좀 더 편안해요. 여성 벤처 투자자가 있을 때 더 집중력을 발휘해서 발표했던 것 같아요. 그런 부분에서 이들의 존재가 굉장히 중요하다고 봐요.

자본주의 사회에서 자본은 모든 일의 시작이자 혁신의 원동력이다. 그렇기 때문에 기부나 투자의 형태로 자본을 제공하는 사람들은, 본인이 사회에 미치는 영향력에 대해 책임감을 갖고 최선의 선택을 위해 충분히 고민했는지 끊임없이 자문해야 한다.

이런 이유로, 재단이나 벤처캐피털 Venture Capital(벤처 기업에 자금을 대고 경영과 기술 지도 등을 종합적으로 지원해 수익을 추구하는 금융 자본) 조직은 다양한 배경과 경험을 가진 사람들로 구성되어야 하지만 현실은 그렇지 않다. 재단과 벤처캐피털에는 사회 주류로서 큰 어려움 없이 성장해 공부를 잘한 이들이 대부분이다. 그들이 아무리 투철한 도덕적 신념으로 무장했다 하더라도 실제로 사회문제를 겪고 있는 소외계층에 대한 이해도는 떨어질 수밖에 없다.

이수인

성공한 여성 창업가들이 많이 보이지 않는 것도 벤처캐피털의 다양성 부족과 어느 정도 상관이 있다. 여성이 겪는 문제를 이해하고 공감할 수 있는 여성 벤처 투자자의 부재가 여성 창업가의 부재로 이어지는 것이다. 그런 면에서 2018년 4월 성수동의 여성 임팩트 투자자 3인(제현주 옐로우독 대표, 엄윤미 씨프로그램C Program 대표, 박소륜 HGI Holistic Growth Initiative 전략이사)이 에누마에 투자를 집행한 것은 고무적인 일이다.

실리콘밸리 투자사의 포트폴리오사로서 얻는 투자금 외에 얻는 이익이 있을까요?

전 가끔 생태계가 성숙하면서 탄탄한 역사를 만들고, 성공 사례가 끊임없이 나오는 것에 대한 사람들의 근거 있는 자부심을 보면서 실리콘밸리가 멋있다는 생각을 해요.

뉴스쿨즈 벤처 펀드는 미국의 공교육 개혁에만 투자하는 펀드예요. 앨 고어Al Gore가 부통령일 때, 정부 차원에서 대안 및 혁신학교를 지원하려고 클라이너 퍼킨스Kleiner Perkins(캘리포니아 멘로파크에 있는 미국의 벤처캐피털사)를 찾아가서 교육 창업자에게 투자하는 펀드를 양성해달라고 설득했대요. 처음에는 혁신학교에 쭉 투자하다가 기술이 교육을 바꿀 수 있다는 믿음을 갖고 교육 기술 스타트업에 투자했고요. 한때는 실리콘밸리에서 연간 이뤄지는 교육 투자의 1/3을 차지할 정도로 영향력이 있었죠. 지금은 비영리로 투자하는 것에 한계를 느껴 리치 캐피탈Reach Capital이라는 조직으로 분사했어요. 그 포트폴리오 모임에 참석하면 이 판이 어떻게 굴러가는지 교육 기술 트렌드를 다 읽을 수 있어요. 이게 윈윈win-Win이에요. 투자만 받는 게 아니라, 인사이트와 시장 정보까지 받는 거죠.

그런 모임 혹은 구심점으로 성수동은 어떨까요?

저는 '시작하는 생태계'에 합류한 기쁨을 성수동에서 느껴요. 성수동은 1990년대 말 닷컴 열풍이 일어나던 테헤란로와 같은 느낌이 있어요. 사실 미국은 이미 오래돼서 누가 능력이 있는지 누가 그렇지 않은지 비교적 명확하게 나뉘었고, 그에 따라 자잘한 규칙도 많이 생겼어요. 유명 투자자를 만나고 싶어도 다른 투자자 혹은 다른 창업자를 통해 소개를 받아야 해요. 행사도 대부분 초대 위주고요.

성수동은 일단 관심 있는 사람들로 방을 채우는 단계라 신선해요. 관심을 가지는 새로운 사람들에게도 열려 있잖아요. 앞으로 한 10년쯤 지나면 미국처럼 되겠지만, 지금은 새로 시작하는 사람들의 설렘 같은 게 있어서 올 때마다 굉장히 즐거워요.

저희 회사 사람들은 IT회사 개발자 출신들이라 소셜 섹터Social Sector에 소속감을 가지기 어려웠어요. 그런데 에누마

이수인

한국 지사가 헤이그라운드(성동구 성수동에 있는 체인지메이커들의 코워킹 커뮤니티 공간)로 이사한 후, 저희가 하는 일이 소셜 섹터 생태계의 일부라는 것을 느끼게 되어 좋아요. 또 성수동의 다른 사람들과 교류하면서 사회문제나 경제에 대해 서로 배우면서 성장할 수 있고요.

성수동에 있는 소셜벤처 커뮤니티의 분위기가 부의 추구를 무조건 부정적으로 보거나, 특정한 믿음이나 성향을 가진 사람이 다른 사람을 압도하는 분위기가 아니어서 좋아요. 내 고민이 네 고민보다 중요하다고 상대를 필요 이상으로 설득하지 않고, 각자가 중요시하는 문제를 서로 존중해주는 분위기도 좋고요. '너는 그 문제를 푸는구나. 나는 이 문제를 풀어' 하면서 자유롭고 유쾌한 분위기로 가는 게 놀랍고 즐거워요.

실리콘밸리와 비교했을 때, 한국의 벤처캐피털은 어떤가요?

한국 투자업계에는 돈이 많아요! 누가 '미국에서 창업할까, 한국에서 창업할까' 물으면 한국에서 해도 좋겠다고 해요. 초기투자를 받는 게 더 쉬운 것 같아요. 그런데 다르다고 느껴지는 건 투자자의 기대 수익률과 중기 이후의 투자예요.

실리콘밸리의 투자자들은 큰 성공을 위해 일해요. 대박이 나면 워낙 크게 나니까, 조금 잘되는 회사가 나오면 투자자들이 엄청나게 많이 붙어서 큰 방향을 제시하고 몇 번이고 후속 투자를 하면서 큰 유니콘(성공한 회사)을 만들려고 하거든요. 이렇게 대박에 집중하는 동안, 실패하는 회사가 생겨도 그럴 수 있다고 생각하며 관대한 태도를 보여요. 그런데 한국 투자자들은 조금 더 보수적이에요. 시장 특성상 대박이 어렵기 때문에 실패를 많이 안 만들려고 노력하는 것 같아요. 그러니 성공하는 회사에게 돈을 많이 대서 대박을 만들자는 식의 투자가 진행되지 않고요. 초기투자를 받는 것보다 잘하고 있는 회사가 큰 금액의 후속 투자를 받기가 더 어려운 것 같다는 말을 들은 적도 있어요.

한국은 스타트업이든 사회적 기업이든, 정부가 만든 펀드의 비중이 커서 정기적으로 멘토링을 받아야 하는 조건이 많아요. 그래서 창업 지원금 중 많은 돈이 멘토나 액셀러레이터에게 가요. 돈을 댄 사람들이 성공을 위해 멘토링을 하는 게 아니라 역량을 알 수 없는 직업 멘토가 '담당'을 하는 거예요. 그런 사람들이 책임도 지지 못할 황당한 소리를 해서 성공에 방해가 되는 경우도 봤어요. 일정 수준 이상의 창업자가 아니라면 굳이 투자를 강행하지 않아도 될 텐데 말이에요. 창업자에 대한 기대를 하향조정하고 좋지 않은 멘토링을 제공하면서까지 억지로 창업을 지원하는 게 올바른 방향인지 모르겠어요. 차라리 좋은 회사 한두 개가 단단히 서 있으면 역량 없는 다른 기업이 폐업해도 인력과 자원이 능력 있는 기업으로 흘러갈 텐데요. 창업 중심 지원보다는 성장 중심 지원으로 개선되면 좋겠다는 생각을 해요.

이수인

미션을 잊지 않는 것이 원동력

사업이 성장하거나 투자를 유치하는 데 에누마의 소셜 미션은 중요한 요소인가요?

제가 그간 훌륭한 투자자들과 일할 수 있었던 이유는, 장애가 있는 아이들을 위한 회사라는 소셜 미션을 이야기했기 때문이거든요. 미션이 너무 강하면 돈을 잘 벌기 어렵다고 생각하는 투자자는 저희에게 투자하지 않았고, 저희가 가진 가치가 세상에 의미가 있고 에누마의 방식이 성공할 수 있다고 생각해주시는 분들만 저희에게 투자했어요. 이런 시야를 가진 투자자들과 함께하고 있는 것은 정말 큰 복이라고 생각해요. 엑스프라이즈에 나간 것도, 훌륭한 동료들이 이 작은 회사에 합류한 것도 미션의 힘이었어요.

전 이 미션이 없었으면 여기까지 못 왔다고 생각해요. 영리 회사가 미션을 따르는 것은 그리 흔한 일이 아니지만 충분히 가능하고 장점도 정말 많아요. 미션을 통해 큰 꿈을 가지지 않았다면 저희는 아마 매우 평범한 교육 스타트업 중하나였을 거예요. 훌륭한 투자자를 유치하거나 멋지고 능력 있는 사람들에게 함께 일하자고 설득할 때 어려움도 많이 겪었을 거고요. 엑스프라이즈처럼 이례적이고 대담한 도전을 할 엄두도 못 냈을 거예요.

에누마가 엑스프라이즈에 참가 신청을 할 때만 해도, 저희 제품이 아이들에게 선행학습을 시키려는 아시아 지역의 부모들에게 굉장히 잘 팔리고 있었기 때문에 성장에 집중하라는 조언을 들었어요. 그런데 저희는 미션 없이 성장에만 집중하면 남들보다 크게 도약하기 어렵다고 생각했어요. 하늘이 돕는 절호의 기회가 왔을 때 눈앞의 계산을 넘어서는 가치에 도전하는 게 에누마답다고 생각했고요.

엑스프라이즈에 나가자고 했을 때 팀원들이 전부 지지해줬어요. 그래서 도전했고 지금은 정말 다른 세상을 보고 있어요. 팀원들을 일하게 만드는 구심점이 돈은 아니거든요. 회사에 가장 안전한 길은, 계속해서 에누마의 미션을 선명하게 만들어가는 일이란 걸 시간이 지나고 나서야 깨달았어요.

미션이 중요하다면 비영리단체 설립을 생각할 수도 있는데, 영리 기반의 소셜벤처를 운영하고 계시잖아요. 어떤 장단점이 있나요?

IT회사가 비영리이기는 쉽지 않아요. 좋은 개발자를 구하기도 어렵고, 스톡옵션이나 보너스 등 전통적인 보상책도 사용하기 힘들죠. 비영리단체라면 추가 투입 자원에 한계가 있지만, 저희는 영리 목적의 벤처로 투자를 받아서 규모를 빠르게 키울 수 있었어요.

저희는 좋은 물건을 만들어서 사회적으로 가치 있는 곳에 쓰고 싶은데, 이걸 달성하려면 목표의 크기를 어느 정도로

이수인

정해야 할지 고민할 때가 있어요. 투자자들의 도움을 받았으니 회사가 성공해서 큰 보상을 주는 것으로 그분들 기대에 부응해야 하잖아요. 동료들도 꿈이 크고 멋진 일을 하고 싶은 사람들이니까 이 회사에서 지낸 시간이 보람찰 수 있게끔 멋진 일을 해내야 하고요. 성공에 대한 기대와 압력이 크기 때문에 힘들 때도 있고 겁도 나지만, 그렇게 뒤에서 밀어주는 힘이 있기 때문에 나아갈 수 있다고 생각해요.

5년 후의 에누마를 어떻게 그리고 있나요?

여전히 앞서나가는 회사면 좋겠고, 친구라 부를 수 있는 다른 회사가 많이 생겼으면 해요. 저는 1990년대 후반인 제 커리어 초반에 게임 회사의 고속 성장을 겪었거든요. 함께 성장하는 친구들이자 경쟁자가 있었고, 끊임없이 새로운 인력이 몰려들었어요. 그런데 저희가 하고 있는 디지털 교육혁신이나 소외계층 아동을 위한 교육 분야에는 아직 플레이어가 많지 않아요. 저희가 성공해서 이 섹터에 들어오려는 새로운 회사와 사람이 많아지고, 덩달아 에누마도 열심히 경쟁하면서 함께 시장의 파이를 키웠으면 좋겠어요.

에누마의 목표는 무엇인가요?

디지털 교육으로 양질의 학습이 가능하다면, 난민 아이들도 교육을 받을 수 있고, 빈부격차 때문에 생기는 교육 격차도 해소할 수 있을 거란 꿈이 있어요. 그런데 꿈을 이뤄줄 물건이 현재 세상에 존재하지 않거든요. 유네스코는 지금까지 ICTInformation & Communication Technology 사업에 30년간 투자했지만, 디지털 교과서로 성적이 오른 것을 한 번도 증명하지 못했어요. 그래서 유네스코 ICT 담당자가 엑스프라이즈 서밋Summit에 나와서 그랬어요. '되기만 하면 세상에 그렇게 좋은 일이 없겠지만, 될 거라고 기대하지 않는다. 지난 30년간 실패해왔는데 갑자기 지금 훌륭한 해결책이 생기는 기적 같은 일이 벌어지겠는가? 하지만 기적이 벌어진다면 유네스코는 그 물건을 온 세상에 깔겠다. 우리는 그럴 준비가 되어 있다.'

세계 각국에서 디지털 교과서 사업을 하고 싶어 하는데, 그걸 해낼 기업이 없어요. 한두 나라에서 디지털 교과서의 효용이 증명되면 다른 나라도 모여들 테고, 그러면 시장이 움직이겠죠. '아프리카 아이들은 태블릿 PC만으로 영어를 2년 만에 깨친다는데 왜 우리는 그거 안 쓰지?'라는 질문이 선진국 시장을 움직일 거라고 생각해요. 좋은 공급자들이 나타나면 시장은 빠르게 열릴 거예요. 모든 아이가 디지털 교육을 받게 되면, 특히 장애가 있는 아이들이나 추가 학습이 필요했던 아이들, 기존 교육으로는 좋은 성과를 내지 못하던 아이들도 더 좋은 학습 성과를 볼 수 있을 거고요.

저희는 디지털 교육이 주는 사회적 이익이 너무나 분명하기 때문에 이를 국가 혹은 전 세계 단위로 확장해나가는 데 기여하고야 말겠다는 목표가 있어요. 전 세계가 디지털 교육으로 넘어가야 한다고 생각해요. 그걸 보여주려고 움직이는 거예요.

개인의 학습 수준은 새로운 지식과 정보의 수용, 과학과 기술의 발전, 타인과의 건강한 의사소통과 협력 모두를 크게 좌우한다. 그렇기에 교육 환경이 열악한 개발도상국에서 일상적으로 벌어지는 빈곤과 기아, 인권 탄압과 대규모 학살 모두를 해결하는 가장 효과적인 방법 중 하나는, 모든 학생이 양질의 교육을 받는 것이다.

이수인 대표 혹은 에누마 혼자서 이 모든 문제를 해결하는 것은 무리다. 하지만 전 세계에 그녀 같은 체인지메이커가 보다 많아지고, 그들이 다양한 영역에서 진정성을 갖고 노력한다면 불가능하게 보이는 문제들도 해결될 것이다.

마거릿 미드Margaret Mead(미국의 여성 인류학자)의 '소수의 사려 깊고 헌신적인 시민이 세상을 바꿀 수 있다는 사실을 의심하지 마라'는 유명한 말처럼, 에누마가 배움에 어려움을 겪어 흥미를 느끼지 못하는 모든 학생의 희망이 되는 날이 오기를 바란다.

15분 안에
세상을 바꾸는
이야기를 담다

▶ ▶ ▶

미디어 **구범준**

1997년 CBS에 PD로 입사했다. 이후 CBS TV의 편성 전략 기획을 담당했고, 〈아름다운 세상〉, 〈이장호 감독의 누군가를 만나다〉, 〈김창옥의 만사형통〉 등 인기 프로그램을 연출했다. 2011년 5월 〈세상을 바꾸는 시간 15분〉을 기획하고 제작하기 시작했다. 2018년 10월 현재까지 180여 회의 강연회를 열고, 1000여 편의 강연을 제작하며 〈세상을 바꾸는 시간 15분〉을 대한민국 대표 강연 콘텐츠 브랜드로 성장시켰다. 2017년 4월 주식회사 세상을바꾸는시간15분을 설립해, 회사의 대표 PD이자 대표이사로 일하고 있다.

2011년 '퍼뜨릴 만한 가치가 있는 아이디어'를 주제로 한 강연 프로그램 테드의 열풍이 대학가를 휩쓸 때, 우리나라에도 테드에 견줄 만한 새로운 프로그램이 등장했다. 15분 동안 세상을 바꿀 이야기를 나누는 〈세상을 바꾸는 시간 15분〉(이하 세바시)이다. 세바시는 서사가 중요한 특성인 한국어로 15분 만에 이야기를 전달할 수 있겠냐는 우려를 깨고, 7년째 진행하는 장수 프로그램이 되어 강연 콘텐츠의 브랜드 가치를 확고히 쌓아나가고 있다. 라디오 콘텐츠 제작이 주력이고, 기독교 정신을 바탕으로 운영되는 방송사 CBS에서 유튜브와 페이스북 페이지에서 매년 5천만 뷰를 기록하는 동영상 콘텐츠를 만든 구범준 PD를 만났다. 그는 이제 CBS 소속 PD가 아닌 주식회사 세상을바꾸는시간15분의 대표를 맡고 있다.

우리는 생각보다 많은 사회문제의 해결책을 이미 가지고 있다. 그럼에도 문제들을 해결하지 못하는 것은, 사람들이 해결책을 실행할 수 있게끔 그들의 인식과 행동 양식을 바꿀 만한 설득 방법을 찾지 못했기 때문이다.

요즘 유행하는 책에는 인류가 수십만 년간 수렵 생활을 하며 살았고, 문명을 이룩한 지 얼마 되지 않았기에 아직도 수렵 생활 당시의 본능으로 살아간다는 내용이 종종 나온다. 먹을 것이 부족했던 시절, 살아남기 위해 먹을 것에 집착하던 유전자는 우리를 비만으로 몰아가며, 살아남으려 무리를 짓던 연대 의식은 끊임없는 집단 갈등과 전쟁으로 이어진다. 하지만 인류의 진화와 함께 발전한 우리의 이성은, 충분한 정보가 있고 논리적으로 설득이 될 경우 본능을 넘어 합리적인 선택을 내리는 힘이 있다. 그렇기에 우리가 나아가야 할 방향에 대한 설득력 있는 정보는 사회문제 해결에 무척이나 중요한 역할을 한다.

그런 면에서 세바시가 한국의 체인지메이커 생태계에서 갖는 위상은 특별하다. 체인지메이커들의 '우리는 보다 나은 사회를 위해 어떻게 노력해야 하는가'에 대한 이야기는 자칫 따분하고 지루한 이야기로 간주되기 십상이지만, 세바시는 변화를 추구하는 강연자들과 함께 이야기에 매력적인 색을 입혀 설득력 있게 전달하고, 이런 이야기를 적극적으로 지지하는 팬덤을 만들어냈다.

500명이라는 사람들 앞에서 영원히 기록으로 남을 영상을 찍는 것은 무척이나 부담스러운 일이었음에도, 내가 무사히 세바시 강연을 마칠 수 있었던 건 체인지메이커에 대한 깊은 이해와 애정을 갖고 있는 세바시팀, 그리고 체인지메이커들의 이야기에 깊은 관심을 보이는 관객들 덕분이었다. 언론 인터뷰도, 강연도 많이 했지만 세바시 강연

구범준

경험이 유독 특별했던 이유는 구범준 대표 자체가 체인지메이커이기 때문이다. 그는 강연자를 단순히 '콘텐츠'로 보는 것이 아니라, 임팩트를 창출하고 사회적 메시지를 전달하는 파트너로 본다. 신앙인으로서, 오랜 경력을 가진 PD로서, 사회문제에 대해 고민을 해온 사회학도로서, 그가 살아온 모든 삶은 세바시에 녹아들어갔다. 그렇기 때문에 체인지메이커들의 목소리를 사회에 알릴 수 있는 최적의 장이 되고 있는 것이다.

구범준 대표와의 인터뷰를 통해 어떻게 하면 보다 많은 사람들을 체인지메이커라는 시대정신에 동참하도록 설득할 것인가에 대한 실마리를 찾아보았다.

콘텐츠로 세상을 바꾸려 하다

세바시를 시작한 계기는 무엇인가요?

세바시를 만들게 된 데에는 개인적인 동기와 CBS 구성원으로서의 동기가 있었어요. 개인적으로는 미디어 콘텐츠에 세상의 진실, 젊은 날의 생각, 정의 등을 담아 사람들에게 알리고, 알리는 것을 넘어 사람들의 생각을 바꾸고 싶었어요. 또 CBS 구성원으로서 이 조직에 없던 유통 콘텐츠를 시도해보겠다는 생각도 있었고요.

그런 희망을 품고 PD가 되었는데 제가 속한 방송국이 라디오 중심이고, 기독교 정신이 깊게 뿌리 박혀 있어서 이 욕구가 충족되긴 힘들었어요. 경력 10년차를 넘긴 2011년에는 무기력해졌어요. 이대로 순응하고 싶지 않다는 생각이 들었죠. 미디어 환경과 세상의 변화를 보며 더 많은 사람에게 접근하고 싶었어요. 그들 삶에 영향을 끼치면서 CBS에서 할 수 있는 콘텐츠라고 생각한 게 모바일로 보는 테드 형태의 강연 콘텐츠였어요.

CBS는 라디오 중심으로 70년 가까이 운영된 방송사라 콘텐츠의 유통이라는 개념이 없었어요. 라디오 콘텐츠는 유통이 안 되고 영상 콘텐츠는 기독교 콘텐츠여서 사고파는 것이 제한되어 있었죠. 이 상황에서 사람들에게 콘텐츠가 널리 알려지고 확산되면 우리도 유통할 수 있겠다는 생각을 하게 된 거예요. 그래서 윗분들께 제안을 했어요. 인식 개선 콘텐츠를 유통하면서 돈을 벌겠다고요. 세바시는 콘텐츠 제작비가 다른 콘텐츠보다 높고 여러 가지 면에서 전례 없는 시도였어요. 막연하게 시작하긴 했지만 운 좋게도 두 가지 욕구를 채웠던 것 같아요.

PD님은 사회학을 전공했고, 대학생의 사회 참여가 활발하던 시기에 대학 시절을 보낸 걸로 알고 있어요. 그런 것들이 세바시를 만드는 데 영향을 끼쳤다고 생각하나요?

원래는 미대를 가고 싶었어요. 하지만 입시 미술이 지겨웠고 현실적으로 먹고살기 힘들 수도 있겠다는 생각 때문에 꿈을 접었어요. 그 대신 '브라운관 위에 그림을 그리는 사람'이라는 새로운 꿈을 가지게 되었죠. 형의 권유로 사회학과에 진학한 것도 제겐 큰 도움이 되었어요. 사회학의 특성상 동아리 활동보다 학회 활동을 통해 진보 계열 서적을 많이 읽었거든요. 생각의 성을 쌓는 중요한 시기에 굉장히 진보적인 이야기를 듣고 자라서 저만의 '사회적 상'이 생긴 것 같아요.
　CBS 역시 독재 정권에 항거했고, 현재도 진보 성향 시청자를 확보하고 있는 방송사예요. CBS의 저널리즘 문화나 제게 일을 가르쳐준 선배들을 보면 세바시가 나올 수밖에 없는 환경이었어요. 또 세바시가 기획된 시점은 공동체가 급격히 무너지던 시기였어요. 그와 동시에 모바일 플랫폼이 생성되던 시점이기도 했는데, 그때 콘텐츠 기획자나 소비자는 진보 성향의 사용자가 많았어요. 우리 콘텐츠가 빨리 알려지려면 사회 변화, 사회문제를 해결하는 이야기를 중심으로 풀어야 겠다는 전략적인 생각도 했던 거죠. 세바시는 제 대학 시절 생각과 현재 시대 상황에 맞춰 탄생한 콘텐츠예요.

세상을 바꾸는 시간의 탄생

세바시는 모바일 세대에게 특화되어 있어요. 그 시기에 미국 에서 테드가 시작됐고, 유사한 형태의 콘텐츠가 많이 생겨났 잖아요. 기존처럼 유명한 사람만 강연하는 것이 아니라 다양 한 사람이 나와 다양한 이야기를 하는 것이 많아지기도 했고 요. 세바시는 테드와 어떻게 비슷하고 어떻게 다른가요? 사 실 테드는 다른 사람 앞에서 이야기할 기회가 많은 미국에서 나타난 거라 더 쉽게 퍼질 수 있었던 것 같은데, 한국은 강연 이라는 게 교수나 사회적 지위가 높은 사람들의 전유물이었 잖아요. 이런 문화로 인해 다양한 전문가가 이야기하는 콘셉 트로 정착하는 데 어려움은 없었나요?

세바시를 기획할 때 테드가 굉장히 큰 도움이 됐고, 세바시 가 잘 자라 이상향에 도달한다면 그게 테드라고 생각해요. 테드는 조직 구성이나 형태가 그만큼 완벽하니까요.

구범준

테드와의 차별성은, 사용하는 언어와 강연자가 속한 문화적 배경이 아닐까 생각해요. 세바시가 지금처럼 성장한다면 아시아권에서는 테드에 버금가는 콘텐츠 브랜드가 될 수 있다고 믿어요. 저도 테드가 만드는 사회적 변화를 좋아하고, 테드처럼 상상하고 싶어서 참고하고 있으니까요.

처음에 이게 되겠다고 생각한 건, 강연 문화가 바뀌고 있다는 걸 봤을 때였어요. 기성세대와 젊은 세대를 나눠서 이야기하자면, 젊은 세대는 테드를 보며 자랐고, 좀 더 본인을 드러내는 데 적극적인 사람들이라 이런 콘셉트를 잘 받아들여요. 반면 잘 변하지 않는 기성세대의 변화를 눈여겨볼 만한데요. 2011년과 2012년 사이에 이른바 신자유주의가 강화되고 경쟁이 심화되는 사회가 되었어요. 100세 시대에 대한 걱정도 생겼죠. 우리 업業의 이력이 60세에 끝나면, 앞으로 40년은 뭘 먹고살아야 할지에 대한 거요. 그래서 사람들이 타인의 지식이나 경험을 배우려고 찾아나서기 시작했어요. 이게 강연 문화 활성화의 계기가 되어 지식과 경험을 공유하는 형태로까지 발전했어요.

이젠 사람들이 무대에 서는 것도 적극적으로 해요. 세바시가 그런 시점에 들어간 거라 강연자를 구하는 데 어려움은 없었어요. 마른 풀에 불 번지듯 사람들이 굉장히 적극적이었거든요. 오히려 자발적 참여 관객을 모으는 것이 제일 어려웠어요. 세바시가 어디서 열리는지, 누가 나와서 하는지 알릴 방법이 너무 없었거든요. 하지만 6개월 만에 500석이 다 찾아요. 현재 대부분 강연이 만석인 걸 보면 사람들이 지식을 공유하고 경험을 나누려는 욕구가 커졌다는 걸 알 수 있어요. 그 트렌드에 세바시가 오히려 수혜를 입은 거고요. 세바시를 어떻게 지금처럼 할 수 있었냐고 물어보면, 남들보다 먼저 시작했고, 오래 지속했기 때문이라고 이야기해요. 하지만 지금은 어려움이 더 많을 거예요. 제가 시작할 때는 사람들의 욕구는 있지만 이를 받아줄 콘텐츠가 없었거든요. 요새는 새로운 콘텐츠가 굉장히 많이 생겨나고 있어서 성공하기 더 어려울 것 같아요.

세바시의 인지도가 쌓이면서 많은 사람이 '나도 이런 이야기를 하고 싶다'라고 대표님께 말하잖아요. 세바시에서 이야기할 사람 혹은 어떤 사람을 우선순위로 할 것인지 선정하는 기준이 있나요?

세 가지 기준이 있어요. 이야기가 개인의 성장을 이끄는가, 개인의 성장에 국한되는 것이 아니라 공동체의 이야기로 나아가는가, 마지막으로 사람들이 쉽고 재미있게 받아들일 수 있는 이야기인가.

자기계발 강연들이 비판을 받는 지점이 있어요. 구조적 문제를 이야기하지 않고 개인이 모든 것을 풀 수 있다고 이야기하는 점이요. 세바시는 그런 점에서 예외예요. 세바시는 개인의 성장 욕구뿐 아니라, 강연자 스스로도 인지하지 못할

구범준

때가 많은 공동체의 성장 욕구 또한 담아내거든요.

공익적 목적의 조직들이 강연 요청을 많이 하는데 이들의 가장 큰 문제는 재미가 없다는 점이에요. 저희는 사람들이 흥미를 느끼고, 받아들이기 쉽지만 좋은 생각의 씨앗을 줄 수 있는 관점을 많이 고민해요. 섭외자로 오는 사람들은 대부분 공동체의 성장을 이야기하고, 저희는 그걸 대중 콘텐츠로서 흥미와 재미를 가질 수 있도록 만드는 거죠.

세상을 바꾸는 시간이 만들어가는 변화

세바시는 세상을 바꾸는 것을 지향할 텐데, 개인과 단체의 재미있는 성장 이야기가 세상을 어떻게 바꾸나요?

세바시는 미디어로서 우리 사회의 불편하고 불평등한 것과 변화를 시도하는 사람들의 이야기를 알리면서 사람의 의식을 바꾸는 역할을 합니다. 단순히 의식과 생각을 바꾸는 것에서 멈추지 않고 생각이 성장할 수 있는 자양분도 제공하죠. 새로운 생각을 알리는 콘텐츠 기업을 넘어 아카데미 역할도 하고 있다고 생각해요.

이국종 교수의 강연은 큰 변화를 만들었어요. 천만 명이 넘는 사람들이 강연을 시청해서 청와대 청원으로 이어지고, 우리나라 응급 구조에 예산이 지원되는 변화를 이끌었죠. 강서구 장애인 학교 설립 이슈가 터졌을 때, 양정숙 씨의 강연을 다시 올렸어요. 양정숙 씨는 다리 없는 아이를 입양해서 장애인 국가대표 수영 선수로 키운 분이에요. 강연을 본 사람들이 강서구 장애인 학교 설립을 어떤 방향으로 바라봐야 하는지에 대한 새로운 생각을 댓글로 달더라고요. 세바시는 사람들을 새롭게 생각하게 해요.

장혜영 씨 강연도 다시 돌아볼 만해요. 이분은 18년 동안 시설에 격리되었던 동생을 데리고 나와 함께 살고 있어요. 장애인과 비장애인의 사회적 격리가 장애인에 대한 억압이며, 장애인의 삶을 무너뜨리는 것이라는 취지의 강연을 진행했어요. 장애인에 대한 복지나 인식 문제는 격리된 상태에서 바뀔 수 없고, 이건 건강한 사회의 모습이 아니라는 메시지였죠. '생각해볼 만한 문제다, 무엇을 해야 하는가' 등의 큰 반향을 불러일으켰어요.

이런 이야기를 꺼낼 수 있다는 점에서 자부심이 있고, 이게 저희가 해야 할 일이란 생각도 했어요. 생각의 씨앗을 확산하는 것, 운이 좋으면 제도적 변화까지 일으키는 것. 이게 세바시가 만드는 변화라고 생각해요. 체인지메이커들의 이야기를 더 많이 만들어 확산시키는 것이 세바시가 체인지메이커로 할 수 있는 일이겠죠.

CBS에서 독립한 이유가 궁금해요. 사실 소셜벤처들이 가장 고민하는 것이 임팩트와 지속 가능한 수익이잖아요. 더 많은

구범준

체인지메이커를 만들기 위한 콘텐츠와 다른 사람들에게 보여주기 위한 콘텐츠가 달라 내부 상충이 생길 수도 있는데, 그런 문제는 어떻게 해결하세요?

CBS가 라디오 방송사라는 점, 기독교적 테두리, 한국 교회와의 관계 등을 고려했을 때 CBS가 가진 한계가 있어서 프로그램의 지속 가능성을 위해 독립했어요. 지금까지는 상업적 콘텐츠를 만드는 것과 세바시다운 콘텐츠를 만드는 것 사이에 갈등이 많지는 않았어요. 그런데 위기를 맞은 적이 있어요. 성소수자 강연을 올렸는데, 보수 기독교 세력이 항의를 한 거예요. 모회사인 CBS가 피해를 보지 않길 바라는 마음에 강연을 딱 하루 내렸다가 세바시 팬들에게 엄청난 비난을 받았어요. CBS고 뭐고 저희가 끝나게 생겨서 다시 올렸고요. 잊지 못할 에피소드가 될 것 같아요. 이 경험 덕에 세바시의 정체성 그리고 지지 기반이 무엇인지 확실히 확인하게 되었죠. 앞으로 상업적 판단을 해야 할 때 이 일이 기준이 될 것 같아요.

미디어의 역할

세바시에는 막 사업을 시작했고, 이제 막 주목받기 시작한 청년 사업가가 많이 나오잖아요. 동료 사회적 기업가들이 농

담처럼 하는 이야기 중에 마흔 전에 책 쓴 사람이랑은 놀면 안 된다는 우스갯소리가 있어요. 충분한 내공이 쌓이기 전에 갑자기 유명세를 얻으면, 유명세가 시들어졌을 때 휘둘리기 쉽다고요. 객관적으로 보면 본인은 이 정도 수준이 안 되는데 사회가 높게 봐주니까, 거기에 맞춰 스스로 거짓된 자아를 만들어 버블을 만들기도 해요. 앞으로 나올 청년 사업가 그리고 세바시를 통해 유명해진 청년 사업가들에게 조언을 해주세요.

맞아요, 그럴 수 있어요. 하지만 해결하려는 문제, 그 문제에 대해 현재 생각하는 것을 이야기하는 건 크게 문제가 되지 않는다고 봐요. 본인 스스로 사고와 경험을 한정하면 문제가 되겠지만 청년 사업가들 대부분이 미지의 것에 대한 두려움과 걱정으로 살아가기 때문에, 엄청난 성공을 한 경우가 아니면 자신의 사고와 경험을 기준으로 한계를 설정하는 사람은 적을 것 같아요.

　물론 거짓된 자아를 만드는 친구들도 있죠. 저는 세바시가 그런 친구들에게 오히려 좋은 역할을 하지 않을까 싶어요. 자기계발의 문제점은 내면보다 바깥을 바라보게 만든다는 점이에요. 저는 자신의 내면을 바라볼 수 있는 콘텐츠를 만들고 싶어요. 내가 누구지, 성향은 뭔지, 좋아하는 것은 뭔지, 관심 있는 생각들과 변화는 무엇인지…. 그걸 알아야 비로소 밖을 바라볼 수 있는 거죠. 그런 면에서 세바시 콘텐츠는 거

구범준

울처럼 강연자의 마음속을 보여주기 때문에 더 좋은 역할을 할 거라 생각해요.

가끔 세바시 강연자 중에서도 옳다고 믿는 이야기를 하고서는 그에 반하는 일을 할 때가 있어요. 그런 경우에는 콘텐츠를 내려요. 정말 당황스러운 경우죠. 아무리 세바시라고 해도 대중 콘텐츠다 보니, 막을 수 있기는 해도 100퍼센트 막을 수는 없거든요. 청년이든 중년이든 본인이 가진 생각과 가치는 성공과 실패와 무관하게 일관성을 가져야 한다고 생각해요. 청년 사업가들에게 본질적인 것을 붙잡고 시작하라는 이야기를 하고 싶어요. 변하지 않는 것을 보는 것, 그런 힘을 키우는 것이요. 실패해서 다시 도전하면 이야기로 이어져요. 이건 제 스스로 되뇌는 이야기이기도 해요.

세바시 콘텐츠의 애독자들, 애청자들, 성수동으로 대변되는 체인지메이커 생태계 모두 진보 성향을 띠잖아요. 요즘은 이런 식으로 버블이 생기는 건 아닌가 싶더라고요. 이쪽의 전문가와 오피니언 리더가 모이면 성향이 점점 강화되거든요. 혹시 내부적으로 세바시가 사회 전반적인 스펙트럼에서 일부만 보는 것은 아닌지, 혹 그렇다고 생각해서 더 넓은 목소리를 담아내려고 의식적으로 노력하는 부분이 있는지 궁금해요.

앞서 말씀드린 것처럼 처음에는 진보 성향 시청자들을 전략적으로 모으려고 했어요. 제목 자체가 진보 성향을 전제할 수밖에 없기도 했고요. 시간이 흐르면서 사람들이 많이 모였고, 강연도 900편이 넘으면서 다양한 강연자 풀pool도 생겼죠. 정확하지는 않지만 성향으로 봤을 때는 7대 3 정도예요. 아주 진보적인 강연자는 30퍼센트, 40퍼센트는 변화 지향적, 나머지 30퍼센트는 합리적 보수 정도죠.

합리적 보수들의 이야기는 경선 님이 이야기한 딜레마 때문에라도 발굴하려 하는데 사실 많이 없어요. 합리적 보수들이 나와서 이야기하는 걸 꺼려 하는 트렌드가 만들어진 것 같기도 하고요. 그래서 건강하고 합리적인 보수의 이야기를 할 수 있는 사람을 만나면 좋죠. 하지만 정치나 종교 이야기는 직접적으로 하지 않고 있어요. 합리적 보수와 진보를 가르는 가장 큰 주제가 정치인데 그걸 직접적으로 다루지 않으니 적합한 강연자를 더 발견하기 힘든 것도 있죠. 알려진 사람들 중에는 진보 성향이 많아요. 경선 님이 지적한 대로 고민해야 할 부분입니다. 세바시의 무기는 다양성이기 때문에 우리는 항상 열려 있어요.

혹시 한국에서 터부시하거나 경멸의 대상이 될 만한 과거를 가진 사람이 굉장한 노력 끝에 이를 극복한 이야기를 세바시에서 공유한 적이 있을까요? 예를 들면, 학교 폭력 가해자나 조직폭력배 혹은 사기꾼 같은 전력이 있던 사람들이요. 한국에서는 가해자들이 뻔뻔한 경우가 많아서 그런지, 자기 죄를

구범준

조금이라도 인정하는 가해자들에게 더욱 가혹하게 돌을 던지는 경우가 많잖아요.

가해자였던 사람이 직접 나왔던 적은 없어요. 진심 어린 회개가 별로 없기 때문에 한국에서는 그런 사람들을 잘 믿지 않아요. 공개적으로 말한다는 것에 대한 터부가 있기도 하고요. 재벌 기업도 그렇고, 자수성가해서 성공한 사람들도 나오려고 하지 않죠. 그런 사람들의 이야기가 필요한데도요. 한국에서는 '무엇을 했었냐'가 더 중요한 거죠. 하지만 앞으로는 이런 콘텐츠가 나올 겁니다. 중요한 건 결국 용서를 구하는 진정성일 거예요.

어떤 사람이 20년 전에 여행을 갔다가 누군가에게 돈을 빌렸는데 그 돈을 바로 갚지 못해서 20년 동안 죄책감에 시달리다 마침내 돈을 갚으러 찾아갔어요. 그런데 이게 엄청난 이슈가 되었고, 사람들이 박수와 찬사를 보냈어요. 별거 아닌 일인지도 모르지만, 대중은 20년 동안 죄책감을 갖고 살았다는 사실에서 진정성을 본 거죠.

공개적으로 말하는 것은 자연스러워졌지만, 너무 많은 이야기가 알려지는 것은 원치 않기도 하잖아요. 저는 좋은 댓글이 많은 편인데도 저와 관련된 댓글을 보면 힘들 때가 있어요. 물론 합리적 비판도 있기는 해요. 그런데 증오와 분노, 혐오가 과녁 없이 떠돌다가 저라는 표적으로 몰리는 게 아닌가 싶기도 해요. 세바시 강연자 중에 댓글 때문에 스트레스를 받은 경우는 없었나요?

강연자들이 댓글로 받는 스트레스, 이건 저희가 잘 해결하지 못하는 부분이기도 해요. 정말 좋은 강연이라 생각했는데 생각지 못한 댓글이 달리기도 하거든요. 최근에도 있었어요. 게임 배틀그라운드를 만든 장병규 대표가 스타트업 이야기를 하면서 '네오위즈 창업했을 때, 다 같이 기숙사에 있는 것처럼 일했다. 일과 삶의 균형도 다 무너진 상태로 일하면서 성공을 만들어냈다. 스타트업은 사실 그런 곳이다. 워라밸은 찾기가 참 힘들다'라는 발언을 했어요. 강연의 핵심은 스타트업에 실패한 사람을 실패자로 낙인찍는 사회가 되면 안 된다는 것이었어요. 그런데 주당 100시간 일한 이야기에만 초점이 맞춰지면서 노동법 위반이라며 엄청난 악플이 달리더라고요.

강연하다 보면 완전무결할 수는 없으니까 예상치 못했던 걸로 꼬투리를 잡히기도 하는데, 저로서는 댓글 보지 말라고 하는 게 최선이에요. 응원하는 댓글도 많으니 그런 댓글 보라고 위로를 하기도 해요. 사람들이 분노에 휩싸여 있다는 게 문제겠죠. 콘텐츠의 맥락 문제도 아니에요. 익명이기 때문에, 분노해 있기 때문에 이 사람이 타깃이라고 생각하며 때리는 거죠.

미디어가 담아낼 수 있는 체인지메이커의 영역은 다양할 것 같은데요. 다른 미디어를 보며 이런 가치를 지향하는 콘텐츠가 있으면 좋겠다고 생각해본 게 있나요? 미디어 중에는 뉴스도 있고 예능도 있고 드라마도 있잖아요. 이런 콘텐츠 안에 체인지메이킹의 요소가 있으면 좋겠다고 생각하신 적이 있는지 궁금해요.

오락 콘텐츠가 할 수 있는 게 분명히 있죠. 하지만 한계가 더 많은 것 같기도 해요. 오락 콘텐츠가 흥행하려면 체인지메이킹 이야기와는 다른 요소를 가져야 하잖아요. 체인지메이킹 이야기는 오락 콘텐츠로 풀기엔 고통스럽고 복잡하고 어려운 이야기예요.

그런데 생애 주기로 보면 엔터테인먼트 소비층과 지식 콘텐츠 소비층이 다르지 않아요. 10대에서 20대 초반은 둘 다 봐요. 나이를 좀 더 먹으면 지식 콘텐츠를 소비하는 경향으로 넘어오죠. 굳이 엔터테인먼트적인 요소로 체인지메이킹을 풀지 않아도 된다고 봐요. 예능이나 오락의 장점인 여흥과 즐거움을 포기하면서까지 의미를 찾을 필요는 없다고 생각하는 거죠. 물론, 가치지향적인 의미를 담은 콘텐츠를 만드는 사람이 많아지면 좋겠어요. 그러려면, 이 콘텐츠를 소비하는 사람이 많아져야겠죠. 시장의 더 많은 투자나 이런 채널을 성장시키려는 노력이 필요해요. 사회적 가치를 강의나 텍스트 콘텐츠로만 알리기보다 다큐멘터리나 영화 등으로도 알리는 시도가 있었으면 좋겠어요.

요새 SNS에 이런 역할을 하는 곳이 많이 생기고 있어요. 닷페이스가 그런 경우입니다. 기성 언론이 할 수 없는 일이기도 하고요. 어쩌면 고통스러운 콘텐츠일 수도 있는데 여기에 10대와 20대가 반응하는 것을 보면 엄청난 변화라고 생각해요.

사회적 영향력은 곧 양날의 검이다. 많은 사람에게 의견을 전달하며 그들을 변화시킬 수 있는 힘을 갖지만, 말 한마디와 행동 하나가 사람들에게 분노나 실망 같은 부정적인 감정을 일으킬 수도 있다. 그리고 이미 많은 사례에서 보았듯, 다수의 분노는 분노의 대상이 되는 당사자에게 엄청난 상처를 입힌다.

구범준 대표와 세바시는 수많은 우여곡절과 경험을 통해 재미와 의미 사이에서 균형을 잡으며, 그동안 들을 수 없었던 이야기들을 이슈로 만들고 있다. 중요한 이슈에는 논쟁의 여지가 있는 내용도 있기에 불만의 목소리가 나오는 건 불가피하다. 세바시팀이 이런 난관을 잘 헤쳐나가 앞으로도 우리 사회의 대표적인 체인지메이커 미디어로 함께해주길 바란다.

구범준

미래의
교육이 무엇인지
거꾸로 질문하다

▶ ▶ ▶

교육자 **정찬필**

22년 동안 KBS PD로 재직했지만 2013년 다큐 시리즈 〈21세기 교육혁명〉을 제작하며 접한 거꾸로교실 실험이 계기가 되어 2016년 (사)미래교실네트워크 사무총장으로 변신했다. 2016년 아쇼카 펠로우에 선정된 것을 시작으로 구글임팩트챌린지Google Impact Challenge 우승, 핀란드 헌드레드HundrED 세계100대 교육혁신 사례, OECD 글로벌혁신학교 선정, 엠아이티 솔브 글로벌 챌린지MIT Solve Global Challenge 결선 진출 등을 통해 국제적으로도 성과를 인정받고 있다.

한국인에게 교육은 절대적으로 중요한 주제다. 일제강점기와 6·25 전쟁으로 초토화된 나라를 본 어르신들은, 가난에서 벗어나는 유일한 방법은 교육이란 걸 깨닫고, 당신들이 입고 먹을 돈까지 아껴 자식들을 대학에 보냈다. 그렇게 축적된 인적 자본들은 우리나라가 단기간에 가난을 벗어나 경제 강국으로 발전하는 데 절대적으로 기여했다.

하지만 역설적으로, 지금 우리나라에서 가장 중요한 사회문제 중 하나가 교육이다. 새로운 시대에 필수적인 창의성을 억압하는 암기 위주의 주입식 교육, 부모의 소득 수준이 자식의 교육 수준을 결정하는 계급화, 경쟁 중심 학교에서 공감 능력을 잃고 점점 폭력적으로 변하는 아이들까지.

교육이 한국인의 삶에서 차지하는 위상을 드러내듯, 많은 사회적 기업과 비영리단체는 교육문제를 해결하기 위해 노력하고 있다. 보다 많은 학생들에게 적정 가격에 양질의 교육 콘텐츠를 제공하는 공부의 신, 취약계층 학생들에게 대학생의 멘토링을 제공하는 사단법인 점프, 학생들에게 기업가 정신을 가르치는 오이씨랩oec LAB까지. 교육혁신을 위해 노력하는 체인지메이커들의 공통점은 교육문제를 정책으로 해결하는 톱다운 형태에서 벗어나, 학생들의 눈높이에 맞춰 그들이 적극적으로 참여할 수 있는 방법을 제시한다는 것이다.

하지만 이런 담론에서 종종 제외되는 주제는 공교육, 특히 선생님이었다. 학교 선생님들은 다양한 미디어에서 '무기력하고, 무관심하고, 무정한' 3무의 모습으로 그려진다. 이런 모습은 선생님들이 안정적인 직장 생활만 좇는다는 선입견을 만들었고, 학교 선생님들을 공교육의 문제 그 자체로 여겨지게 했다.

여기, KBS에서 20년 넘게 다큐멘터리를 만드는 PD로 살다 교육혁신가로 변신한 사람이 있다. 2013년에 교육혁신 다큐멘터리 시리즈를 제작한 정찬필 PD다. 거꾸로교실은 무너진 교실을 되살리기 위해 미국에서 시작된 플립 러닝Flipped Learning이란 기법을 응용한 수업 방식이다. 선생님이 하던 강의는 동영상으로 대체하고, 완전히 학생이 중심이 된 학습 활동으로 수업을 채우는 혁신적인 방식이다. 거꾸로교실은 학생들이 스스로 조직화되어 함께 공부하고 문제를 해결하는 협력적 동료 학습 상황을 만드는 데 집중한다. 이를 통해 학생들은 학업 성취뿐만 아니라, 21세기에 필요한 입체적 능력을 기를 수 있게 된다.

정찬필 PD는 교육혁신 담론에서 제외되던, 하지만 진정한 혁신을 위해서는 필수적인 선생님에게 집중했다. 그는 학생들의 성장을 진정으로 바라는 선생님을 찾아다니며 거꾸로교실을 포함해 다양하고 새로운 수업 방식을 제시했다. 선생님들이 학생에게 적합한 교육 방식을 개발하도록 가교 역할까지 했다. 그의 노력은 놀라울 정도로 빨리 효과로 나타났다. 사표를 품고 다녔다던 한 학교 선생님은 아이들이 사랑스럽게 보이기 시작했다. 수업 시간에 잠을 자던 학생들은 깨어나고, 아이들의 성적은 극적으로 올랐다. 첫 수업 촬영이 끝났을 때, 정찬필 PD는 이렇게 생각했다. '잘못 걸려들었다, 빠져나오지 못하겠구나.'

정찬필, 그는 2016년 10월 KBS를 사직하고, 교육혁신을 추구하는 선생님들의 비영리 법인 '미래교실네트워크'의 유일한 비교육자로서 상근 사무총장을 맡고 있다.

저널리스트, 교육문제의 해결책을 발견하다

교육에 대해 신념을 가지게 된 계기가 있다면 말씀해주세요.

2013년 초에 우연히 국제교육컨퍼런스에 참여했어요. 그때 교육의 위기가 얼마나 심각한 문제인지, 문제의 본질이 무엇인지 알게 되었죠. 처음에는 저널리스트로서 이 사안을 취재해서 알리고 싶었어요. 그런데 취재 과정에서 이 문제의 결정적인 해결책을 발견한 거예요. 아마 제가 저널리스트의 관점으로 문제를 봤기 때문에 가능했던 일인 것 같아요. 교육 현장에 계신 분들은 보지 못한 잠재력을 직관적으로 알아챈 겁니다. 그래서 바로 확인해보자며 실험을 시작했는데, 그 해결책이 특정한 과목, 학교, 상황에서만 적용되는 게 아니겠더라고요. 교육의 전반적인 위기를 해결할 수 있겠다는 가능성을 본 거죠.

이걸 활용하면 위기의 학교를 살려내고, 진짜 의미 있는 변화를 만들 수 있겠다는 생각에 끝까지 가보자는 마음을 먹게 되었습니다. 사실 첫날 실험을 하고 아이들이 순식간에 바뀌는 현상을 보면서 직감했어요. 이거 잘못 걸려들었다, 빠져나오지 못하겠구나, 사명감을 넘어 의무라고 느꼈던 것 같아요.

놀라운 변화를 만드는 건 많은 사람이 하는 일이고, 그 현장

정찬필

을 목도하는 일도 많은 것 같아요. 근데 그럴 때 '걸려들었구나, 나는 이걸 해야 하는구나'라고 자신의 것으로 승화하는 분들은 잘 없잖아요. 사무총장님은 의무감을 가지게 되었고, 걸려들 만한 사람이었기 때문에 걸려든 것 같은데요. 왜 '걸려드는 타입'일까에 대한 고민을 해보신 적이 있나요?

지나친 호기심 때문이죠. 사실 수렁에 빠진 굉장히 결정적인 계기가 경선 님과 관련이 있어요. 루트임팩트의 프로그램 때문이거든요. 저는 성수동의 존재를 모르기도 했고, 제 기억 속 성수동은 지나가다 언뜻 본 별 볼 일 없는 동네였는데, 2015년 5월 루트임팩트의 디웰살롱(현 신촌살롱)에서 저를 교육혁신 토크 프로그램의 연사로 초청했어요. 호기심이 많아서 가봤는데 정말 큰 영감을 받았어요. 어떻게 보면 그때가 대한민국이 무너져가던 시기거든요. 희망이 안 보였어요. 근데 다녀오고 나니 대한민국이 아주 빨리 무너질 것 같지는 않더라고요. 더 나은 세상을 위한 변화를 실제로 만드는 젊은 사람들, 이들을 돕는 전문가와 기업이 있다는 걸 알았으니까요. 그때 처음으로 이 사람들처럼 세상을 바꾸는 걸 업으로 삼으면 어떨까라는 생각이 들더라고요.

교육은 워낙 방대한 영역이고, 특히 한국에서는 굉장히 다양한 영역에 걸쳐 있잖아요. 빈부격차부터 현장의 효율성까지. 지금껏 관행적으로 진행되어서 변화하는 현실과 맞지 않는 부분도 있고요. 정말 여러 문제가 있는데, 사무총장님은 거꾸로교실 혹은 미래교실네트워크에서 지향하는 일이 결정적인 트리거Trigger가 될 수 있다고 하셨어요. 그렇게까지 큰 파괴력을 가지는 이유가 뭐라고 생각하세요?

개념적으로 21세기 교육이 어디로 가야 하는지, 아이들에게 무엇을 길러줘야 하는지를 이해하게 된 것이 큰 이유였어요. 지금의 성적지상주의 학교 교육으로는 미래를 대비하지 못하니, 세상에 필요한 진짜 역량을 갖출 수 있는 교육을 해야 한다는 것까지는 당위적으로 이해했는데, 문제는 완전히 무너진 현재 학교 교육 상황에서 그런 교육은 불가능하다는 거였어요.

그런데 추가 자료를 조사하는 과정에서 발견한 미국의 한 보고서에서 '지금까지 어떤 이론과 정책도 학교 교육을 바꾸지는 못했다. 이 문제를 해결하려면 선생님들에게 교실에서 바로 실행 가능한 구체적인 교육 방법을 제시해줘야 한다'라는 입장을 보게 됐어요. 그게 관점의 큰 전환을 만들었죠. 국제교육컨퍼런스에서 플립 러닝이라는 개념을 발견했을 때, 이게 교실에서 바로 실행 가능한 트리거가 될 수 있겠다고 생각했어요.

플립 러닝은 미국 콜로라도주의 존 버그먼Jon Bergmann이라는 선생님이 시작한 방법으로, 교실에서 바로 실행 가능한 조건을 다 갖추고 있어요. 누구나 쉽게 접근할 수 있는 기술

정찬필

을 활용하기 때문에 선생님이 마음만 바꾸면 실행이 가능했죠. 그러니 실험하기가 너무 좋고요. 무작정 실험을 기획했지만 충분히 해볼 만하다고 생각했어요. 시뮬레이션대로라면 자던 아이들이 깨어나 수업에 집중할 테고, 그럼 성적이 떨어질 일도 없을 거고요. 그러니 결과는 무조건 지금 수업보다는 좋을 것이며, 어쩌면 극적인 변화가 나타날 수도 있을 거라고 생각했어요. 이게 이 실험의 가장 중요한 전제 조건이기도 했어요. 거꾸로교실 수업을 받은 학생들이 현재 평가 시스템에서도 더 우월한 결과를 만들어내야 선생님, 관리자, 혹은 정책 관계자를 설득할 수 있으니까요.

　중간고사와 기말고사 4개월 사이에 생각보다 훨씬 큰 변화가 나타났어요. 거꾸로교실 수업이 현재 평가 시스템에서도 긍정적인 효과를 발휘하면서, 소통과 협력 등 학생들의 핵심 역량이 급성장했거든요. 그 변화를 이끌어낸 선생님들의 자존감도 수직상승했고요. 거꾸로교실이 급속도로 확산된 핵심적인 이유죠.

언젠가 하신 말씀이 생각나요. 실패 사례가 쏟아져나왔는데, 선생님들이 서로 이야기를 주고받고 실패에서 배우다 보니 빠른 시간 안에 효율성이 좋아졌다고 하셨죠. 처음에는 시행착오가 꽤 많았잖아요. 플립 러닝을 발전시킨 과정을 말해주시겠어요?

'거꾸로교실의 마법' 첫 실험에서 정말 마법 같은 일이 벌어졌어요. 준비 과정에서 나타나는 장애물이 있을 거라고 생각했는데, 아무 준비도 안 된 첫날에 아이들이 바뀌는 게 눈에 보이는 거예요. 판을 키워야겠다는 확신이 들더라고요. 축적된 경험을 바탕으로 선생님 대여섯 명과 연수 프로그램을 만들었어요. 연수 경험도 없는데 100명 단위 연수를 시작했어요. 단순 교육만 하면 휘발될 가능성이 높으니 다단계 조직처럼 지역과 과목별로 엮고, 온라인 네트워크와 커뮤니티도 만들었죠. 이틀짜리 연수에서 감동을 받은 선생님도 많아 성공적이었는데, 현장에 나가자마자 적용이 안 된다는 하소연이 들렸어요. 그런데 여기서 놀랍게도 집단지성의 효과가 나타났어요. 같은 어려움을 겪는 선생님이 나타나고, 다른 해결책을 넣어 방향을 튼 선생님들의 조언이 작용하면서 변하기 시작했어요. 더 재미있는 건 선생님들이 영어 수업에서 개발한 방법이 수학, 과학 수업에도 먹힌다며 빠른 속도로 진화하고 확산되기 시작한 거예요.

수업방법론이 하나 들어와서 실증적으로 유효하다는 검증이 이뤄지니까 순식간에 확산되더군요. '보석맵'이라고, 한 선생님이 협력 학습을 위한 아주 간단한 포맷을 개발했는데 한 달도 안 돼서 전국에 퍼졌어요. 이 과정을 보면서 교육혁신의 전문가는 학교 안에 있다는 걸 깨달았어요. 혁신의 돌파구는 오직 선생님들의 시도와 경험에서 만들어질 수밖에 없다는 확신을 갖게 되었고요. 누군가가 앞에 서서 일방적으

정찬필

로 길을 제시한 게 아니에요. 저는 새로운 개념을 발견하고 정리해서 알려준 것뿐이에요. 이를 현실화한 건 선생님들이었죠. 각자가 경험하며 만들어낸 해결책을 확산하는 것, 이것이 미래교실네트워크 선생님들이 해온 성과의 핵심이에요.

3년 사이에 미래교실네트워크 웹사이트에 가입한 선생님 수가 1만8000명이 넘었어요.(전국 공교육 교사 수 약 40만 명) 거꾸로교실의 개념을 주도적으로 확산하는 그룹인 '주번' 선생님의 규모는 140~150명 정도예요. 이분들이 같이 연수 프로그램을 개발하며 퍼실리테이터Facilitator(그룹 혹은 집단이 원하는 바를 달성하도록 돕는 사람) 역할을 하고 있고요.

미래교실네트워크 웹사이트에 선생님들이 활발하게 활동하는 커뮤니티 수를 파악할 수 있는 지도가 있는데, 여기서 전국적인 분포를 볼 수 있어요. 요즘은 초중고뿐만 아니라 대학으로도 번지는 흥미로운 추세를 보이고 있습니다. 지도에 나타나는 파란 곳이 적극적으로 변한 교실이에요. 선생님들이 직접 표시를 한 거고요. 이 숫자가 의미하는 건 거꾸로교실의 증명이 이미 끝났다는 거예요.

학생들 프로젝트도 많이 보셨잖아요. 가장 기억에 남는 프로젝트가 있으신가요?

천안 새샘초등학교 4학년 학생들의 화장실 문제 해결 사례를 들고 싶어요. 정말 충격이었어요. 내부에서 해결할 문제

정의定義의 핵심은 '공감'이라고 계속해서 말했는데, 이 점을 가장 잘 보여준 사례가 아닐까 싶어요.

화장실 문제라는 건, 아이들이 화장실에서 큰일을 보고 물을 안 내리는 현상이었는데, 문제의 근원을 찾는 게 흥미롭더라고요. 문제 제기를 한 초등학교 4학년 학생들이 1100장이 넘는 설문지를 돌려서 원인을 분석했어요. 아이들이 왜 물을 안 내리고 나올까요? 어른들한테도 수없이 물어본 질문인데, 단 한 번도 제대로 된 답이 안 나왔거든요. 근데 아이들한테 물어보니 원인이 나오더라고요. 아이들 설문 결과는 놀랍게도 '무서워서 빨리 나가려고'였어요. 주로 저학년 아이들이 물을 내리지 않고 나왔는데, 저학년일수록 화장실을 무서워한 거예요. 그래서 문제 해결도 '무섭지 않은 화장실 만들기'로 집중되었죠. 어른들 중에 누가 이 문제의 원인을 '화장실이 무서워서'라고 생각할 수 있겠어요?

다른 사람이 어떤 문제에 처했는지 이해하는 것이 공감 능력의 핵심이고, 공감이 명확한 원인과 해결 방향을 준다고 생각하거든요. 어쩌면 어른보다 아이들이 더 잘 공감할 수 있다는 걸 보게 된 사례였어요. 프로젝트를 하는 동안 중간중간 이 아이들을 만났는데, 어마어마한 변화가 나타나는 게 눈에 보이더라고요. 이 아이들은 서울시 초등학생 대상 기업가 정신 대회에서도 상을 휩쓸었어요. 단계적으로 문제를 해결하는 게 몸에 배어버린 거죠. 이 친구들은 지금도 신나서 다음에 뭐할지 얘기해요. 가장 많은 잠재력과 가치를 보여주었죠.

정찬필

교육혁신의 영역을 확장하다

저는 미래교실네트워크가 3년 만에 이런 성과를 낸 것이 굉장한 일이라고 생각해요. 교육은 가장 공적 영역에 가까운 산업 혹은 사회 영역이고, 어떻게 보면 지극히 전문가에 의해서만 굴러왔던 곳이잖아요. 미래교실네트워크가 이렇게 큰 성과를 내는 것을 보면서, 교육 전문가들은 어떤 의미에서는 반갑고 어떤 의미에서는 당황스럽고, 어떤 의미에서는 '뭐가 어떻게 되어 가고 있는 건가' 생각할 것 같아요.

방송이 나가고 많은 분이 새로운 교육의 관점을 제시한 것에 대해 좋은 평을 해주셨어요. 그런데 판이 커질수록 한쪽에서는 교육 전문가도 아닌데 왜 교육문제에 직접 나서냐는 비난이 나오더군요. 실험을 방해할 수 있는 변수를 차단하고, 지속 가능하게 반복할 수 있는 안정된 성공 사례를 만들기 위해 외부 관심과 개입을 차단하기도 했는데, 그 과정이 지나치게 폐쇄적이라는 악평도 있었고요.

저는 주류 교육학을 체계적으로 듣고 공부한 게 아니잖아요. 비유하자면 미디어 저널리스트가 온 동네를 돌아다니며 최고의 선수들을 만나서 그들의 통찰을 연결한 거죠. 그런데 이 과정에서 재미있는 현상을 발견한 거예요. 세계적으로 교육혁신의 의미 있는 사례를 만든 칸 아카데미Khan Academy의 살만 칸Salman Khan, 테드의 스타 연사였던 수가타 미트라Sugata Mitra 교수, 실리콘밸리에서 교육혁신의 흐름을 만들어내는 뉴스쿨즈 벤처 펀드 운영자들을 만나보니 선생님이나 교육학자가 아니더라고요. 이 현상을 보며 무릎을 쳤어요. 공교육 밖에서 살아가는 사람들이 세상의 변화를 훨씬 급박하게 느끼는 게 당연하더라고요. 그러니까 그들이 교육 문제 해결에 나설 수밖에 없었던 거고요. 현재 학교 교육에 근원적인 문제를 제기하는 사람들은, 주로 문제의 본질을 학교가 진짜 세상에서 계속 멀어졌다는 것에서 찾아요. 같은 맥락에서 진짜 세상을 살아가는 사람들이 문제를 알게 되었을 때 일종의 의무감을 갖고 교육혁신에 뛰어드는 게 아닐까 하는 생각도 들었고요.

사실 올해(2017년) 겨울이 굉장히 재미있었어요. 서울대에서 동시에 초청받은 게 세 건이 있었는데, 그중 서울대 입시 정책과 거꾸로교실의 개념이 어떻게 연결되는지 소개해달라는 요청이 있었어요. 이런 것이 저에게도 선생님들에게도 큰 신호로 받아들여져요. 이제는 주류 교육계에서 거꾸로교실의 의미를 냉정하게 해석하고 있는 시점이 아닌가 싶거든요.

사실 거꾸로캠퍼스나 조합을 만드는 건 다음 단계로 나아가는 거잖아요. 기존에 존재하던 공교육혁신을 돕고 있었는데, 이제는 아예 미래교실네트워크의 사상과 철학을 반영하는 실제 학교를 만드셨으니까요. 이건 여태까지 해왔던 것과는 완전히 다른 이야기일 것 같아요.

정찬필

거꾸로교실은 처음부터 궁극적인 목표가 아니었어요. 지금은 진짜 교육적 목표를 향해 계단을 오르고 있는 거라 생각하고 있어요. 처음부터 참고한 미국 P21 The Partnership for 21st Century Learning 재단의 〈21세기 교육 프레임워크 Framework for 21st Century Learning〉를 기준으로 보면, 진짜 교육적 목표는 4C, 즉 비판적 사고 Critical Thinking, 소통 Communication, 협력 Collaboration, 창의력 Creativity과 다양한 사회·정서적 역량, 정보 기술과 미디어 활용 능력 등 학생들의 전인적인 입체적 성장을 의미해요.

이를 위한 미래교실네트워크의 단계적 접근법은 이렇습니다. 먼저 거꾸로교실을 통해 무기력 상태로 교실에 있는 아이들을 깨워냅니다. 수업이 계속되면 교과 학습뿐 아니라, 소통과 협력 등 기본적 역량이 길러지게 됩니다. 역량이 길러지면 문제 해결 프로젝트로 훨씬 쉽게 진입할 수 있어요. 이 과정을 계속 반복하면 전 영역의 역량이 향상될 거라고 봤어요. 그래서 구상한 것이 완전한 학생 주도의 협력적 문제 해결 프로젝트인 '사상최대수업프로젝트'예요.

그동안 저희는 기존의 학교 안에서 변화를 만들어낼 수 없을지 생각했고, 이게 가능하다는 걸 선생님들과 입증했어요. 그런데 이보다도 더 빠르고, 더 최적화된 방법은 없을까 싶더라고요. 물론 학교 안에서의 변화도 의미 있고 계속 이뤄내야 할 일이지만, 이와 별도로 이 시대에 가장 적합한 교육기관의 모델을 학교 밖에 만들어보고 싶더라고요. 전 세계를 강의실로 활용하는 미네르바 스쿨Minerva Schools에서 아이디어를 얻어서, 부동산을 소유하지 않으면서도 초기 자금을 최소화하며 실험할 수 있는 구조를 발견했어요. 거기에서 가능한 한 최고 수준의 교육 실험을 하고, 그 결과를 추출해 다시 공교육으로 전달하는 실험 생태계요. 그게 '거꾸로캠퍼스'인 거죠. 거꾸로캠퍼스는 실험실을 만드는 것이 목적이에요. 21세기에 필요한 능력에 최적화된 교육을 하는 것이 1차 목적이고, 그 결과를 공교육으로 다시 확산하는 것이 더 큰 목적인 거죠.

제일 큰 어려움은 인력이에요. 미래교실네트워크의 실험은 정규 교육과정 밖에서 하는 거니까요. 사실 미래교실네트워크는 교육부 산하 법인이라 교사들이 고용 휴직 제도를 활용할 수 있어요. 급여를 받으면서도 휴직이 가능한 거죠. 하지만 교육청에 따라 다르기도 하고 사립학교는 이 제도의 적용을 받지 않아요. 결국 미래교실네트워크 선생님 8명 중 4명은 사표를 내고 나왔어요. 한국에서 선생님이라는 직업은 꽤 안정적인 직업인데도, 문제 해결을 위해 그만두신 거죠.

실리콘밸리 쪽에서 스타트업하는 분들이 교육도 혁신적으로 바꿀 수 있다는 믿음을 갖고, 굉장히 크게 펀딩을 받아 만든 알트스쿨AltSchool(IT 기술 기반의 초소형 학교)이라는 곳이 있어요. 그런데 최근에 여러 문제를 겪고 있다는 기사를 봤거든요. 알트스쿨이 초기에 지향했던 모델과 어느 정도 비슷한

정찬필

부분이 있을 수 있겠다는 생각이 들었어요. 이 부분은 어떻게 생각하시는지 궁금해요.

알트스쿨을 처음 알았을 때 정말 신선해서 큰 기대를 했어요. 알트스쿨은 기술을 활용해 아이들에게 필요한 것을 제시할 수 있다는 가설로 시작했잖아요. 굉장히 많은 모니터 시스템 등도 도입했고요.

그런데 경험이 쌓이면 쌓일수록 '알트스쿨, 저거 안 될 텐데'라는 생각이 들었어요. 교육혁신을 보는 일반적 관점 중 하나가 선생님 역할 축소예요. 하지만 저희는 선생님이 굉장히 중요하다고 생각해요. 아이들을 촉진시키려면 선생님들의 촉이 살아 있어야 해요. 어떤 시점에 어떻게 개입하고, 얼마나 기다려줘야 하는지, 다음 단계에는 무엇을 주어야 하는지 등 단계별로 능동적인 판단을 해서 움직여야 합니다. 기계는 정해진 체계가 있어서 단계는 보는데, 기계니까 능동적으로 대응해야 할 부분을 놓칠 가능성이 높은 거예요. 이게 오히려 창의성을 떨어뜨린 거죠. 우려했던 결과가 그대로 나타난 것 같아요.

교육은 아이들의 잠재력을 깨워야 한다

교육의 전제는 모든 아이의 잠재력을 깨우는 거잖아요. 그런데 의문이 드는 것이 있습니다. 모든 사람이 동일한 수준의 잠재력을 타고나나요? 그게 아니라면 현실적으로 낙후된 환경에 노출된 아이들의 교육은 어떻게 해야 하나요?

한계 상황에 있다고 여겨지는 아이들이 진짜 한계치에 도달한 것인지 아닌지 확인하지 않은 것이 더 큰 문제라고 생각해요. 이른바 '바닥을 치는 학생들'을 봤을 때, 과연 학생들이 진짜 바닥을 친 것인지, 기존 교육 시스템에서는 무너졌지만 새로운 방법으로 접근하면 잠재력을 깨울 수 있는 상황인지 확인해보지 않았다는 거죠. 말 그대로 한계 상황에 도달했다면 이에 맞는 조치를 취해야겠지만, 최종적인 판단 이전에 그 판단이 진짜 맞는 건지부터 최대한 파고들어야 하지 않을까요? 극한까지 가는 것이 목표라는 이야기를 내부적으로 계속해요. 아이들을 살려내기 위해 여러 교육적 방법을 써보고, 그래도 안 되는 영역은 전문가를 통한 해결 방안으로 옮겨가야죠. 그전까지는 무엇이 문제인지부터 알아야 한다고 생각해요.

잠재력을 발견하고, 찾아서 살려내는 방식에 대해서도 이야기할게요. 기존에는 이것을 개인 차원으로 접근해 개인 스스로 뭔가 할 수 있게 하는 방식이었다면, 저희는 오히려 이

정찬필

것도 협력의 관점으로 봐요. 걷는 걸 잘하는 아이가 있다고
합시다. 그전에는 '나는 걷는 거 말고는 제대로 할 수 있는
게 아무것도 없어'라고 무기력하게 있었어요. 그런데 이 아
이의 능력이 올레 프로젝트 같은 것과 결합하면, 이 아이는
남들이 할 수 없는 것을 해낼 수 있는 사람으로 바뀌는 거예
요. 관점의 전환이죠. 아이의 특징을 협력 상태의 잠재력으
로 보면서 삶의 맥락을 읽어주고 어디와 연결되면 좋을지 찾
아주는 거죠. 이 연결을 잘하는 누군가가 있다면, 조금 먼 미
래에 인공지능에게 밀려날 수밖에 없는 사람들을 끌어당겨
창의적인 협력 상태를 만들어줄 수도 있을 거라 생각해요.

얼마 전에 아주 오랜 시간 동안 교육 프로젝트를 진행하셨
던 분이, 한계를 느꼈다는 이야기를 하셨어요. 사무총장님은
프로젝트를 진행하며 한계라고 생각하신 적이 없나요?

저는 그것도 경험의 문제라고 생각해요. 첫 프로젝트를 하며
충격받았던 것 중 하나가 완전히 구제불능으로 보였던 학생
들이 한 학기 만에 수직상승하는 거였어요. 거기서부터 큰
고민을 했어요. 구제불능이라고 생각했던 아이들이 사실은
본인도, 부모도, 선생님도 몰랐던 잠재력을 갖고 있던 거잖
아요. 그동안은 그걸 확인할 기회조차 없었다는 거고요.
　1000개의 교실 프로젝트에서 의도적으로 낙오 그룹 학교
에 들어갔어요. 규모가 작고 일반적인 관점으로 학업성취도

가 꼴찌인 비평준화 지역의 학교였죠. 한 학기 동안 실험을 통해 실제 변화를 만들어내고, 그 결과가 방송으로도 나갔어요. 말 그대로 꼴찌 그룹을 바꿨거든요.

초반에 어떤 선생님은 도저히 답이 안 나와서 사표를 품고 다녔어요. 아이들이 자신을 모욕하는 상황이 한 번만 더 벌어지면 사표를 내겠다고 마음먹었을 만큼 갈등이 깊은 상황이었고요. 근데 그 아이들이 바뀌는 데 두 달이 채 안 걸렸어요. 아이들이 수업을 따라잡을 수 있는 상태로 바뀌니까 완전히 다른 아이들이 되더라고요. 선생님도 아이들을 사랑하게 되고요. 그래서 선입견에 대해 생각하게 됐어요. 우리는 지금까지 최선을 다하지 않은 거예요. 아이들의 능력과 성장에 너무 일찍 한계선을 그어버렸던 거죠.

성공과 실패를 나누는 협력 커뮤니티, 소셜 섹터

미래교실네트워크는 2016~2017년에 가장 뜨거웠던 조직이잖아요. 구글임팩트챌린지 대상을 받고, 아쇼카 펠로우도 되고, 업계 사람들이 기대를 많이 했던 벤처 필란트로피Venture Philanthropy 씨프로그램의 메인 포트폴리오사이기도 하고요. 또 지자체와도 협업을 많이 했죠. 이 과정에서 한국의 비영리단체가 만날 수 있는 모든 이해관계자를 다 만나신 것 같아요. 사람들의 관심과 지원을 받는 게 어떠셨어요?

정찬필

소셜 섹터가 놀라우면서도 희망적이라고 느꼈던 점이 있어요. 유효한 해결책을 찾아낸다면 자발적인 협력을 끌어낼 수 있다는 거예요. 초반에 기본적인 구조만 만들어두면 성과는 눈덩이처럼 불어나요.

소셜 섹터에 몸담고 있거나 관심 있는 이들을 만나면 유용하고 유효한 해결책을 만들어내는 데 집중하라고 해요. 초반에 실험을 하고 확산 모델을 만들어 성공 사례가 쌓이니, 적극적으로 도움을 요청하지 않아도 먼저 제안이 들어와서 자연스럽게 협력을 이끌어낼 수 있었어요. 한국에서도 유효한 해결책을 개발하면 그것을 알아보고 도와주려는 의지가 있고, 지원 가능한 자원을 가진 집단이 많다는 것을 발견하며 희망적이라 느끼고 있어요.

한국뿐만 아니라 미국에서도 소셜 섹터는 협업이 안 된다는 것이 고질적인 문제라는 지적이 나오더라고요. 협동해서 문제를 해결하면 더 좋은데도 '우리 방법대로 할 거야'라며 서로 경쟁한다고요. 그러니 정보와 지식 교류도 잘 안 되고요.

사실 다른 것보다 성공과 실패 경험을 구체적으로 나누는 기회가 있으면 좋겠어요. 운영의 어려움을 극복한 경험 혹은 프로젝트를 하면서 쌓인 노하우를 나누는 기회요.

협력의 기본은 상대방이 원하는 것을 먼저 알아내는 것부터 시작해야 하는데, 내가 얻을 수 있는 것부터 생각하는 경우가 많은 것 같아요. 그렇기에 가능한 한 많은 사람이 조직의 성공과 실패 경험을 나누며, 서로에게 공감할 기회를 만드는 것이 성공적인 협력을 위해 가장 먼저 해야 하는 일이 아닐까 싶어요.

그리고 소셜 섹터에서 일하고 싶어 하시는 분들, 특히 젊은 분들에게 꼭 하고 싶은 이야기가 있어요. 전에 그런 분들과 함께한 자리에서 일종의 강박을 느낀 적이 있거든요. 세상을 바꾸는 사회혁신가로 살아야 한다는 일종의 의무감으로 자신의 진로와 경력을 심하게 제한하는 거예요. 그래서 마무리하는 시간에 그분들에게 사회혁신가라는 주문과 개념을 차라리 머릿속에서 지우라는 조언을 했어요. 소셜 섹터에서 하는 경험 혹은 동경하는 사람들은 그냥 마음 한편에 두고, 당장의 일상과 진로는 자유롭게 선택하라고요. 어떤 분야에서든 자신만의 경험과 전문성을 만들어가다 보면, 사회에 더 큰 기여를 할 기회가 주어진다고도 말했어요. 이건 사실 제 경험이에요. 제가 태어날 때부터 사회혁신을 절대적 과제로 생각했을까요? 저는 다큐멘터리 PD라는 직업을 밥벌이로 시작했고, 정말 오랜 기간 그 일을 하면서 저도 모르는 사이에 전문적 역량을 키워나가고 있었어요. 그러다 교육 분야에서 뭔가 할 수 있는 기회가 나타난 순간, 그 전문성이 큰 힘으로 작동한 거죠.

젊은 친구들이 지금 하고 싶고, 만들어내고 싶은 변화에만 집중하다 기본적인 역량을 놓치는 일이 벌어지지 않을까?

정찬필

조심스럽게 이런 생각을 하곤 해요. 지금 스스로에게 족쇄를 채우지 마세요. 어느 분야에서든 경험을 쌓고 전문성을 기르다 보면, 어느 순간 본인이 기여할 수 있고 세상을 바꿀 수 있는 주제가 나타나요. 그때 그 기회를 잡으면 돼요. 강박에서 벗어나 자유로워질 필요가 있습니다. 일단 세상에 필요한 자원을 몸으로 흡수하고 때를 기다렸다 하면 돼요.

정찬필 사무총장님은 시대정신과 부합하는 체인지메이커가 얼마나 큰 파급력을 가질 수 있는지 굉장히 잘 보여주는 사례다. 미래교실네트워크는 교육에서 가장 중요한 이해관계자이지만 목소리를 내지 못했던 선생님들과 학생들에게, 스스로 교육과정을 정의하고 만들어가는 장을 마련하며 폭발적으로 성장했고, 4년 만에 전국에 영향을 미치는 단체가 되었다.

 '변화'는 해당 사회문제의 당사자들이 만들 때 가장 큰 힘을 갖는다. 누군가가 만들어준 변화는 그 누군가가 없어지면 힘을 잃지만, 변화가 필요한 사람들에게 변화를 만들 힘을 부여하면 사회문제는 근본적으로 해결된다.

글로벌과 로컬의
기회를 연결하다

소셜벤처 창업 준비자 **크레이그 라투슈**
Craig LaTouche

아일랜드에서 태어나 한국에서 국제협력학 석사 학위를 취득했다. 다양한 국가와 자기 자신으로의 쉼 없는 여행과 성찰 끝에, '한국의 국제화 Internationalization'와 관련한 사회문제를 사업으로 해결하고자 파인더 Findr라는 소셜벤처를 창업해 잡파인더 JobFindr 등의 서비스를 시작했다. 창업 전까지는 한국과 일본 등의 국제기구에서 일했고, 현재 사회적 자산을 창출하기 위해 지속적으로 노력하고 있다.

빠른 성장을 기반으로 후속 투자를 받고 상장이나 인수 형태로 투자 회수를 준비하는 스타트업 창업자와 소셜벤처 창업자의 기질은 분명 다른 부분이 있다. 소셜벤처를 하려는 체인지메이커는 사업의 재무적인 부분뿐만 아니라 실제로 본인이 의도한 사회적 성과도 고민해야하기 때문이다. 이는 이해당사자들을 이해하고 그들을 배려하는 활동가적인 성격, 사업을 추진하는 냉정한 사업가적인 성격을 모두 갖춰야 한다는 의미다.

크레이그는 루트임팩트의 임팩트 커리어Impact Career라는 프로그램을 통해 알게 된 아일랜드인이다. 우리나라가 1990년대 말 외환위기 때문에 경제난을 겪었던 것처럼, 아일랜드는 2008년 금융위기 때문에 PIIGSPortugal, Ireland, Italy, Greece, Spian(2008년 시작된 아일랜드, 포르투갈 등 유럽 5개국의 국가부채 위기) 사태를 겪으며 경제난을 경험했다. 하필 그때 학부를 졸업한 크레이그는 금융위기에 그대로 휩쓸렸다. 수업보다 여행을 좋아하던 크레이그는 일자리를 찾기 어렵게 되자 아예 몽골로 여행을 떠났다가, 우연히 한국에서 일하는 아일랜드 친구를 만나 전주에서 영어 강사로 일하기 시작했다. 이후 일본의 비영리 단체 피스보트Peace Boat(평화 증진, 인권, 평등, 환경보호 등을 위해 일하는 단체로 2017년 노벨평화상을 받은 국제시민단체 ICANInternational Campaign to Abolish Nuclear Weapons의 연합단체)에서 근무하고, 서울대학교 국제대학원생으로 살며 한국을 비롯한 아시아 지역에서 다양한 경험을 했다.

이런 경험을 한 외국인의 눈에는 한국에서의 사업 기회가 뚜렷하게 보였다. 그가 생각한 건 한국의 국제화였다. 한국이 기업의 국제적 사업 기회는 물론 국제 인구 유입에 대비해야 한다는 것이다. 크레이그가 만든 플랫폼 잡파인더는 그가 본 기회를 사업화한 첫 결과물이다. 더 나아가 현재 크레이그는 국제화를 중심으로 한 사업다각화를 모색하고 있다. 그를 보면 스티브 잡스가 스탠퍼드대학 졸업 연설에서 이야기한 '점의 연결connecting the dots'이 떠오른다. 잡스도 앞을 미리 내다보고 현재의 점을 연결할 수는 없었다. 크레이그 역시 지난 경험을 회고해보고 나서야 그 점들을 연결할 수 있었다.

나는 다양성과 포용성을 기준으로 소셜벤처에 투자한다. 아일랜드인이 보는 한국은 과연 다양한 사회인지, 다양성을 포용하는 곳인지, 아니면 그 반대일지 궁금했다. 한국의 국제화라는 주제를 사업적으로 접근했을 때 한국에서만 자라고 배운 우리가 유념해야 할 것은 무엇일지도 알고 싶었다. 제3자의 시각에서, 조금 더 객관적으로 한국을 바라보는 그의 이야기를 들어보았다.

크레이그 라투슈

한국의 10년 후를 묻다

현재 한국인과 외국 회사 혹은 한국에 거주하는 외국인과 한국 회사를 연결해주는 플랫폼 잡파인더 외에 또 다른 서비스를 준비 중이라고 들었습니다. 그 일을 하게 된 배경이 무엇인가요?

오늘 인터뷰 내내 직업적인 부분부터 개인적인 부분까지 다양한 각도에서 그 이야기를 하게 될 듯합니다. 우선 한국 내 외국인 비율이 한국 인구 증가율보다 25퍼센트 빠르게 늘고 있다는 것부터 말해야겠네요. 다음 20년은 지난 20년에 비해 훨씬 빠를 거고요. 그래서 저는 한국의 국제화를 키워드 혹은 인사이트로 생각했고 외국인, 외국 회사, 한국 회사 그리고 국제적 마인드를 가진 한국인을 위해 잡파인더를 만들었어요.

　20년 후까지 볼 것도 없어요. 10년 후를 생각해보세요. 한국 회사들과 임직원들은 점점 국제적인 마인드를 가지게 될 것이고, 그게 자연스럽고 긍정적인 흐름이라고 생각합니다. 올해는 국제화를 키워드로 잡고, 잡파인더뿐만 아니라 다른 아이템도 준비하면서 재정비를 하는 중이에요. 최근에 파인더라는 회사를 등록했어요. 잡파인더는 회사 서비스 중 하나고, 신규 서비스를 몇 개 더해 확대해나갈 계획이에요.

국제화라는 키워드가 흥미로워요. 10년 후를 내다본 것이라면, 한국에서 외국인으로 사는 현재는 불편하지 않나요?

저는 8년째 한국에서 살고 있지만, 모국에 살아도 불편한 일은 생길 수 있어요. 나이가 들수록, 나쁜 상황이 일어나면 그저 그 상황이 생긴 것이지, 그 이유가 내가 한국에 혹은 (아일랜드가 아닌) 다른 나라에 살기 때문이라는 생각은 안 들더라고요. 만일 같은 회사를 아일랜드에서 시작한다고 해도 똑같이 힘들 거예요. 지난주에 회사를 등록하려고 세무서에 갔는데 좀 힘들더라고요. 물론 한국말이 유창하지 않아서 힘들기도 했지만, 아일랜드에서 영어로 업무를 본다고 해도 세무적인 부분은 쉽지 않았을 거라고 생각해요.

개인차가 있겠지만 한국 사람한테도 힘든 부분일 거예요. 결코 아일랜드와 한국의 시스템 차이가 아니고요. 한국이라더 빠르고 좋은 것도 있잖아요. 서로 균형을 이루고 있는 거예요. 조화롭죠. 이렇게 객관적으로 보려고 노력해요. 어디든 완벽한 곳은 없고, 새로운 곳으로 간다고 그 문제가 사라지지 않아요.

그래도 바꾸고 싶은 한 가지가 있다면요?

한국이 지난 30~40년간 압축 성장을 하면서 경제 위주로 성장했잖아요. 그 성장을 위해 사회적인 부분을 많이 포기해야

크레이그 라투슈

했던 것 같아요. 정말 열심히 일했잖아요. 중고등학생들은 10대 생활을 다 포기하고 공부에 매진하고요.

하지만 이런 태도가 이제는 좀 낡은 생각 아닐까요? 노동 시장의 공급이 적은데, 이렇게 열심히 일하고 공부하는 것은 좀 허무하잖아요. 회사 입장에서도 예전과 같은 성장 중심의 미래는 보기 힘들어요. 그래서 전 한국이 이제는 사회적인 부분에 앞으로의 30년을 투자하면 좋겠어요. 사람들이 어떻게 살 것인가. 사람들이 미래에 무엇을 바라는가. 사람들은 한국이 미래에 어떤 모습이길 바라는가. 이 모든 것에 대한 생각이 바뀌고 있잖아요.

다시 한국의 국제화라는 주제로 돌아오면, 한국이 낡은 생각에 갇혀 있을 때 외국인 인구는 지속적으로 유입되면서, 미래에는 심각한 문제가 될 거예요. 한국이 사회적인 부분을 배려하고 개선하지 않은 채 10~15년이 지난다면, 어떤 모습이 될지 상상하기도 싫어요. 제가 개발하는 서비스 역시, 미래에 간접적이나마 긍정적인 영향을 주려고 만들었습니다.

아일랜드의 금융위기, 우연히 결정한 한국행

한국에 8년이나 있었다고 하니 한국을 선택한 이유가 궁금해요.

아일랜드에서 학부를 다녔고 전공은 금융이었어요. 2009년에 졸업을 했는데 그때가 바로 아일랜드 금융위기였고, 꽤 심각했어요. 어디에도 취직을 할 수가 없었어요. 일자리가 전혀 없었거든요. 전 공부를 잘하는 학생도 아니었어요. 그러니 저를 위한 일자리는 더더욱 없었죠. 그래서 차라리 이기회에 제 미래를 다시 생각해보기로 했어요. 전 대학교 때도 대부분의 시간을 유럽, 아시아, 중동 등을 여행하며 썼거든요. 졸업은 했는데 일자리는 없으니, 몇 달간 여행하면서 저 자신과 미래에 대해 다시 생각해보고, 나중에 아일랜드에 돌아와 계획을 세워도 늦지 않다고 생각했죠. 두어 달 러시아와 중국을 여행하고 다시 아일랜드로 돌아왔는데 역시 일자리는 없었어요. 희망도 없었고요. 금융 쪽에 흥미도 잃었죠. 몇 달 후, 아르바이트를 하며 번 돈으로 몽골에 갔는데, 한국에 사는 아일랜드 여성분을 우연히 만났어요. 맥주를 마시며 한국 생활에 대해 들었는데, 꽤 흥미롭더라고요. 아일랜드에 돌아와서도 계속 생각이 나는 거예요. 제가 한국에서 새로운 걸 하고 싶어 한다는 걸 깨닫고, 한국행을 결정했어요. 정말 아무것도 모르는 채로 전주에 갔고 1년 계약을 한 뒤 영어를 가르쳤어요.

계약 기간이 끝난 후에는 아일랜드로 돌아갔나요?

사실 1년 계약직이었기 때문에 이후에 무엇을 할지 진지하

크레이그 라투슈

게 고민했는데, 피스보트라는 단체에서 일할 기회가 생긴 거예요. 아마 와세다 대학생들일 텐데, 피스보트는 몇몇 일본 학생이 시작한 비영리단체예요. 커다란 배를 타고 아시아를 항해하면서 중국, 일본, 한국, 인도네시아 등 전쟁과 일본 식민 통치와 역사적 연관이 있는 장소를 다니면서 관광을 해요. 피스보트는 진실을 밝히려는 단체더라고요.

그 배에서 일하기 위해 전주를 떠나 일본으로 갔고, 정말 커다란 배를 타고 세상을 다녔죠. 저는 문화적인 커뮤니케이션을 가르치는 자원봉사자였어요. 국제화된 영어 선생님이랄까요? 기본적으로는 영어를 가르치지만, 배에 탄 일본인 참가자들에게 더 국제적일 수 있는 방법을 가르쳤어요.

배에는 1000명 정도가 타고 있고 석 달 정도 함께 생활해요. 비영리단체이긴 하지만 제게는 관광 산업처럼 느껴지기도 했어요. 그냥 관광이 아니라 각 국가와 지역에 대한 인식을 개선할 수 있도록 돕는 관광이요. 홍콩에 정박을 하면, 유명한 곳을 다니는 관광보다 역사적인 맥락을 알 수 있는 관광을 주선해요. 흥미로운 활동가 혹은 비영리단체를 방문해서 지역과 국가에 대한 설명을 듣고 함께 토론도 해요. 그런 아이디어 자체가 마음에 들었어요. 저도 여행을 많이 다닌 사람인데, 그제야 목적을 갖고 여행한다는 게 무엇인지 생각하게 된 거죠.

새로운 소셜벤처를 열정적으로 준비하는 것을 보면, 피스보트에서의 경험이 단순한 깨달음으로 그치지는 않았을 거라는 생각이 드는데요?

피스보트가 목적이 있는 여행을 주선하고, 배를 빌려 세계를 다니며 다양한 역사적 진실에 대해 토론하는 모습을 가까이에서 봤잖아요. 그러니까 학부 시절에는 흥미가 없던 공부를 생각하게 됐어요. 국제협력학을 공부하고 싶어져서 딱 한 군데 지원한 곳이 서울대학교 대학원이었습니다. 앞에서도 말씀드렸듯, 제가 대학생 때 한 일이라고는 여행을 다닌 것밖에 없어서 합격할 자신은 없었어요. 그래서 몇 달간 정성을 들여서 지원서를 준비했고, 왜 국제협력학을 공부하려고 하는지 세세하게 생각했어요. 다행히 제가 일했던 피스보트 등 비영리단체 두 군데에서 추천서를 받은 덕분에 합격할 수 있었고요. 2년이라는 시간이 주어진 거죠. 대학원을 다니며 제 미래에 대해 생각하고 공부할 수 있으니까요.

그런데 졸업을 하고 나니 한국에서 외국인이 취직하기가 너무 어려운 거예요. 지금은 많이 나아졌지만, 당시만 해도 외국인들 대부분이 대학원 졸업 후 일자리를 찾지 못해서 떠난 경우가 많았어요. 전 국제개발단체 한 군데와 계약 직전까지 갔다가 비자 문제로 아직 학생인 다른 친구에게 자리를 넘긴 적도 있었어요. 그쪽에서도 제가 일할 것이라는 데에 의심이 없었는지, 정식 계약 전에 200쪽이 넘는 자료를 읽고 분석하라고 했고, 전 꼬박 일주일 동안 그 자료를 분석했어

크레이그 라투슈

요. 얼마 후에 그 단체에 취업 비자 제출 서류를 달라고 했더니, 그제야 취업 비자가 없는 줄 몰랐다며 다른 학생으로 대체하더군요. 실망스러웠죠.

하지만 끝까지 포기하지는 않았어요. 그러다 찾은 곳이 SCI Service Civil International라는 국제기관이었어요. 굉장히 역사가 오래된 기관일 겁니다. 한국 지부는 회원 8천여 명을 관리하고 있었어요. 저는 자원봉사자들을 위한 크라우드 펀딩 플랫폼 만드는 일을 했어요. 시간이 있는 사람은 시간과 에너지를 기부하고, 그렇지 않은 사람은 돈을 기부할 수 있게 만드는 거였죠. 시간, 돈, 에너지, 즉 Time, Money, Energy를 부르기 쉽게 만들어서 서비스 이름을 'TIMOGY'라고 했습니다. 우여곡절 끝에 참여한 이 프로젝트로 인해 소셜벤처든 스타트업이든 제 회사를 만들 수도 있겠다고 생각하게 됐어요. 사실 제 사업을 한다는 건 아예 생각도 못 했거든요.

이 섹터에서 다양한 사람을 만났다. 저마다 개인적이고 특별한 이유로 섹터에 발을 들이지만, 그 이유들은 어떤 면에서는 커다란 카테고리에 속하기도 한다. 개인이 가진 문제의식 간 세심한 차이를 폄하하는 것이 아니라, 같은 공동체에서 나고 자랐기 때문에 비슷한 세대는 비슷한 문제에 공감하게 된다는 의미다. 예를 들어 한국의 체인지메이커들은 중고등학생 시절 겪었던 부조리한 학교 시스템, 사회에 진출한 후 겪은 조직 내 차별, 취약계층에 대한 처우 등에 분노한다.

프로이트는 유아 시절 애정의 대상에 대한 고착fixation, 퇴행regression, 억압repression에 대비해 이타적인 마음으로 다른 대상을 향해 에너지를 발산하는 것을 승화sublimation라고 했다. 승화는 가장 건강한 에너지 표출 방식이라고 볼 수 있다. 꼭 유아 시절 애정의 대상뿐만 아니라 사회 부조리를 대상으로 놓고 생각해도 마찬가지. 사업을 통해 이타적으로 에너지를 발산하고 승화하려는 것이 소셜벤처 혹은 사회적 기업이 아닐까 싶다.

크레이그는 본인의 크고 작은 경험을 사업으로 승화한 아주 적절한 사례다. 지난 8년간 한국에서 했던 다양한 경험과 관찰을 창업으로 승화한 것이다. 압축적 경제 성장에 이어 대한민국은 이제 사회적인 부분에 투자해야 할 때라는 말에 동의했고, 체인지메이커의 미션을 응원하는 마음이 고마웠다. 크레이그 개인의 미션은 물론 시시각각 변하는 상황을 바라보는 긍정성과 유연성, 사업을 책임지는 끈기가 남다르다고 느끼며 다음 질문을 이어갔다.

경험을 창업으로 승화하다

그 프로젝트의 이름이나 형태가 지금 남아 있지 않은 것을 보면 실패한 건가요? 그 후에 잡파인더를 생각한 거고요?

프로젝트는 사실상 실패였어요. 저는 다시 두 달간 여행을 떠났고요. 지금은 아내가 된 약혼자와 떠난 여행이었어요.

크레이그 라투슈

유럽과 아일랜드 등을 여행하고 한국에 다시 돌아와서 이제 나를 위한 일을 하자고 결심했습니다. 그중 하나가 잡파인더였어요. 구인·구직 플랫폼을 만들겠다고 생각한 적은 없었어요. 머릿속에 갑자기 떠오른 아이디어였거든요. 그래서 한국 정부에서 주최하는 공모전에 지원하기로 했어요. 사업 계획을 짰더니 정부에서 약간의 펀딩과 함께 사무실을 지원해주더라고요. 매우 오래 걸렸지만, 점차 현실화되어 갔습니다.

사업을 시작하고 나서야 제가 했던 경험이 도움이 되더라고요. 대학교 졸업하고 취직이 안 되던 일, 여행 중 만난 우연한 인연, 다시 학생이 됐던 일, 다양한 국가의 차이를 잘 아는 것, 그리고 외국인의 취업 비자 문제 등이요. 경험한 모든 것이 한 군데로 모아지는 그런 기분이었어요. 회사는 5~6개월 만에 성장했어요. 2016년에 정부 지원 프로그램 중 하나였던 서울스타트업글로벌센터라는 곳에 들어가서 약 8개월을 지냈어요. 그동안 웹사이트를 만들고, 미션을 정교하게 다듬는 등 잡파인더에 대한 모든 것을 그렸습니다.

플랫폼에 대해 원래 잘 알았어요? 어떻게 그렇게 빠른 시간 안에 만들 수 있었나요?

기술이 있는 사람들은 제 말을 귀담아 듣지 않아요. 그들은 이미 현실적이고 구체적인 아이디어가 있거든요. 그래서 잡파인더를 시작할 때 차라리 제가 만들어야겠다고 생각해서 웹사이트 만드는 법을 공부했어요. 서울에 유사 웹사이트와 비교해서 나은 정도면 만족했거든요. 사실 그때 다른 사이트들은 정말 크레이그스리스트Craigslist(미국의 중고 거래 사이트로 텍스트 중심으로 구성된 웹사이트)만큼이나 별로였거든요.

2016년 7월부터 약 반년 동안 잡파인더 플랫폼을 만들었어요. 처음 만든 건 정말 최악이었어요. 두 달 동안 더 개발했는데도 계속 별로였고요. 게다가 제대로 작동하지도 않았어요. 그때 스크린을 저장해둔 파일이 아직도 있거든요. 어떻게 저게 작동할 거라고 생각했는지 지금 생각해도 이해가 안 돼요. 그래서 또다시 시작했죠. 기술적으로 아주 정교한 건 아니지만, 기본적인 작동에는 문제가 없게 만들었습니다. 어쨌든 완벽하지는 않았어요.

하지만 실제로 론칭하고 보니 장점이 있더라고요. 이 사이트가 어떻게 작동하는지 제가 이해를 하고 있으니까 정확한 지시를 내릴 수 있었어요. 론칭 후에는 바쁘니까 하루에 8~10시간씩 사이트를 잡고 있을 수 없어서 외부 개발자를 썼거든요. 제가 아주 구체적인 것까지 속속들이 알고 있으니까 외부 개발자에게 무엇을 원하는지 정확하게 써서 요구할 수 있더라고요. 제가 정확하게 요구하니 속도도 더 빨라지고요. 지금 웹사이트는 80퍼센트는 제가 하고, 나머지 20퍼센트는 외부 개발자가 한 거라고 보면 돼요. 다행히 아직까지는 잘 작동하고 있네요.

크레이그 라투슈

정말 행동하면서 배우는 분이네요. 소셜벤처든 스타트업이
든 회사를 운영하는 데 큰 장점이라고 생각합니다. 그런데
실제로 사업을 운영한다는 건 경험을 창업으로 승화하는 것
이상 아닌가요?

사실 여러 경험이 있으니까 사업 아이디어는 상대적으로 빨
리 만들었지만, 회사를 만들어보니 책임감이 가장 필요하다
는 걸 알았어요. 고객들은 이 사이트에 의존해서 일자리를
찾고 미래를 설계해요. 그 미래에는 가정을 꾸리는 것과 같
은 중요한 일도 포함되죠. 직원들을 채용하면 그들의 커리
어도 책임을 져야 하고요. 저한테는 성공이라는 선택지밖에
없는 거죠.

　어떤 날은 정말 신나서 일을 합니다. 앞으로 나아가고, 성
장한다는 느낌이 들죠. 그런데 어떤 날은 특별히 실수나 나
쁜 일도 없는데, 아무것도 안 될 것처럼 막막할 때가 있어요.
'이런 일이 1년, 2년, 3년 계속되면 어떡하지'라는 생각이 들
어요. 실패가 현실이 되면 어쩌나. 원하는 만큼 성공하지 못
할 수도 있겠구나. 이런 생각도 들고요.

　그래도 큰 그림을 보면서 앞으로 계속 가야 해요. 사람은
누구나 조금 어려운 일이 생기면 실패를 생각하기 쉬워요.
하지만 지나온 길을 1년 혹은 반년이라도 돌아보세요. 전 거
실에서 아이디어를 만들었는데 지금 여기까지 왔잖아요. 그
때는 이렇게 될 거라고 상상도 못 했어요. 비록 성공적이지

는 않아도 많이 온 거죠.

잡파인더의 활동 영역을 소셜벤처로 확대하다

국제화를 주제로 다른 사업 아이템을 준비 중이라고요? 한
국 사회가 사회적인 문제에 눈을 돌려야 한다고도 말했고요.
어떤 사업인지 조금 알려줄 수 있나요?

올해 말까지 최소 두 가지 아이디어를 실험해보려고 합니다.
여섯 가지가 될 수도 있어요. 다른 스타트업이 그렇듯 하나
가 될 수도, 열 개가 될 수도 있고요. 어쨌든 회사의 이름은
파인더입니다. 다양한 사업을 연구하며 시너지가 나길 바라
서 지은 이름이에요. 잡파인더는 그중 하나가 될 거고요.
　우선 잡파인더 외에 두 가지 아이디어에 집중을 하고 있는
데요. 첫 번째 아이디어는 '국제적 커뮤니케이션 교육' 프로
그램입니다. 현재(2018년 5월) 서울에 있는 회사 세 곳과 함
께 파일럿 프로그램을 운영하고 있어요. 이 프로그램은 그냥
영어를 가르치는 프로그램이 아닙니다. 구직자 혹은 창업 준
비자 그리고 작은 기업들을 위한 프로그램이에요. 정기적으
로 세미나 형식의 수업을 여는 거예요. 강의보다는 서로 네
트워킹하고 대화하는 시간이 더 많은 세미나라고 보시면 돼
요. 매주 토요일마다 5시간씩 한다고 하면, 한 달이면 20시

간이에요. 1시간은 서로 네트워킹을 하고, 1시간은 관련 주제에 대해 이야기하고, 나머지 시간은 커뮤니케이션 기술과 실무에 대해 의논합니다. 모이는 시간의 30~40퍼센트는 실제로 사람들과 커뮤니케이션하는 데 사용하는 거죠. 회사들은 점점 국제화되고, 또 작은 회사들도 해외로 진출하고 싶어 하잖아요. 이 사람들한테는 단순한 영어 실력보다 다양한 업무 기술과 사람이 필요해요. 무엇보다 자신감이 중요하죠. 이들이 해외에 나가면 자신 있게 커뮤니케이션할 수 있다는 것이 입증돼야 합니다. 그래서 강의를 통해 아주 단순하지만 실용적인 주제들을 소개해요. 어떻게 발표하는지, 어떻게 사업 계획을 정교화할지, 투자자에게 이메일을 어떻게 쓰는지 등이요. 실제로 사업이나 업무를 하면서 바로 사용할 수 있는 것들이죠.

사실 잡파인더에 필요한 돈을 벌기 위해 현대, 엘지, 삼성 등의 회사에서 매일 새벽 강의를 했어요. 전 거기에서 문법을 가르치지 않아요. 투자 서류를 준비해서 그걸로 강의하고, 특정 나라 고객에게 이메일을 쓸 때 주의해야 하는 사항 등을 일러주었어요. 제게 그 경험이 있기 때문에 커리큘럼은 이미 있죠. 고객을 위해 디자인을 손 볼 필요는 있지만요.

저는 구직자가 이 서비스를 통해 사람들 사이에서 더 눈에 띌 수 있는 방법을 알아가고, 창업 준비자가 넘쳐나는 한국 시장이 아닌 해외 시장에서 선전하는 방법을 알아갔으면 해요. 기업 역시 해외에서 일할 기회를 놓치지 않길 바라고요.

전 이 서비스가 분명 잡파인더와 시너지가 날 거라고 봐요. 아까 말씀드린 국제화 준비 부분에서도 경쟁력을 갖추게 될 것이고요.

두 번째는 완전히 다른 사업이에요. 아직 조사 중이긴 한데, 한국에 덜 알려진 국가의 로컬 아티스트 작품을 판매하는 플랫폼을 개발하고 있어요. 동유럽이나 중앙아시아에서 시작하면 좋을 것 같더라고요. 5~10개 국가를 선정해서 각각 서너 명의 로컬 아티스트들에게 작품을 의뢰하는 거예요. 그 지역 혹은 국가의 문화를 담고 있는 작품으로요. 예를 들어, 키르기스스탄 작가가 키르기스스탄의 전통적인 디자인이나 스타일에 본인만의 해석을 덧붙여 작품을 완성하는 거예요. 물론 작품 자체도 아름답겠지만, 이 작품을 통해 한국 사람은 잘 모르는 국가들의 다양한 아름다움을 느끼게 해주고 싶어요. 35만 원이 넘지 않는 가격을 책정해 소비자에게 직접 판매하거나, 카페 혹은 코워킹 오피스 등에 전시하고 판매할 계획이에요(현재 크레이그는 본 사업을 보류하고 하이어챈스HireChance.org를 창업해 국내 노동 시장에 접근이 어려운 난민들을 돕기 시작했다).

국제적 커뮤니케이션을 가르치는 강의가 해외로 진출하려는 회사나 사람을 대상으로 한다면, 이 사업은 한국의 미래 경쟁력을 키우는 데 도움이 될 거라고 생각해요. 사람들이 잡파인더로 일자리를 찾고, 회사는 사람들을 찾잖아요. 로컬 아티스트의 작품들은 한국에 잘 알려지지 않은 국가에 대한 이미지나 감정 등을 조성할 수 있다고 생각해요. 카자흐스탄에서 온 아름다운 작품을 구입한 사람은, 비록 그 나라는 몰라도 작품에 대한 이미지와 감정은 갖게 되겠죠. 몇 년 후 한국의 국제화가 더 진행되어 혹시 카자흐스탄에서 온 누군가를 만나면, 그 사람과 친하지 않아도 집에 있는 카자흐스탄 작품 얘기로 대화를 시작할 수 있고요. 이 사업 역시 국제화라는 맥락에서 시너지가 있을 것이고, 간접적으로는 한국의 국제화에도 기여할 수 있을 겁니다.

그렇다면, 결국 크레이그 역시 소셜벤처를 준비하고 있다고 봐야겠네요. 처음부터 소셜 섹터의 플레이어로 사업을 시작하지 않았기 때문에 어떻게 보면 조금 더 제3자 입장에서 이 섹터를 바라볼 수 있었겠네요. 그동안 크레이그가 바라본 한국의 소셜 섹터는 어떤 모습이었는지 궁금합니다.

처음 루트임팩트를 통해 소셜 섹터를 알게 되고 사람들을 만났을 때, 사람들이 제가 그간 생각하던 것과 같은 생각을 한다는 것에 놀랐어요. 잡파인더, 지금 제가 준비하고 있는 교육 사업, 예술 플랫폼들이 그저 구인·구직 사이트나 영리만을 추구하는 스타트업으로 보일지 몰라도, 저는 많은 미션과 고민이 표현된 소셜벤처라고 생각하거든요.
　　그런데 소셜 섹터 혹은 비영리단체들에 대한 현재 정부의 지나친 지원이 아주 좋아 보이지는 않아요. 정부가 지나치게 육성하면 정부 지원 없이는 회사가 힘들어질 수 있다는 위험이 생기거든요. 제가 아는 몇몇 회사도 회사의 주요 활동이 정부 기금을 따내기 위한 것처럼 보여요. 사업을 키우는 것 자체를 등한시하는 회사들도 있고요. 전 회사를 운영하는 것은 그 사업의 부모가 되는 것과 마찬가지라고 생각해요. 특히 소셜 섹터라면 세상을 바꾸고, 무언가를 개선하고 싶어 하잖아요. 아이를 가진 부모가 자녀를 잘 키우고 싶어 하는 것과 마찬가지로요. 아이도 그렇잖아요. 그저 입혀주고 먹여주고 씻겨주려고만 해도 돈을 벌어야 하고, 아이가 잘 자랄 수 있는 따뜻한 안식처를 마련하기 위해 노력해야 하죠. 소셜벤처 역시 세상을 바꾸려는 미션에 도달하려면, 그 사업 자체가 지속 가능해야 합니다. 미션만 따르고 돈을 못 번다면 미션조차 달성하기 힘들어져요. 회사의 성장과 미션을 같이 본다면, 미션과 지속 가능성 사이의 균형을 잘 잡을 수 있습니다. 계속 나아가되 지나친 기대와 희망에 대해서는 현실감 있게, 사업적으로 접근할 필요가 있어요.

로컬의 글로벌 문제든, 글로벌의 로컬 문제든 문제는 대부분 비슷하다. 전자의 문제를 제대로 짚어낸 것이 크레이그의 사업 모델이다. 글로벌한 관점에서 로컬을 들여다보았을 때, 한국의 인종차별은 이미 심각한 문제다. 흑인과 동남아인들에 대한 차별 대우는 물론이고, 다양한 관점과 문화 및 종교를 인정하지 않고 한국적인 것을 강요하기

크레이그 라투슈

도 한다. 크레이그처럼 한국에 애정을 갖고 한국의 국제화 연착륙을 돕는 이들이 있다면 보다 빠르게 이런 문제가 해결되리라 믿는다.

한국에 늘어나는 외국인들을 보면 그들이 겪을 불편함이 상상되어 편치 않을 때가 많다. 나 역시 지금 뉴욕에서 공부를 하며 새로운 사업을 준비하는 중이라 크레이그의 지난 8년간의 시행착오가 더욱 남의 일처럼 느껴지지 않았다. 뉴욕은 인구의 60퍼센트 이상이 이민자 혹은 해외 출생자로 이뤄진 다인종, 다문화 도시다. 그럼에도 이방인으로 사는 것이 외롭고 지칠 때가 있다.

크레이그가 짚어낸 문제는 한국의 이방인 문제다. 한국의 국제화 속도를 더 이상 무시할 수 없는 그날이 오면, 크레이그의 선견지명이 빛을 발할 것이다. 크레이그의 도전이 보다 많은 대중에게 스며들어, 우리와 조금 다른 사람들을 바라보는 시선에 더욱 포용성이 생겼으면 한다.

체인지메이커를
위한
체인지메이커

2장

화려한 조명을 받는 주연이 아닌 조연을 인생의 꿈으로 생각하는 사람이 몇 명이나 있겠냐마는, 개인적으로 진짜 변화를 만들어내는 것은 조력자라는 믿음이 있다. 조력자의 중요성을 나타내기 위해 종종 인용되는 어떤 영상이 있다. 군중 속에서 혼자 춤을 추는 누군가가 있다. 처음에는 아무도 반응을 보이지 않지만 최초 추종자First Follower라고 불리는 사람들 2~3명이 함께 춤을 추면, 모든 사람이 춤을 추기 시작한다.

이런 규칙은 축제나 파티뿐만 아니라 사회 변화를 만드는 움직임에도 적용된다. 이 책의 첫 번째 장에서 다룬 사람들이 전례가 없는, 남들이 가지 않은 길을 용감하게 개척하는 이들이라면 뒤에서 그들을 받쳐주고 지지해주는 것이 조력자의 역할이다.

체인지메이커들에게 가장 중요한 조력자는 사업에 필요한 자금을 지원해주는 자선가나 임팩트 투자자다. 이번 인터뷰를 통해 만난 이들은 한국 사회 전체의 기부 문화를 바꾸는 데 큰 기여를 한 권혁일 대표, 비영리와 영리라는 구분에 구애받지 않고 새로운 투자 방법을 찾는 사샤 딧터Sasha Dichter, 경쟁력 있는 임팩트 투자 사례를 만들고 있는 브라이언 트렐스타드Brian Trelstad였다.

전문적인 지식과 재능으로 체인지메이커들의 활동을 돕는 사람들도 있다. 체인지메이커들이 만들어내는 긍정적인 사회 변화의 질적·양적 측정부터 비즈니스 인큐베이팅까지 지원하는 김민수 임팩트스퀘어Impact Square 이사, 산악인이라는 독특한 경험을 바탕으로 친환경 브랜드가 사회적인 미션을 달성할 수 있도록 돕는 파타고니아의 릭 리지웨이Rick Ridgeway, 체인지메이커들을 위한 법률 자문부터 사회 전반에 영향을 미치는 가장 확실한 수단인 입법 활동까지 하는 임성택 변호사 같은 분들이 그렇다.

고무적인 현상은, 전통적 의미의 사회적 기업이나 비영리단체에 소속되지 않고, 일반 직장에 다니면서도 가치 지향적인 일을 하려는 사람이 점점 더 늘고 있다는 것이다. 이 현상이 중요한 이유는 대부분 사회 문제는 일상적인 삶과 밀접하게 연관되어 있기 때문이다. 일상에서 소소한 불편함을 느끼는 사람이 많아질수록 문제의 해결책을 찾는 것은 더 쉬워진다.

많은 사람이 이들과의 인터뷰를 읽고 체인지메이커 활동에 참여할 수 있는 방법을 발견해 작은 경험부터 쌓아갈 수 있기를 바란다. 지금은 미미할지 모르는 도움과 실천을 하는 여러분이 모든 사람을 춤추게 하는 최초 추종자가 될지도 모른다.

행복한 콩을
심다

▶ ▶ ▶

재단 설립자 **권혁일**

제어계측공학과를 졸업하고, 삼성SDS의 사내벤처 프로젝트로 이해진 의장과 함께 네이버를
창업했다. 창업 멤버로 6년을 보낸 후 네이버 재팬을 맡아 운영했다. 2003년 네이버가 공익을
위한 플랫폼으로 자리 잡을 수 있도록 네이버 사회공헌팀을 조직하고, 해피빈 서비스를 만들었
다. 2009년 공익에 무관심한 다수를 움직이게 하기 위해 네이버 해피빈재단으로 독립했다. 현
재 공익 분야의 공감과 연대가 큰 힘을 발휘할 것이라 믿고 대한민국의 공익을 든든히 뒷받침
하고 있다.

일을 하면서 느꼈던 가장 큰 어려움 중 하나는 '어른'의 부재였다. 비영리 활동가와 자선가의 커리어를 동시에 밟는 나와 유사한 경험을 한 소셜 섹터의 원로들도 많지 않았다. 거기에 기존 시민운동 영역에서 떨떠름하게 받아들이는 재벌 3세라는 내 출신 성분 때문에 보고 배울 수 있는 어른을 찾는 것이 더욱 어려웠다. 그렇기에 2010년 크리에이티브 셰어Creative Share라는 프로보노 연합 동아리를 만들었을 때 우연히 만난 해피빈의 권혁일 이사장님(당시 대표님)은 사실상 내게 유일한 어른이다.

내가 엇나갈 수 있는 가능성은 많았다. 사회 경험은 거의 없었지만 사용 가능한 자원은 컸기 때문이다. 순진했던 나는 진정성과 돈만 있으면 어떤 사회문제라도 해결할 수 있다고 믿었다. 각종 프로젝트를 들고 해피빈에 가서 협업을 제안했을 때, 권혁일 이사장님은 한숨을 내쉬었다. 하지만 그는 마냥 아이 같던 나를 포기하지 않았다. 내가 무엇을 놓쳤고 무엇을 고려해야 하는지 엄하지만 차근차근 설명해주었다. 그는 나뿐만 아니라 루트임팩트부터 다른 스타트업 창업가들까지 챙겨주었다. 또 종종 자택으로 사람들을 초대해서 우리가 어떤 일을 왜 하는가에 대한 고민을 게을리하지 않도록 끊임없이 질문을 던진다.

문재인 정부 출범 이후 사회적경제(공동이익과 사회적 가치의 실현을 함께 고려하는 경제 활동)를 포함해 소셜 섹터에 대한 정부의 관심과 지원이 커지면서, 힘들다는 이유로 쉬쉬하며 덮어둔 리더십 부재부터 모럴 해저드moral hazard까지 여러 치부가 드러나고 있는 상황이다. 대표의 공금 횡령부터 미투 운동, 노동 착취까지 이름 있는 공익단체들에서 연거푸 사고가 터지며 주변의 젊은 체인지메이커들은 롤 모델로 삼을 수 있는 어른이 없어 힘들다는 한탄을 한다. 그래서인지 권혁일 이사장님을 만난 나는 정말 운이 좋다는 생각을 하게 된다.

인터뷰를 하면서도 나온 이야기지만, 그가 걸어온 길은 어떤 한 개인의 노력을 넘어 시대적 흐름에 가깝다. 한국형 온라인 포털의 폭발적인 성장, IT 붐으로 등장한 새로운 세대의 자산가, 그리고 온라인을 활용한 보다 손쉽고 투명한 기부. 그는 수많은 인연과 우연, 그리고 조물주의 뜻으로 여기까지 왔다고 하지만, 나는 그야말로 시대가 어디로 가야 하는가에 대해 누구보다도 민감한 감각을 지닌 사람이라고 믿는다. 이 인터뷰를 통해 한국의 모든 체인지메이커가 앞으로 나아갈 방향에 대한 힌트를 얻을 수 있길 바란다.

권혁일

네이버 창업에서 해피빈까지

오랫동안 뵌 분을 인터뷰하려니 어색합니다. 제가 루트임팩트를 만들 때부터, 심지어 지금까지도 절 많이 혼내주시잖아요. 덕분에 저 자신도, 저희 조직도 더욱 건강하게 성장할 수 있었습니다. 이사장님은 네이버를 창업하고 상장해 일본 사업까지 맡으면서 젊은 나이에 성공하셨는데, 어떤 계기로 재단 설립과 사회공헌을 생각하시게 됐는지 궁금합니다.

자세한 얘기를 하려면 대학 때부터 시작해야 하지만, 네이버부터 시작하죠. 2003년에 네이버 재팬과 한게임 재팬을 합병해서 일본 사업으로 일원화하고 한국으로 돌아오기로 했어요. 몸이 안 좋아져서 회사를 그만두려 했거든요. 네이버에 참여해서 회사를 상장해 흔히 말하는 성공이라는 걸 어느 정도 맛보면서 마음에는 부채의식 같은 게 생기더라고요. 성공한 조직에 있었지만, 제가 성공을 주도했다기보다는 수많은 인연과 우연을 통해 성공한 거였어요. 그건 조물주의 뜻이라고 생각했죠. 그래서 사회에 기여하는 인생을 사는 것이 제 인생의 두 번째 무대라고 생각했습니다. 뭘 할까 고민하다 'NGO 같은 일을 해보자' 생각하며 퇴사를 준비했죠.

그런데 그즈음에 회사에 큰일이 터졌고, 제가 그 문제를 해결해야 했어요. 회사를 그만두지 못하는 상황이 된 거죠. 난감했어요. '왜 이런 일이 터졌지? 왜 그만두지 못하게 이러지?' 고민하다 보니 오히려 다른 걸 깨달았어요. '사회의 큰 자산인 네이버를 좋은 일에 쓰이게 만들면 되지 않을까? 퇴사해서 혼자 끙끙대는 것보다 더 큰 가치를 만들 수 있지 않을까?'

네이버 해피빈의 우연한 시작이네요.

처음부터 해피빈을 시작한 건 아니었어요. 일단 회사에 제 생각을 말하면서 제안을 했죠. 사회공헌 부서를 만들고 연봉을 동결할 테니 업무 시간 상관없이 제가 하는 대로 회사가 밀어달라고요. 회사한테도 좋은 일이었어요. 사회공헌을 할 사람이 없었는데 제가 나서서 해주니까요.

퇴사를 철회하고 2003년 8월에 사회공헌팀을 만들었어요. 제 밑에 있는 친구 한 명이랑 단 둘이 시작했어요. 처음 한 달 동안 열심히 조사를 했죠. 그런데 진도도 안 나가고, 도무지 갈피가 안 잡히는 거예요. 당시에 제가 너무 무식했어요. 돈을 쓸 수는 있었지만 그렇게 쓰는 게 맞는 건지 확신도 없었고요. 그래서 직접 현장을 다녀보기로 했어요. 아름다운재단, 빈곤문제연구소, 다음세대재단 등등 실제로 활동하고 계신 분들을 한 분 한 분 뵙고 몇 시간씩 이야기를 나눴습니다. 현실적인 문제들을 엄청나게 쏟아내셨어요. 조금씩 감이 잡히더라고요. 전 기업을 했으니까 피상적인 것, 추상적인 것은 체질적으로 안 맞아요. 현장에서 겪는 문제를 알게 되

권혁일

니 현실적인 해결책을 고민할 수 있었죠.

2003년에는 결식아동, 소년소녀가장 문제가 큰 이슈였어요. 현장에 계신 분들을 만나며 충격받았던 게, 이분들이 '우리나라에는 결식아동이 없다'라고 말한 부분이었어요. 제가 책상에서 조사한 거랑 다르잖아요. 이유를 들어보니까 쌀이 없어서 굶는 게 아니래요. 반찬이 별로라 창피하니까 도시락을 못 꺼내서 점심을 거른대요. 그런데 다들 쌀을 보내주는 거예요. 당사자들은 어이가 없겠죠. 그때 우리나라 소년소녀가장이 총 9600여 명이었는데, 이 아이들이 세 군데, 많게는 다섯 군데 지원기관과 결연이 되어 있어서 어떤 아이들은 한 달에 400만 원까지도 받았대요. 그런데 그 돈을 가까운 친척이나 조폭이 뺏어간다는 거예요. 아이들을 보호하는 시스템이 없었던 거죠. 아이들에게는 보호자가 필요했던 거예요.

특히 아름다운재단 이경현 팀장(전 네이버 해피빈 사무국장)과 이런 본질적인 얘기를 나누면서 지금껏 사회공헌을 자선적인 관점에서만 생각했다는 반성을 했어요. 그때부터 네이버가 할 수 있는 사회공헌에 대한 전략적 고민을 시작했어요. 사실 다른 사람을 돕고 싶다는 생각은 하지만 사람들한테 뭐가 필요한지는 모르는 저 같은 사람이 대부분이잖아요. 왜 사람들이 진짜 필요한 것에 대한 정보는 전달이 안 되지? 그렇다면, 그 정보를 접할 수 있게 하면 큰 도움이 되지 않을까 싶었어요. 이게 바로 포털인 네이버가 할 일이라고 봤죠. 네이버에 온라인 기부 포털을 만들면, 사람들이 기부에 대한 정보를 접하고 필요한 곳에 기부도 할 수 있겠다. 그게 해피빈의 시작입니다.

재단의 존재 이유

온라인 기부 포털이라면, 처음부터 재단을 만드신 건 아니었네요?

원래는 재단을 먼저 만들려고 보건복지부에 갔어요. 회사에서 바로 큰 재단을 만들기는 힘드니 50억으로 시작해서 1년 안에 다 쓰고, 다음 해엔 펀딩 규모를 키우되 펀딩이 없으면 재단을 없애겠다고 했더니, 보건복지부에서 문 닫는 걸 전제한 재단은 허가할 수 없다며 거절하더라고요.

왜 재단이 없어지면 안 되죠? 당시에도 재단이 수천 개가 있었어요. 100억 자산으로 재단을 만들면 연 이자율 4퍼센트로, 이자 4억 원만 갖고 운영해야 돼요. 직원 네 명 정도 인건비, 간접비 제외하면 결국 5000만 원에서 1억만 남아요. 그걸로 사업을 하려면 결국 공모사업을 할 수밖에 없어요. 그래서 천만 원짜리 공모사업을 다섯 번 정도 해요. NGO들이 공모 제안서를 내고, 심사해서 돈 쓰고 리포트 내면 그게 새난 사업이죠. 100억, 200억짜리 재단에 돈이 쌓여 있으면 뭐해요. 실질적으로 필요한 곳에는 돈이 안 가잖아요.

권혁일

그때 아름다운재단의 '재단 속의 재단' 프로그램을 알게 됐어요. 실제로 재단을 만들어보면 알겠지만, 만들고 운영하는 데 들어가는 비용이나 시간이 무척 많습니다. 공간도 있어야 하고, 사람도 많이 필요하고요. 한 재단만 놓고 보면 그럴 수도 있겠다 싶지만, 수천 개의 재단을 다 놓고 생각하면 사회적 비용이 어마어마하죠.

게다가 재단을 만든다는 결정은, 실제 사업의 구체적인 성공 방법을 모르는 상황에서 껍데기부터 만들고 시작해야 하는 아이러니가 있어요. 공익사업이 정말 어려운 거라 사업을 하다 방향을 잘못 잡았다면 그만둘 수도 있어야 하잖아요. 그런데 재단은 그만둘 수도 없어요. 돈만 출연하는 데에 중점을 둔 게 일반적인 재단 설립의 문제인 거죠.

이런 부분은 대표성이 있고, 조직의 효율성을 가진 특정 재단이 대신 진행해주고, 기업은 사업 자체에만 집중하게 해서 초기 리스크를 줄여가며 경험을 쌓게 해주는 프로그램이 '재단 속의 재단'이었습니다. 이렇게 진행하다 확신이 들면 재단을 만든 뒤 주도적으로 진행해도 전혀 문제가 없고요. 재단은 만들었는데 특정 사업은 진행하지 않고 자금만 묻어둔 수많은 케이스에 대한 대안이 될 수 있는 거죠. 지금은 해피빈에도 비슷한 콘셉트가 들어가 있습니다.

솔직히 저는 재단을 만드는 것에 굉장히 부정적인 사람 중 하나예요. 실제로 기부금을 받을 게 아니면 재단을 만들 이유가 없어요. 그냥 공익이 목적인 회사 하나 만들어서 돈을 다 쓰고 없애면 돼요. 마크 저커버그Mark Zuckerberg도 유한회사Limited Liability Company, LLC에 주식을 기부했잖아요. 이런 움직임에 절대적으로 동의합니다. 외부로부터 기부받을 게 아닌데 왜 굳이 재단을 만들까요? 진정성을 의심하는 사람들은 무시해도 됩니다. 진정성은 자기 안에만 명확하게 있으면 돼요. 결과로 보여주면 됩니다.

최근 미국, 특히 실리콘밸리를 통해 유행처럼 생기는 자선 형태는 기존처럼 비영리 재단법인을 설립하는 것이 아니다. 유한회사를 설립하거나 비영리 서비스 단체를 통해 기부자 자문 펀드Donor Advised Fund를 설립하는 것이다. 조금 다른 형태이긴 하지만, 두 방식 모두 설립과 운영이 재단법인에 비해 지극히 간편하고, 운영 관련 정보를 외부에 공개할 의무가 없으며, 자선가의 자율성이 극대화된다.

이런 움직임에 대해 기존 비영리단체와 시민단체에서는 잠재적 탈세 우려나 상속 수단, 혹은 자선가들이 충분한 전문성 없이 사회문제에 섣부르게 접근할 수 있다는 우려를 제기한다. 동시에 지나친 관료주의와 이해관계자들 중심의 운영으로 기존 비영리단체와 재단들이 보수화되고 동력을 상실한 것에 대한 적절한 대응이라고 평가하는 시선도 있다.

권혁일

쉬운 시작은 정말 없다

해피빈 재단의 준비과정이 생각보다 더 길군요.

먼저 포털 사이트 형태로 자원봉사, 기부 등의 정보로 꽉 채운 해피빈 1차 버전을 만들었어요. 2005년 7월 11일에 오픈하고 160개 정도 NGO가 들어오는 걸로 시작했죠. 네이버 브랜드도 있으니 사람들도 호의적으로 이야기했어요. 사이트로 정보를 한눈에 볼 수 있으면 사람들이 참여할 테고, 또 사이트가 활성화되면 트래픽이 늘 거니까요. 그 트래픽으로 할 수 있는 게 많을 줄 알았죠. 기대를 갖고 오픈 후 한 달 동안 이벤트를 하면서 지표를 봤는데, 사람들이 관심이 없었습니다. 기본적으로 복지나 공익이 사람들의 관심사가 아니더라고요.

이걸 오픈할 때, 팀에 두세 명밖에 없었기 때문에 외부에서 개발을 마친 후, 서비스가 잘 나오면 네이버 내부 기획 조직으로 풀어보려 했어요. 좋은 서비스라는 게 증명되면 함께 하고 싶어 하는 사람이 많으니까요. 그런데 실패한 거죠. 게다가 내부에 개발 조직까지 없으니 완전히 실패였어요.

쉽게 되는 건 정말 없군요.

그래서 직접 하기로 했어요. 인턴 세 명과 처음부터 다시 그렸어요. '정보만 모아두면 사람들이 올 줄 알았는데 안 오네. 가슴에 손을 얹고 생각해보자. 나라면 그 정보를 찾아볼까?' 스스로 물어보니 아니더라고요.

기부자 유형부터 분석했어요. 우리나라에는 세 가지 유형이 있겠더라고요. 첫 번째는 가만히 둬도 기부하고 자원봉사하는 사람들. 삶의 일부를 기부에 둔 적극적 기부자인데 제 감으로는 1퍼센트 정도뿐이에요. 두 번째는 〈사랑의 리퀘스트〉를 보다 눈물 흘리면서 기부하는 사람이에요. 평상시엔 아닌데 어느 순간에는 움직이는 수동적 기부자가 10~20퍼센트 정도 되겠죠. 우리나라 사회공헌의 모든 트렌드는 수동적 기부자에게 기부를 끌어내려는 거잖아요. 기부 문화가 자연스럽게 자리 잡으면서 기부금이 늘어나면 모를까, 그렇게 억지로 기부금을 짜내서 기부금이 늘어나는 건 발전이 아니에요. 한 나라의 사회공헌의 발전이 기부금 액수에 있다는 말에 제가 동의할 수 없는 이유예요.

나머지 80퍼센트는 기부나 공익 같은 이야기를 하면 나도 어려우니까 날 도와달라고 하거나, 나중에 돈 많이 벌면 기부하겠다는 사람들이에요. 네이버는 이 무관심한 80퍼센트를 깨우는 게 맞다고 분석했어요. 그러면 사이트를 보는 유저와 기획의 틀이 처음부터 달라져요. 정보를 그대로 모아만 두고 '오세요'하는 식은 안 먹혀요. 가장 기본 서비스인 키워드로 정보를 찾는 포털의 네트워크를 통해 편하고 지속적으로 유입될 수 있는 구조가 되어야 사람들이 와요. 그래서 '온

권혁일

라인 기부 커뮤니티'라는 기획을 시작했어요. 해피빈은 유저와 공익단체 그리고 기업, 이 세 주체가 어우러지며 형성되는 커뮤니티라고 생각했죠. 당시에는 기업이 커뮤니티의 한 축이라는 게 상상일 뿐이었지만요. 이 세 주체의 커뮤니티는 지금도 계속되고 있어요.

2009년이 되니 아름다운재단에서 저희더러 재단을 만들어야 한다고 하더라고요. 그때 해피빈 재단을 만들었는데 운이 좋았어요. 처음에 제가 말한 콘셉트를 이해하고 같이해주는 사람을 만날 수 있었거든요. 그래서 그다음 단계로 넘어갔죠.

콩 심은 데 콩 난다

말씀하신 무관심한 사람들을 유도하는 아이디어가 해피빈의 '콩'이잖아요. 네이버 입장에서는 굉장히 큰 결정이었을 것 같아요. 당시에 네이버는 블로그나 카페를 통해 트래픽을 늘리는 게 목표였는데 거기에 생뚱맞게 사회공헌을 얹은 거니까요. 내부 사람들을 설득하는 데 어려움은 없으셨나요?

엄청 많았죠. 눈물 없이 못 하는 얘기인데⋯ 눈물 이야기는 생략할게요. (웃음) 콩이 기부자와 기부처의 매개체라는 콘셉트로 다시 만들기 시작했어요. 네이버에서 다양한 활동을 하는 유저들에게 콩을 주고, 그 콩을 기부하게 만드는 거죠. 내부에 조직이 없어서 기획은 제가 하고, 개발은 해피빈 초반에 협업했던 외부 업체에서 전담하는 구조로 시작했어요. 열심히 개발해서 이 콘셉트로 이벤트를 한번 해봤어요. 2억 원에 상당하는 콩을 뿌리고 네이버 카페에 팝업을 뜨게 해서 콩을 기부하게 만들었어요. 결과는? 사람들이 콩을 마구 모으면서 해피빈 서버가 다운되고 난리가 난 거예요. 3일 만에 2억, 콩 200만 개가 소진됐어요. 해피빈에 등록된 200여 개 단체에 몇백만 원씩 가는 거죠. 뿌듯했어요.

한번 더 테스트를 해봤어요. 2주간 댓글이 3만 개가 달리면 1억을 더 쏘겠다고 했어요. 당시에는 어려운 목표였는데도 열흘 만에 3만 개가 달리더라고요. 사람들이 콩에 반응한다는 게 검증이 되는 거죠. 검증이 됐으니 본격적으로 인프라를 만들었어요. 1차 버전 오픈 후 수치를 보니 아까 언급한 수동적 기부자 20퍼센트까지는 움직이는데 나머지 80퍼센트가 움직이지 않는 상황이었어요.

예산도 50억이었는데, 그 20퍼센트에 50억을 다 쓸 수는 없어서 10억밖에 안 썼어요. 근데 나중에 기사가 나더라고요. 네이버는 50억을 줬는데 10억밖에 안 썼다. 기부금 50억을 다 써야지 왜 남겼냐. 저는 이렇게 '써야 해서 쓰는 돈'은 나쁜 돈이어서 쓸 수 없다고 했어요. 서비스를 제대로 할 수 있을 때 다 쓴다고 했죠. 사실 한 번 점프하면 정체되는 순간이 오고, 그 순간에 네이버 같은 조직에서는 부정적인 인식을 갖게 돼요. 그걸 넘을 힘은 없거든요.

엎친 데 덮친 격으로 몇 가지 해프닝도 발생했죠. 독도 이슈가 나왔을 때, 다음Daum은 며칠 만에 2억을 모금했는데 해피빈은 1억도 못 모았다는 의미도 없는 경쟁 구도가 생기면서, 내부에서 해피빈 안 되는 거 아니냐는 반응이 나왔어요. 예산 50억이 문제가 아니라 네이버 전체가 같이 움직여야 하는데 그게 안 되니까 괴로웠어요. 다시 점프할 수 있는 기획을 해야 했는데 어려웠죠. 그래서 네이버 내부 자원을 최대한 활용하겠다는 계획을 세웠어요.

무관심한 80퍼센트를 움직이기 위해 중요한 건 일명 '찌르기'예요. 콩 줄 테니까 와서 클릭하라고 하면 그 무관심한 80퍼센트가 움직이겠어요? 그 사람들은 팝업으로 찔러줘야만 반응하는데, 네이버 입장에선 유저를 귀찮게annoying 하는 거라고 생각할 수밖에 없죠. 그래서 내부를 설득하는 게 어려웠어요. 저는 유저들도 공익적인 내용으로 귀찮게 하는 건 어느 정도 받아들일 거라고 생각했어요. 오히려 네이버에 대한 호감이 커질 거라는 생각도 했고요.

하지만 네이버 카페와 블로그가 반대를 했어요. 그래서 처음이자 마지막으로 이해진 의장을 찾아갔죠. 나 이거 아니면 못 한다. 이렇게 찌르기를 해야만 다음 단계로 넘어갈 수 있다. 한 달만 해보고 유저 어노잉이 심하면 포기하겠다. 이해진 의장이 그 자리에서 결정을 해줘서 빠르게 진행됐어요.

그때부터 원하지 않아도 콩 기부 관련 팝업이 뜨게 했어

요. 물론 원하지 않으면 다음에 안 본다는 선택을 할 수 있게
는 했죠. 한 달을 돌렸더니 다음에 안 보겠다고 클릭한 케이
스가 500건이었어요. 네이버에서 한 달에 500건은 잊어버
려도 되는 수치예요. 어노잉이 아예 없다는 결론이 나온 거
죠. 고객만족센터 통해서 컴플레인 들어온 것도 두 건 정도
밖에 안 됐고요. 한 달이 지나서는 자유로워졌어요. 2009년
에 80억을 쓰고 2010년에 또 80억을 썼어요. 이후에는 1년
에 거의 200만 명씩 반응하면서 성장하는 게 눈에 보이더라
고요. 2009년부터 3년 동안 해피빈 인지도도 높아지고, 밖에
나오면 히트 상품이라는 말도 들었어요. 네이버의 사회공헌
도가 올라가니까 상도 받고요. 한숨 돌린 셈인데, 그때부터
또 다른 고민이 시작됐어요.

궁극적인 커뮤니티의 완성을 위한 근본적 고민을 다시 시작하다

어떤 고민이었나요?

당시에는 팬클럽에서 콩 저금통이라는 것까지 만들어서 가
수 이름으로 기부도 하니 모델대로는 잘 굴러갔어요. 하지만
미시적으로 잘 돌아가면 미래를 거시적으로 보기 시작해야
해요.

　40억을 쓰면 1년에 200만 명씩 기부자가 늘어요. 계산을

해보면, 우리나라 인구 4천만 명이 모두 기부하는데 15년이 걸리는 셈이에요. 그러면, 15년 동안 같은 방식으로 콩 돌려서 되겠어? 이런 근본적 질문이 생깁니다. 사람들은 열혈 유저가 되지 않는 이상 다 잊어버려요. 기부에 관심이 없던 80퍼센트 중에 20~30퍼센트가 기부를 시작하면 적은 수치는 아니지만, 공익 커뮤니티라는 궁극적 완성을 위해서는 턱없이 부족하다는 걸 깨달았습니다. 그때부터 문제 해결에 대해 심각하게 고민했어요.

제가 이사장님을 괴롭히던 시절에 자주 하던 이야기가 사회공헌 플랫폼을 만들고 싶다는 거였어요. 많은 사람이 플랫폼의 힘을 믿으니까요. 그래서 기부든 크라우드 펀딩이든 플랫폼 사업을 하려 노력하지만 사실 그만큼 성공하기 어려운 사업도 없죠. 소셜 섹터에서 플랫폼이 성공하는 요인은 뭘까요? 네이버 트래픽이라는 말씀만 제외하고. (웃음)

플랫폼이라고 하면 많은 사람의 참여, 인식 변화, 그걸 통한 행동 변화 등이 잘 돌아가는 걸 생각하거든요. 그러려면 뭐가 필요하겠어요? 사람들이 변해야 돼요. 그래야 참여를 하거든요. 제 지론은 민주주의가 잘 발전하려면 정치인이 아니라 국민이 바뀌어야 한다는 거예요. 촛불이 이 정도까지 오니까 정치인들이 아무 말 못 하는 거잖아요.
　사람들이 변화한 결과물로 나오는 게 플랫폼이에요. 그러니 유저들의 인식을 바꿔야 돼요. 2002년, 2003년에는 모든 사람이 결식아동을 돕는 것만 생각했어요. 지금은 수많은 사람이 다양한 사회문제를 이야기하고 다양한 시도를 해서 소셜 섹터라고 부를 만큼 집단화됐잖아요. 공익에 대한 인식이 많이 성장한 거예요.

사람들의 인식은 일시적으로 바꿀 수 있는 게 아니에요. 밑바닥부터 바꿔나가야 돼요. 그렇게 밑바닥부터 사람들을 변화하게 해서 그들이 따라오도록 하는 게 플랫폼이에요. 오랜 시간이 걸리는 일이죠. 이걸 버텨야 공익적인 플랫폼으로 살아남을 수 있어요. 제가 플랫폼을 하지 말라고 하는 이유이기도 해요. 이렇게 버틸 수 없으면 어려운 싸움이라고 얘기하는 겁니다. 해피빈도 잘될 줄 알았는데 막상 해보니까 사람들이 따라오지 않았잖아요. 해피빈도 그 과정을 다 버텨서 살아남은 거예요.

사용자 참여 플랫폼에서는 좋은 뜻만 갖고 상품을 만들면 백전백패예요. 그렇게 하면 안 돼요. 사람들이 바뀔 수 있는 동기를 만들어서 사람들이랑 같이 가야 해요. 그건 작은 플랫폼 하나로는 안 돼요. 현재 해피빈의 최종적인 방향은 크든 작든 사회에 있는 사람들과 함께할 수 있는 여러 형태의 자원을 묶어서 연대하게 하는 거예요. 꼭 트래픽만 중요한 것도 아니에요. 작은 플랫폼들과도 연대가 가능해지면, 각자의 목표를 실현할 수 있어요. 이 그림이 아니면 안 된다고 생각해요.

권혁일

그러니 같이 힘을 합쳐야 해요. 해피빈은 콘텐츠들의 구심점이 될 수 있겠죠. 방송, 라디오, 잡지 등을 통해 나오는 공익 콘텐츠들을 모아, 유저들에게 해피빈이라는 플랫폼으로 전달하는 거예요. 이 그림이 완성되고 연대가 이뤄지면 지금 해피빈과 네이버 트래픽보다 훨씬 더 큰 사이즈가 되겠죠. 이 정도가 돼야 유저들이 피부로 느끼면서 플랫폼에 힘이 생겨요. 그걸 만드는 게 공익을 위해 우리가 할 수 있는 일이라고 생각해요. 네이버 트래픽과 사회의 공익적인 플랫폼이 연대해서 만드는 트래픽이겠네요.

결국, 사람이 성장할 수 있는 토대를 만드는 것

이사장님은 루트임팩트 이사로도 활동하시고, 여러 활동을 두루두루 많이 하시잖아요. 지난 몇 년 동안 소셜 섹터가 변하는 걸 직접 보셨는데 어떠세요?

이만하면 밥값하지 않았나요? (웃음) 저는 어디에 있더라도 의견을 낼 수 없거나 밥값을 못 하는 것 같으면 안 한다고 해요. 어느 정도 사회에 긍정적인 목소리를 내면 그걸로 만족하는데, 지나고 보면 그게 밥값을 한 거더라고요. 제가 한 밥값 중에 제일 중요한 밥값이, 네이버 창업자 네 분이 제 영향을 받아 소셜 섹터로 들어온 거예요. 오승환 더작은재단 이

사장이나 김정호 베어베터Bear.Better. 대표가 그렇죠. 이분들이 이 영역으로 들어오는 데 도움을 드린 것만으로도 엄청난 밥값이라고 생각합니다.

이사장님이 하시는 큰 밥값 중 하나가 멘토링이잖아요. 저한테도 마찬가지고요. 요즘 사회적 기업가가 유행이 되니 사회적 기업가를 꿈꾸는 젊은이도 많아져서 이 책도 많이 볼 것 같은데 그들에게 해주고 싶은 말이 있다면요?

저에게 야단맞고 돌아간 친구들에게 수없이 했던 말이 '뜻만 가지고 하지 마라. 공익이라는 분야는 쉽지 않다. 일반 사업보다도 큰 역량이 있어야 할 수 있는 분야다'라는 거예요. 진짜 고민해서 역량을 갖고 시작하는 소수도 있지만, 유행을 좇아 맨땅에 헤딩하는 사람도 많아지고 있어요. 그런 사람들한테는 정신 차리라고 하죠. 일반 사업도 100개 중에 95개가 망해요. 네 개는 현상 유지에 불과하고 하나 정도 성공하는 게 일반적이에요. 거기에 좋은 일까지 묶는 건데 무슨 수로 해낼 수 있는지 묻는 거죠.

뜻이 있으면 본인 역량을 높이는 게 먼저예요. 인생 길잖아요. 왜 군이 20대 때 해야 합니까? 역량이 됐을 때 하면 훨씬 임팩트 있는 일을 할 수 있어요. 20대에 꺾이면 30대, 40대 때 아무것도 못 해요. 사회에 필요한 역량을 갖추는 게 선행돼야 합니다. 그런 사람을 키워야 하고요.

권혁일

물론 공익이라는 큰 분야를 놓고 보면, 역량 있는 친구들이 더 일찍 들어올 수 있는 환경이 조성되면 좋죠. 소셜 섹터자체가 긍정적인 현상이에요. 마리몬드 같은 회사가 나오려면 뜻과 역량을 가진 사람이 사업을 시작해야 합니다. 해피빈은 시장을 창출하는 역할을 하는 거고요. 역량 있는 새로운 인구가 유입되게 하는 거죠. 역량 있는 사람들이 많이 와서 생계를 유지하면서도 공익에 좋은 일을 하도록 돕는 거예요.

사람들의 일상에 공익이라는 콘텐츠와 사업이 어떤 그림으로 자리 잡을 수 있는지 고민이 있었는데, 아까 말했던 연대를 통해 뿌리 내릴 거라고 생각해요. 5년 전에 공익을 주제로 사업을 한다고 할 때 부정적인 의견이 많았는데 이제자체적으로 50억 규모를 넘으니까 아무도 뭐라고 안 해요. 자생력을 만들어내면 오히려 사람들이 돈을 더 투자하면서지지도가 올라가요. 지금은 회사에서 돈을 더 준대도 사양하고 있어요. 해피빈이 검증됐기 때문에 이런 관계가 가능한거예요. 이걸 기반으로 한 걸음씩 나아가면 더 큰 그림이 될거라고 생각해요.

공익도 사업적 역량이 커져야 한다는 건 제가 가진 신념중 하나예요. 가장 중요하다고도 생각하고요. 뜻만 있는 사람들에게 해주고 싶은 말은, 지금 결정하지 말고 일단 역량을 키우라는 거예요. 그러면 공익적으로 엄청난 효과를 낼수 있어요. 이 길이 훨씬 맞는 길이라고 말해주고 싶어요.

공익을 소재로 한 다양한 주체들의 연대예요. 예를 들어, 해피
빈에 여성인권 문제에 대한 기부 스토리가 나왔어요. 지금까
지는 콩과 기업의 일부 후원으로 그 문제를 해결했죠. 하지만,
해피빈을 구심점으로 연대가 되면, 영화관, 잡지사, 프랜차이
즈 음식점, 커피 전문점, 방송사, 언론사 심지어 동네 식당까
지도 그 기부에 함께할 수 있어요. CGV가 몇 분 더 시간을
할애해서 여성인권 문제를 후원하는 광고를 내고, JTBC 프
로그램에서 해당 소재를 다루는 프로그램을 만들어요. 커피
전문점의 컵 홀더에 있는 QR코드를 찍으면 해피빈 로그인
창으로 연결하고, 잡지사는 잡지 서너 페이지를 해당 이야기
에 할당해요. 온라인과 오프라인 모든 곳에서 해당 소재를 다
루면, 그 문제가 더 많이 노출되겠죠. 사람들이 기부를 위해
해피빈에 들어오는 것뿐만 아니라, 다양한 오프라인 경로로
손쉽게 해피빈으로 연결되는 거예요. 오프라인의 트래픽을 해
피빈이 받으면, 기업과 다양한 주체가 함께 해당 문제를 풀어
나가는 연대가 형성되는 거고요. 심지어 네임 밸류가 있는 대
기업뿐만 아니라 동네 식당도 다 매체로 활용이 가능해요. 사
람들이 동네에서 밥 먹다가 '이게 뭐야?'하고 참여하는 게 가
능하죠.
　기존 캠페인은 소비 중심이에요. 하지만 공익 캠페인 하나

가 제대로 되면, 여러 주체가 연대하면서 모든 사람이 피부로 느낄 수 있게 돼요. 여태 구심점이 없어서 잘 안 됐는데, 이제는 해피빈이 구심점이 될 수 있고요. 기획만 잘하면 힘을 갖고 퍼질 거예요. 홍보를 하고 싶은 기업은 돈을 내고 들어올 수도 있겠죠. 이게 일반 사업이라면 참여할 때마다 광고비가 드는데, 공익이라면 '우리도 참여할게요!'가 돼요. 이게 연대의 가장 큰 힘이에요. 공익이 갖는 장점이고요.

이사장님은 선한 마음이나 의지 같은 진정성 말고 소셜 섹터에 가장 중요한 요소가 무엇이라고 생각하세요?

결국은 사람이에요. 사람이 성장할 수 있는 토대를 만들자는 게 제가 찾은 답입니다. 사람과 토대가 같이 올라가야죠. 젊었을 때 올인했다 실패해서 고개 돌리게 만들지 말고, 사람들 사이에 공익에 대한 합의를 이루게 해야 돼요. 그 사람들이 연대하면 한 나라가 바뀌는 거니까요. 해피빈의 지향점이 그거예요. 지향점에 도달하기 위한 트래픽 생성과 구심점 역할을 하려는 거고요. 루트임팩트가 하는 일들도 사람들 하나하나를 콘텐츠로 만드는 거잖아요. 따라가는 사람들이 생기게끔요. 그게 우리가 할 일이라고 생각해요.

작년부터 올해까지 소셜 섹터에 사건, 사고가 많았던 것 같아요. 섹터가 급성장하는 시기라 많은 사람의 눈에 띄면서 수면 아래에 있던 것이 보였잖아요. 이 시기에 겪는 성장통이라는 말도 하고요. 저희는 이런 걸 어떻게 헤쳐나갈지 고민이에요.

일회일비하지 말 것. 주변 신경 쓰지 말고 결과로 보여줄 것. 이거 말곤 답이 없어요. 이 섹터에도 다양한 사람이 있으니까 부침이 있을 수밖에 없잖아요. 이런저런 부침과 상관없이 우리가 해야 할 일이 무엇인지만 보면 되는 겁니다.

몇 년 전에 공익사업 시장을 만들겠다고 했더니 욕을 먹었어요. 도대체 성과가 뭐냐고요. 그런데 5년 동안 힘든 과정을 다 견디고 나서 시장의 규모를 보여주니까 네이버도 변했어요. 그대로 되는 게 고무적이라는 말도 하고, 우호적으로 바뀌기도 했고요.

주변 일에 신경 안 써도 돼요. 우리가 중심을 잡고 있으면 돼요. 사람들의 내재적인 생각과 시장을 바꾸는 건 단기적으로 할 수 없다는 걸 알고 있잖아요? 멀리 보세요. 5년, 10년을 바라보면 결과가 나와요. 세상은 그때부터 바뀌는 거예요. 천천히 바뀌겠지만, 결국은 바뀌게 돼요.

인터뷰에도 언급됐지만, 해피빈 외에 권혁일 이사장님의 업적은 IT 창업자들의 직극적인 선행 참여에 선구자 역할을 했다는 것이다. 아마 김정호 베어베터 대표님도 이사장님의 적극적인 활동을 보고 장애인

권혁일

들의 고용·복지와 관련해 목소리를 내고, 오승환 더작은재단 대표님도 사회적 기업을 위한 인프라 육성에 더 적극적으로 임하지 않았을까.

권혁일 이사장님이 시작한 기부 문화의 변화는 단순히 멀리서 특정 문제에 대한 기부금만 전달하는 것이 아니다. 기부가 필요한 사회 문제를 접한 사람들이 해당 문제를 공부하고, 관련 공익단체 및 사회적 기업과 적극적으로 교류하며 함께 해결책을 모색한다는 점에서 더욱 의미가 있다. 앞으로 나도 누군가에게 그가 내게 보여주었던 어른의 역할을 할 수 있길 바란다.

착한 자본으로
사람과
아이디어를 잇다

임팩트 투자자 **브라이언 트렐스타드**
Brian Trelstad

대학 졸업 후 소셜 섹터에서 일을 시작했지만, 경영대학원 졸업 후에는 세계적 컨설팅 회사 맥킨지 컨설턴트로 일하며 영리 섹터와 소셜 섹터를 넘나드는 커리어를 밟아왔다. 이후 애큐먼의 임팩트 투자 담당 CIO Chief Investment Officer(최고투자책임자)로 일하며 아시아 및 사하라 이남 지역에서 건강, 물, 에너지, 농업 등의 문제를 푸는 소셜벤처에 5500만 불 이상의 투자를 집행했다. 아스펜 기업가네트워크 Aspen Network of Development Entrepreneurs, ANDE와 임팩트 관리 소프트웨어인 펄스 Pulse, 그리고 임팩트 측정 도구를 모아놓은 라이브러리 IRIS Impact Reporting and Investment Standards를 함께 만들었다. 현재 브릿지스 펀드 매니지먼트 Bridges' Fund Management의 미국 파트너로 일하고 있다.

한국에서는 비영리 법인의 사회적 기업 투자가 어려웠기에, 나는 2014년 HGI라는 회사를 세웠다. 포괄적 균형성장 추진단이라는 거창한 이름을 가진 이 회사는 지역 커뮤니티를 위한 부동산 개발과 사회적 기업에 대한 투자를 진행한다. 4년여 간 14개 회사에 약 28억 원 정도 투자를 집행하다 보니 꽤 유의미한 성과를 내는 기업도 나타나고 있다.

초기에 투자한 기업들의 후속 투자 유치를 지원하다 보면 임팩트 투자를 하고 싶다는 사람은 많지만, '임팩트' 태그가 붙은 기업에 이중 잣대를 적용하는 사람을 심심찮게 본다. 똑같이 빠르게 성장하는 기업 A와 B가 있다고 해보자. 두 기업의 매출과 순이익이 비슷하다고 했을 때, 투자자들은 영업 이익의 일부를 기부하는 기업 B보다 마케팅 비용을 공격적으로 집행하는 기업 A를 더 선호한다. 하지만 A가 마케팅으로 얻는 노출 효과와 B가 소비자에게 약속한 기부금 이행을 통해 얻는 고객 충성도 및 바이럴 마케팅 효과가 동일하다면, A와 B는 같은 기업 가치를 가져야 하지 않을까?

모든 투자자가 그렇다고 할 수는 없지만, 이런 이중 잣대를 적용하는 건 '주주이익 극대화'와 '사회적 성과 추구' 중 하나를 선택해야 한다고 믿기 때문일 것이다. 7년이라는 청산 기간도 이런 상황을 더 악화시킨다. 기업은 7년 내에 투자자들에게 유의미한 이익을 돌려주고, 거기에 본인들 몫까지 가져가야 한다. 이런 상황이라면, 아무리 임팩트 투자자라 하더라도 기업이 만들어낼 수 있는 사회적 성과보다는 얼마나 단기간에 높은 가격으로 투자금을 회수할 수 있는지만 신경 쓰게 된다.

우리보다 임팩트 투자의 역사가 긴 영국과 미국에서는 이런 고민들에 대한 다양한 해결책을 모색하고 있다. 오미디야르 네트워크Omidyar Network(이베이 창업자 피에르 오미디야르Pierre Omidyar의 임팩트 투자사)처럼 비영리와 유한 회사가 공존하는 형태도 있고, 페이스북의 창업자 마크 저커버그의 챈 저커버그 이니셔티브Chan Zuckerberg Initiative처럼 유한회사로 등록하고 미션 달성에 유연성과 속도를 확보하는 경우도 있다. 또한 흔히 인내 자본Patient Capital(기대수익률에 대한 불확실성이 높고 투자 회수 기간이 길어도 기다려줄 수 있는 자본)이라고 하여 정부나 재단의 지원을 통해 청산 기간이 훨씬 긴 임팩트 투자 펀드를 조성하기도 한다. 벤처캐피털이 아닌 사모 펀드(소수의 투자자에게서 비공개로 자금을 모아 주식과 채권 따위에 투자하여 운용하는 펀느)의 형태로 어느 정도 규모 있는 기업을 '사회적 기업화'하는 시도도 있다. 최근에는 지주 회사 형태로 사회적 기업의 지분을 장기적으로 소유해 그들의 재무적·사회적 성장을 지원하며 배당을 통해 이윤을 추구하는 곳도 있다.

영국에서 시작한 브릿지스 펀드 매니지먼트는 영국 임팩트 투자의 대부 격인 로널드 코헨 경Sir Ronald Cohen이 시작한 임팩트 투자 펀드로, 사회적 목적의 부동산 투자와 소셜벤처 투자를 병행한다. 브라이언 트렐스타드는 스탠퍼드 경영대학원 시절 만났던 재클린 노보그라츠Jacqueline Novogratz를 통해 비영리 임팩트 투자 기관인 애큐먼Acumen의 초기 멤버로 활동하고, 2012년 브릿지스 펀드 매니지먼트의 미국 파트너로 합류했다.

브릿지스 펀드 매니지먼트는 금융의 느낌이 훨씬 강한 조직이라, 애큐먼과는 다르다. 하지만 그만큼 시장의 힘을 활용해 임팩트를 창출하는 노력을 많이 해왔기에 한국의 임팩트 투자자들에게 많은 영감을 줄 수 있으리라 생각한다.

임팩트 투자의 교과서: 성장, 부동산, 소셜 섹터

한국에는 브릿지스 펀드 매니지먼트(이하 브릿지스 펀드)가 아직 크게 알려지지 않았으니, 간략하게 소개 좀 해주세요.

브릿지스 펀드는 2002년 브릿지스 벤처로 시작했습니다. 지금은 벤처라고 부르기엔 많이 커져서 이름을 펀드로 변경했어요. 영국 로널드 코헨 경이 미셸 기든스Michele Giddens와 필립 뉴보로Philip Newborough와 함께 영국의 빈곤을 개선하려 만든 펀드입니다. 아시다시피, 어디든 가장 밝은 곳과 어두운 곳이 공존하잖아요. 영국의 빈곤과 불평등, 무엇보다 기회의 부족이 펀드를 만든 원동력이었습니다.

처음엔 6200만 달러(약 700억 원)를 모아서 시작했어요. 지금은 꽤 성장했죠. 자산 종류도 주식과 채권뿐만 아니라 부동산, 사회적 기업가 펀드 등으로 다양해졌고요. 성장과 부동산 그리고 소셜 섹터가 브릿지스 펀드의 투자 전략입니다. 펀드의 90퍼센트는 수익률을 보장하는 부동산 투자가 차지해요. 소셜 섹터 펀드는 10퍼센트 정도입니다. 높은 수준의 사회적 변화를 만들려다 보니, 기대 수익은 적고 위험은 커요. 전 미국 파트너인데, 영국의 성공 모델을 많이 참고합니다. 자연스럽게 임팩트 투자 펀드가 세계적인 수준으로 성장하는 것을 보고 싶어요.

브라이언 트렐스타드

맥킨지에도 있었죠? 애큐먼과 브릿지스 펀드 그리고 맥킨지는 좀 다른 분야잖아요. 영리와 비영리 중에 선호는 없었나요? 임팩트 투자의 세계에 발을 들인 동기가 궁금해요.

사실 저는 하버드를 졸업하고 스탠퍼드 경영대학원을 가기 전 6년간 비영리에서 일했어요. 아메리코프AmeriCorp(미국 국가봉사단)에서 환경 스태프 팀장으로 일했으니까요. 경영대학원을 간 건, 사회·환경적인 문제를 푸는 경제적 동인이 무엇일지 궁금해서였어요. 맥킨지를 간 것도 저 자신을 훈련해 소셜 섹터에서 일하기 위한 역량을 갖추는 준비 과정이었고요. 제 입장에서는 맥킨지를 떠난 것이, 영리 섹터를 떠나 소셜 섹터 혹은 비영리로 옮겼다기보다는 원래 제 자리를 찾아간 것이죠.

애큐먼을 선택한 것도 대학원에서 애큐먼의 창업자인 재클린 노보그라츠를 만났기 때문이에요. 그때 재클린은 록펠러 재단에서 일하고 있었고, 사업 계획 짜는 걸 도와줄 사람을 찾고 있었어요. 제가 2학년 때였는데 정말 대단한 창업가crazy social entrepreneur를 만난 거죠. 저는 재무적인 모델링을 도와줬고, 그때는 '행운을 빌어good luck'를 외치고 헤어졌어요. 맥킨지를 떠나려고 결심했을 때, 제 머릿속에 가장 먼저 떠오른 사람이 바로 재클린이었어요. 다른 곳을 알아보지도 않고 바로 애큐먼으로 옮겼죠. 애큐먼을 만든 재클린은 초성능 로켓선 같았어요. 정말 빠른 속도로 사업을 추진했거든요.

솔직히 말하면 저는 운이 좋아서 학자금 대출을 안 받았기 때문에, 연봉은 큰 문제가 아니었어요. 또 저희 아버지가 교수였기 때문인지, 어릴 때부터 문제를 해결하고 공부를 하는 것은 돈을 버는 것보다 훨씬 가치 있고 소중한 일이라 여기며 자랐어요. 고등학생 때부터 사회봉사를 하기도 했고요. 세상은 항상 불완전한 곳이라고 느껴졌어요. 그래서 제 시간을 세상이 더 낫고 평등하게, 더 지속 가능하고 공정한 곳으로 만들기 위해 쓸 수 있는 일을 찾았고요. 그게 이 분야에 발을 들인 계기 같아요.

아이디어는 기다리는 것이 아니다

임팩트 투자자 중에서도 시장 수익률을 중시하는 상업적 투자자가 있고, 사회 변화에 중점을 두는 투자자가 있습니다. 애큐먼이 후자라면 브릿지스 펀드는 전자라고 여겨지는데, 두 군데를 모두 경험하신 분의 의견이 궁금하네요.

애큐먼은 정말 흥미로운 조직이었습니다. 1000억 원 조금 넘는 자선기금을 모아서 초기 단계의 기업에 투자를 하곤 했어요. 딜라이트d.light 태양열 랜턴이나 다이얼 1298앰뷸런스Dial 1298 for Ambulance(응급 상황에 처한 개인이 비용 지불 능력과 무관하게 사용할 수 있게끔 샤피 매더Shaffi Mather가 만든 구급차 호출 서비스) 등은 애큐먼이 없었으면 탄생도 못 했을 기업이라고 생각합니다. 애큐먼이 초기투자한 기업들은 성과와 임팩트 측면 모두에서 크게 성공했어요. 애큐먼의 자본은 자선에서 시작했지만, 사업 모델을 철저하게 분석해 혁신이라는 말로도 부족한 개척자 모델을 보여준 거예요. 진심으로 세상을 위한 일을 한 거죠.

전 두 군데에서 다 일했지만, 애큐먼 같은 자선 자본과 브릿지스 펀드 같은 시장 수익률을 좇는 자본 사이에는 차이가 존재해요. 물론 둘 다를 위한 곳도 있죠. 미국은 자선기금도, 정부 예산도 많아요. 그리고 그 돈을 보다 효율적이고 의미 있게 쓰려고 철저하게 해결책을 찾는 자본도 있고요. 물론, 정부는 극빈층을 위해 예산을 써야 합니다. 하지만 정부의 예산이나 자선기금이 비슷한 문제를 해결하는 사업에 임팩트 투자로 쓰인다면, 그 문제를 민간 혹은 시장 차원에서 직접 풀어낼 혁신적인 해결책이 생기는 거죠. 돈 그 자체로는 의미나 임팩트가 없잖아요. 하지만 이렇게 하면 의미도, 임팩트도 가질 수 있다고 봐요.

시장 수익률 이상을 내려는 자본 시장도 예외가 아니죠. 퇴직연금 펀드가 돈만 벌겠다고 옳지 않은 곳에 투자하면 안 되잖아요. 세상의 문제를 풀고 있는 사업에 투자해야죠. 적정 수익률을 내는 브릿지스 펀드를 통해 임팩트 투자를 하면, 간접적이나마 일자리를 창출하고 양질의 제품을 생산하는 곳에 투자하게 됩니다. 아시다시피 유엔의 지속가능개발 목표Sustainable Development Goals(2030년까지 인류의 보편적 문제 및 환경·경제·사회문제를 해결하려는 국제 사회의 공동 목표) 달성에 드는 자본은 어마어마합니다. 그 자본은 본질적으로 사회문제를 해결하는 데 사용되어야 해요. 이건 자본 시장을 통해서 이루어져야 하는 거예요. 자선만으로는 절대 해결할 수 없죠.

브릿지스 펀드가 초기에 투자한 영국의 짐그룹GYM Group이 자본 시장을 통해 사회문제를 혁신한 좋은 예입니다. 그때 저는 브릿지스 펀드에 합류하기 전이니 제 동료들이 한 일이지만, 저희는 사업 개발을 하면서 교육이나 환경 같은 큰 문제에 대해 끊임없이 질문했어요. 당시 영국은 비만, 당뇨, 과식, 운동 부족 등의 문제가 심각했어요. 이게 왜 사회문제냐고요? 저소득층에서 더욱 심각하게 드러나는 문제거든요.

처음에는 저소득층의 식생활, 슈퍼마켓의 위치 등을 생각했어요. 슈퍼마켓에 대한 접근성이 높아야 신선한 음식에 대한 접근성도 높아지거든요. 그런데 조사를 하다가 영국의 헬스클럽 비용이 유럽에서 가장 비싸다는 걸 발견한 거예요. 비만과 당뇨를 예방하기 위해 헬스클럽에 등록해서 운동을 하려면 한 달에 100파운드(약 15만 원)가 들더라고요. 그래서 헬스클럽 업계의 저가 항공사 같은 개념을 생각했어요. 짐그룹은 한 달에 15파운드, 즉 2만 원이 조금 넘는 돈으로 등록이 가능한 헬스클럽이에요. 24시간 운영하고 가입은 온라인으로 하고요. 이 모델로 짐그룹을 운영할 팀을 찾았어요. 존

브라이언 트렐스타드

트레한John Treharne은 가족 소유 헬스클럽인 드래곤스 헬스클럽을 운영하던 친구였는데, 이 친구가 짐그룹의 CEO로 합류하면서 첫 지점을 냈어요.

이 시도는 진정한 의미의 신규 시장 창출이었어요. 짐그룹의 가입자 중 25퍼센트는 일주일에 30분 이상 운동한 적이 없고, 34퍼센트는 단 한 번도 헬스클럽에 가서 운동한 적이 없었거든요. 이 시도는 상당히 성공적이었고, 짐그룹은 2015년 런던 주식 시장에서 기업 가치 3600억 원(2억 5000만 파운드)으로 상장합니다. 250억 정도였던(1750만 파운드) 초기투자금의 14배가 넘는 가치예요. 현재는 45만 명이 넘게 등록했고, 지점은 100여 개가 됐죠.

짐그룹은 영국 브릿지스 펀드가 공식적으로 모집해서 투자한 사례였어요. 저희는 먼저 시장에서 문제를 발견했고, 적극적으로 운영할 팀을 찾았습니다. 가만히 앉아서 아이디어를 갖고 오는 팀을 기다리기보다 그 기회를 잡고 사업을 끌어갈 팀을 만든 거죠. 미국에서도 비슷한 실험을 하려고 생각 중이에요.

미국에서는 스프링보드Springboard가 진정한 임팩트를 만들고 있는 좋은 사례예요. 미국에서 저희가 한 최초 투자죠. 스프링보드는 부모가 아이를 돌볼 수 없는 오후 3시와 6시 사이에 진행하는 방과후학교예요. 다른 방과후학교 프로그램과 질적으로 차이가 많이 나요. 굉장히 믿을 만한 선생님들이 아이들 숙제를 봐주고 글도 가르쳐요. 함께 운동을 하기도 하고요. 이렇게 잘 짜인 구조에서 아이를 돌보면 아이가 달라져요. 좋은 학생으로 성장할 가능성이 높아지는 거죠. 출석률이나 성적이 그걸 입증하고요. 자선기금이 아니라 부모가 내는 비용으로 운영되는 구조이긴 합니다만, 적정한 가격으로 책정했고, 저소득층 아이들에게 양질의 프로그램을 제공한다는 아이디어는 진정한 홈런이었습니다. 이 임팩트를 계속 입증할 수 있다면 사업 역시 계속 성장할 거라고 생각해요.

만일 투자자가 투자 회수를 하면 그 임팩트를 지킬 수 없을지도 모르잖아요?

영국 브릿지스 펀드에서 에버그린 지주사Evergreen Holdings Fund를 만들었어요. 에버그린 지주사는 영구적인 지주사 형태라 투자한 사회적 기업을 절대 되팔지 않아요. 물론 팔지 못할 이유가 있을 때도 있지만, 근본적으로는 회사를 팔면 그 회사의 서비스를 이용하던 취약계층을 다시 힘들게 할까 봐 팔지 않는 이유가 커요.

루트임팩트의 자매회사인 HGI도 브릿지스 펀드와 유사한 시도를 하고 있다. 구성원 대부분이 육아 중인 HGI에서는 초기부터 한국의 육아 관련 제도가 얼마나 미비한지, 육아가 개인에게 얼마나 큰 부담을

브라이언 트렐스타드

주는지에 대한 논의가 많이 있었고, 현재는 이와 관련한 노력이 충분하지 않다고 판단했다. 그래서 HGI는 '산후 건강 및 체력 관리'라는 특정 주제를 잡고 팀을 구성해 아이들과 함께 안심하고 운동할 수 있는 스튜디오를 만들었고, 순 추천도 97퍼센트가 넘는 호응을 얻고 있다.

사업의 성공이 그 사업으로 해결하려는 사회문제에 대한 고민의 깊이에 달려 있다고 생각하면, 투자자가 직접 사업을 개발하고 성장에 관여하는 컴퍼니빌더company builder형 사업 개발 모델도 충분히 유의미하다.

임팩트 투자의 지역적 차이

제가 보기에 정부 주도 임팩트 투자는 영국에서, 민간 주도 임팩트 투자는 미국에서 참고할 게 많은 것 같아요. 브릿지스 펀드는 한 회사지만, 너무 다른 시장인 미국과 영국에 베이스를 두고 있잖아요. 어떤 차이가 있나요?

두 시장의 임팩트 투자는 정말 달라서 꼭 짚고 넘어가야 할 부분이 있어요. 첫째, 미국은 자선, 즉 필란트로피가 발달한 나라입니다. 벤처 기부라고 할 만한 자본이 많아요. 애큐먼도 그렇고, 루트캐피털Root Capital, 빌리지캐피털Village Capital 등이 그렇죠. 둘째, 사모 펀드 성격의 벤처캐피털 자체도 미국에 더 많아요. 미국은 임팩트 투자자들이 패밀리오피스Family Office(고액 자산가의 자산 관리를 전담하는 회사)나 사모 펀드와 시장 수익률을 놓고 경쟁하면서, 한편으로는 자선 자본을 가진 투자자들과 사회적 임팩트를 같이 고민합니다. 그런데 영국은 좀 달라요. 벤처캐피털 시장은 작고 전통적인 주식 시장은 큰데, 브릿지스 펀드는 시장 수익률을 중시하는 몇 안 되는 임팩트 투자사예요. 최근에는 저희가 성과를 보여주니까 시장 자체가 좀 달라지고는 있어요. 빅 소사이어티 캐피털Big Society Capital, BSC이라는 도매금융 자금조달사가 적극적으로 임팩트 투자 상품을 내놓기 시작했거든요. 아직까지 미국에는 이런 예가 없어요. 영국은 이런 자본이 있어서 임팩트 투자 업계가 좀 더 상업적 혹은 시장 수익률 중심이 되는 것 같긴 해요. 물론 브렉시트 이후 영국의 정치 상황이 불안해서 영국 밖에서 수익을 추구하는 경향이 있긴 하지만요. 두고 봐야죠.

선진국과 개발도상국 중에서 브릿지스 펀드는 선진국에만 투자하잖아요? 특별한 이유가 있나요?

개발도상국에 투자한 돈이 더 많은 임팩트를 만들어낼 거라는 인식이 있긴 하죠. 실제로 많은 사회적 기업가가 개발도상국에서 활동하고 있고요. 개발도상국에는 구조 변화를 위해 뛰는 사회적 기업가가 아주 많아요. 신재생 에너지나 휴대폰 결제 시스템 구축을 보세요. 엠페사M-PESA(케냐에서 시작

브라이언 트렐스타드

한 휴대폰 결제·송금·소액 금융 시스템)는 놀라운 임팩트 투자 사례예요. 금융 소외계층을 포용하는 서비스였으니까요. 하지만 그 네트워크 플랫폼을 제공한 사파리콤Safaricom(케냐의 통신사)은 이게 임팩트 투자라는 개념 자체가 없었어요. 결과적으로는 커다란 임팩트를 만들었지만요. 이게 개발도상국의 전형적인 사례입니다.

제가 선진국을 주로 보는 이유는 좋은 사람이 많아서예요. 오해하지 마세요. 제가 말하는 좋은 사람은 위험 부담을 용기 있게 감당할 사람이에요. 개발도상국에서 일하는 전문가들은 가끔 위험 부담을 갖고 가려 하지 않아요. 케냐의 마케팅 전문가는 은행이나 대기업에 가서 편하게 돈을 벌려고 할 겁니다. 부모들이 싸워서 만든 경제적 기회를 편하게 즐기자는 거죠. 임팩트를 만드는 일은 중산층으로의 진입이 힘들기 때문에 그들에게는 매력이 떨어지는 일이에요. 임팩트 투자도 마찬가지죠.

미국과 영국, 도시와 사람에 투자한다

선진국에 위험 부담을 감당하려는 사람이 많다고 했는데, 그런 사람은 어떤 사람인가요?

제가 같이 일하는 사람들은 본인이 사회적 기업가라는 생각을 안 해요. 헬스케어를 위해 일하다가 그 미션을 위한 사업을 만들거나 방과후학교 프로그램을 하다가 수익을 내기도 해요. 이 사람들이 사실 사회적 기업가예요. 전 경험이 없는 사람들, 예를 들어 세상을 바꾸겠다는 원대한 꿈을 품은 스물여덟 살의 하버드 정책대학원 졸업생에게 투자하지 않아요. 저희는 20년간 미션을 갖고, 작지만 꾸준히 기업을 만들어온 믿을 만한 경력자가 있는 곳에 투자해요. 저희는 그런 분들과 일하는 게 좋고요.

선진국에서는 주로 어떤 기회를 보세요? 미국을 예로 들어 설명해주세요.

저희는 두 군데 시장을 봅니다. 급성장하거나 경기 침체를 극복해야 하는 도시들. 전자가 애틀란타, 피닉스, 덴버, 댈러스 같은 곳이에요. 정말 급성장하고 있는데, 이들을 수용할 주택이 별로 없죠. 그래서 그 커뮤니티를 크게 포용하며 성장할 수 있는 도시 개발 계획에 투자하려고 합니다. 반면 후자에 속하는 디트로이트, 피츠버그, 클리블랜드, 세인트루이스 같은 도시는 경기 침체를 겪은 뒤 극복하고 있기 때문에 경제적으로 활기가 필요해요. 보다 평등하고 공평한 성장이 필요한 거죠. 그래서 이 도시의 부동산 개발 사업에 투자하려고 해요. 뉴욕, 샌프란시스코, 보스턴, LA는 저희 도움이 필요하지 않다고 생각해요. 이미 자본이 너무 많으니까요.

브라이언 트렐스타드

원주민이 더 이상 비용을 감당하지 못해 그곳을 떠나야 하는 젠트리피케이션 없이도 임팩트를 창출하는 부동산 개발이 가능할까요?

제인 제이콥스Jane Jacobs의《미국 대도시의 죽음과 삶The Death and Life of Great American Cities》읽어보셨죠? 예술가나 혁신가에게 오래되고 버려진 건물이 다양하게 쓰일 수 있다고 하잖아요. 미국에 크리에이티브 플레이스메이킹Creative Placemaking을 하는 업스타트코랩Upstart Co-Lab이라는 비영리단체가 있어요. 이 단체는 예술가와 사회적 기업가, 그리고 임팩트 투자자를 연결하는 역할을 하죠. 저희가 애틀란타에서 했던 주택 개발에도 큰 도움을 줬어요. 애틀란타의 한 지하철역 위에 있는 주차장을 개발해서 어포더블 하우징Affordable Housing(적정 금액의 주택이라는 뜻으로, 보통 수입의 30퍼센트만을 주거비에 사용하는 경우를 의미한다) 220개를 만들었어요. 애틀란타는 모두 자동차를 갖고 다니고 도시 중심보다는 주변부에 많이 살거든요. 그래서 사람들이 여러 서비스에 접근하기 쉽도록 지하철역과 가까운 곳에 주택을 개발했어요. 병원, 학교, 소방서 모두요. 이 사례가 원주민이 젠트리피케이션으로 쫓겨나는 경우를 미리 예방하고, 보다 포용적인 성장을 유도하는 경우가 아닐까 싶어요.

마지막으로 꼭 하고 싶은 말씀이 있나요?

확실히 전보다 많은 사람이 임팩트 투자에 관심을 갖는 게 보여요. 10년 후에는 더 이상 임팩트 투자라는 말이 쓰이지 않을 거예요. '임팩트 투자'가 그냥 '투자'라는 말이 될 거니까요. 물론 임팩트의 가면을 쓴 굉장히 상업적인 자본의 힘인 임팩트 워싱Impact Washing(상업 자본이 이미지 세탁을 위해 하는 임팩트 투자)을 걱정하는 사람도 있습니다. 하지만 점점 많은 사람이 자신의 세대와 더 젊은 세대를 걱정하며, 그들이 먹는 식재료가 어디서 났는지, 입는 옷은 어떻게 만들었는지, 돈은 어떻게 굴리는지 걱정하고 있어요. 그걸 고민하는 것이 임팩트 투자고요. 사람들은 편안함을 얻길 원하지, 점점 더 나쁜 세상이 되길 원하지는 않을 거예요.

아이러니하게 들릴 수도 있지만 이미 어느 정도 성장한 선진국의 임팩트 투자는 녹록하지 않다. 선진국의 사회문제들은 오랜 기간에 걸쳐 형성된 시스템의 문제라, 문제를 해결하는 비용도 많이 들고 시간도 오래 걸리기 때문이다. 미국의 구조적인 인종차별, 한국의 지역 격차, 기술에 의해 소외되는 전 세계 노동 문제 등이 그렇다.

하지만 선진국은 더 많은 고등교육과 여러 기반이 갖춰져 있기 때문에 어려운 문제에 대한 해결책도 제시할 수 있는 시장이다. 그리고 선진국의 사회문제가 해결되면, 개발도상국들에게 앞으로 나아가야 할 바를 제시할 수도 있다. 최근 래리 핑크Larry Fink 블랙록BlackRock 회장의 연초 서한, 골드만삭스, TPGTexas Pacific Group, JP모간 등 내로라

브라이언 트렐스타드

하는 금융기관들이 일제히 사회 책임 투자나 임팩트 투자를 강조하는 것도 이런 잠재력을 알기 때문이라고 생각한다.

이제부터 중요한 것은 브릿지스 펀드처럼 진정성을 가진 임팩트 투자사들이 시장에서도 만족하고 사회적으로도 유의미한 투자 사례를 많이 만들어내는 것이다. 브라이언의 말처럼, 가까운 시일 내에 모든 투자가 임팩트 투자가 되어 굳이 '임팩트'를 붙이지 않아도 되는 날이 오길 바란다.

사회 변화를
만드는
에이전트가 되다

벤처 기부자 **사샤 딧터**
Sasha Dichter

혁신적인 방법으로 전 세계의 빈곤 퇴치를 위해 힘쓰는 애큐먼의 CIO Chief Innovation Officer(최고 혁신책임자). 2007년 애큐먼에 입사하기 전까지 컨설팅 회사 부즈알렌해밀턴 Booz Allen Hamilton 과 IBM, GE머니 등에서 전략컨설팅과 사회공헌을 담당했다. 현재는 애큐먼에서 임팩트 측정, 리더십, 사회혁신 교육 플랫폼 플러스애큐먼 등을 담당하고 있다. 세상에 다양한 사회혁신 아이디어를 알리기 위해 수많은 곳에서 강연을 하며 오피니언 리더로도 활동한다.

▼

혁신적 자선, 따뜻한 투자, 그리고 벤처

재무적 성과만을 추구하는 것이 아니라 사회적 성과도 추구하기 위해 투자를 한다는 개념은 성경의 첫 다섯 권인 모세 오경까지 거슬러 올라가지만, 본격적으로 '임팩트 투자'라는 단어가 사용되기 시작한 것은 2007년 세계 굴지의 자선기관인 록펠러 재단의 벨라지오 센터 컨퍼런스The Bellagio Center Conference 때부터다.

록펠러 재단은 임팩트 투자에 많은 영향을 미쳤는데, 이번에 소개할 임팩트 투자기관 애큐먼도 영향을 받은 곳 중 하나다. 애큐먼의 설립자 재클린 노보그라츠는 체이스 은행을 거쳐 록펠러 재단에서 일하다가, 개발도상국의 만성적 빈곤을 해결하기 위해서는 무상 원조보다 지역의 기업가 정신을 일깨우는 인내 자본, 혹은 임팩트 투자가 효과적이라는 믿음으로 애큐먼을 설립하게 되었다.

임팩트 투자를 하는 기관은 많지만, 애큐먼처럼 매력적으로 하는 곳은 많지 않다. 애큐먼은 수혜자들에 대한 애정과 헌신을 놓치지 않으면서도 무겁고 부담스러울 수 있는 주제를 미려하고 감각적으로 전달한다. 임팩트 투자뿐만 아니라 인재 양성 프로그램도 운영한다. 영리 섹터에서 일하던 이들을 자신들이 투자하는 개발도상국 단체에 파견해 리더십 교육을 제공하는 '애큐먼 펠로우', 각 도시의 청년들과 함께 국제개발 관련 담론을 형성하고 체인지메이커들을 교육하는 '플러스 애큐먼' 등이 그렇다.

카리스마 있는 실립자 재클린 노보그라츠도 애큐먼의 이런 접근 방법에 큰 기여를 했지만, 그만큼이나 많은 영향을 미친 사람이 바로 애큐먼의 CIO 사샤 딧터. 경영 컨설턴트였던 그는 하버드 경영대학원 졸업 이후 IBM과 GE머니에서 사회공헌 프로그램을 담당하다가 2007년 애큐먼에 입사했다.

사샤는 미국 사회혁신계에서도 손꼽히는 오피니언 리더다. 2008년 〈비영리 CEO들을 위한 선언문Manifesto for Nonprofit CEOs〉 집필을 시작으로 테드나 SOCAP(Social Capital, 매년 샌프란시스코에서 열리는 사회적 자본가와 창업가를 위한 컨퍼런스), 미국 아스펜 연구소가 주관하는 강연 페스티벌 등 수많은 곳에서 강연을 하고, 블로그에 꾸준히 자신의 생각을 연재하며 애큐먼을 통해 사회적 변화를 만들어가고 있다.

영리와 비영리의 경계, 시장이 답이다

독자들에게는 애큐먼이 생소할 텐데, 어떻게 소개하면 좋을까요?

애큐먼은 2001년에 만들어졌고, 저는 2007년에 GE에서 애큐먼으로 옮겼어요. 제가 알기로 사회 변화를 위해 투자한다는 개념을 도입한 개척자 조직 중 하나가 애큐먼이에요. 대상 시장은 인도, 파키스탄, 동아프리카이지만, 초기 사회적 기업을 지원하고 투자한다는 점에서 루트임팩트와 비슷합니다.

임팩트 투자자라고 스스로 포지셔닝하며 애큐먼을 만들었다기보다 자선 분야 자체를 혁신하려는 마음이 컸어요. 창업자인 재클린 노보그라츠는 서아프리카와 동아프리카 현장에서 많은 시간을 보내며 국제개발 업무와 사회 변화를 일으키는 업무를 모두 경험했어요. 그래서 실제로 많은 원조 프로그램이 현장에서 원하는 결과를 얻지 못한다는 것을 알게 됐고, 자선에 혁신과 책임이 필수라는 걸 체득하게 되었죠. 이것이 재클린이 애큐먼을 창립한 철학의 기초입니다.

애큐먼은 스스로 끊임없이 진화하는 조직이에요. 비결을 물어보면 저는 항상 고객 중심 데이터를 축적하며 임팩트를 고민하기 때문이라고 대답합니다. 2013년 애큐먼이 개발한 임팩트 측정의 방법론인 린데이터(Lean Data℠, 애큐먼이 투자하는 지역 내 사회적 기업의 고객, 즉 최종 수혜자에게 모바일로 진행하는 간단한 고객 조사로, 투자처가 실제로 임팩트를 내는지 측정하기 위한 조사 방식)가 그 산물이죠.

자선은 강력하지만, 이 세상 모든 문제를 해결하기에는 턱없이 부족한 자본을 갖고 있어요. 그래서 저희는 사업의 효율성을 바탕으로 저임금을 받는 가난한 고객이 보다 나은 삶을 살 수 있게 하는 일에 집중해왔고요. 여기서 집중이란, 고객의 목소리에 귀를 기울이며 존중한다는 뜻입니다. 사실 전통적 원조 과정에서는 이들을 봉사의 대상으로 생각하기 때문에 실제 목소리를 들을 기회가 많지 않아요. 애큐먼은 그래서 시장에 기반한 접근 전략을 택한 거예요. 가난한 사람들을 도와야 하는 대상이 아닌 고객이라고 생각하는 거죠. 그들의 목소리에 귀를 기울여 욕구를 파악하고, 존경하는 거예요. 또 고객이 상품을 구입했다면, 저희에게 명확한 피드백을 줄 수도 있죠. 과연 그 상품이 자신의 욕구를 해결해줬는지 표현하거나 그러지 않았다면 재구매를 하지 않음으로써 의견을 피력할 거고요. 이런 시장 기반의 접근이 전통적원조와 다른 점입니다.

사샤의 어머니는 브라질에서, 아버지는 중국 상해에서 태어났다. 사샤는 뉴욕에서 태어나고 자리 이미 가난을 목격했었지만, 열두 살 사샤가 할아버지 집인 브라질 리우데자네이루에서 목격한 가난은 뉴

사샤 닷터

욕과 차원이 달랐다. 할아버지 집에서 내려다본 리우데자네이루의 한쪽 언덕에는 천막과 철판 그리고 지저분한 도로가 가득한 파벨라Favela(브라질의 빈민촌)가, 다른 한쪽 바닷가에는 호화로운 대저택이 자리 잡고 있었다. 빈부격차의 전시장이 눈앞에 펼쳐져 있었다. 그 이미지는 사샤에게 경제적으로 여유로운 것과 가난한 것에는 특별한 이유가 없다는 생각을 심어줬다.

그의 친조부모는 홀로코스트에서 모든 형제자매를 잃고 가까스로 탈출해 1945년 중국 상해의 한 유대인 게토에서 사샤의 아버지를 낳았다. 폴란드를 탈출하는 과정에서 여러 가족이 숨겨주며 거짓말을 해줬고, 그들의 목숨을 담보로 사샤의 조부모는 살아남을 수 있었다. 그 사람들이 위험을 무릅쓰고 사샤의 조부모에게 관용을 베푼 덕에 지금의 사샤가 있다. 할아버지가 겪은 이야기를 들으며 자란 사샤는 조부모를 도와준 사람들에게 빚을 갚아야 한다고 했다.

영리 섹터에서 비영리 섹터로 넘어온 게 갑작스러운 변화라고 느끼지는 않았나요?

글쎄요, 저는 IBM의 사회공헌팀Corporate Citizenship Program에 있었으니 영리 섹터에서 공익을 고민하다 비영리 섹터인 애큐먼으로 옮겼어요. 애큐먼은 상당히 영리 섹터처럼 일하고요. 그래서 제게는 영리 섹터에서 비영리 섹터로의 이직이 갑작스러운 변화로 느껴지지는 않았고, 비영리기관 중에서도 애큐먼을 만난 건 큰 행운이라고 생각해요.

대학 졸업 후 경영 컨설턴트로 일할 때 브라질 국영 통신사 텔레브라Telebrás의 민영화 작업에 참여한 적이 있어요. 열두 살 때 제가 봤던 그 빈부격차의 현장에 다시 간 거죠. 스물네 살이었을 거예요. 시장과 정치 상황에 대한 많은 접근 방식과 이론을 조사하며, 왜 국영 기업이 잘 운영되지 않고 효율성이 떨어지는지 속속들이 파악했어요. 꽤나 냉정함을 요하는 일이었죠.

제가 열두 살에 브라질에 갔을 때는 아무도 전화기가 없었는데, 그때 이유를 알았어요. 부자들은 암시장에서 전화기를 구할 수 있지만, 가난한 사람들은 그 반대였던 거예요. 민영화가 되면 가격이 내려가고, 통신 서비스 품질은 좋아져요. 돈이 있든 없든 전화기를 소유할 수 있고 통신 서비스를 이용할 수 있죠. 물론 세상에는 정부가 해결해야 하는 문제가 많지만, 민영화 이전에 브라질의 상황을 아는 저로서는 역시나 시장과 민영기업이 그 역할을 해주어야 한다는 생각을 하게 됐습니다. 그래서인지 영리와 비영리를 오가면서도 큰 변화라는 생각을 못 했어요.

그 후, 경영 컨설턴트 커리어를 일단락하고 하버드 경영대학원에 가서 경영학 석사와 하버드 케네디스쿨의 국제개발행정학 석사 과정을 밟았어요. 인턴은 두 군데에서 했는데, 인도네시아의 소액 대출 조직 BRI Bank Rakyat Indonesia와 보스턴에 있는 테크 스타트업 나빅네트웍스Navic Networks였어요. 원래 계획은 졸업 후 20~30년간 테크 쪽에서 일한 뒤, 세상을 위해 좋은 일을 하는 거였는데 제가 졸업하던 2002년에 테크 시장이 좋지 않았어요. 그런데 그즈음 IBM 면접이 잡힌 거예요. 마침 사회공헌팀이었고요. 전 쾌재를 불렀죠. 대학원 때 그라민 폰Grameenphone(2006년 노벨평화상을 수상한 무함마드 유누스Muhammad Yunus와 이키발 카디르Iqbal Quadir가 공동으로 창립한 방글라데시의 사회적 기업 통신사) 창업자 이키발 카디르의 수업을 듣고 기술로 사회 변화를 만드는 사업 모델에 감명을 받았거든요. IBM의 기술과 자본으로 비슷한 실험을 해볼 수 있다는 것이 무척 매력적이었죠. 저는 규모가 큰 사업에 낙관적이었어요. 긍정적인 힘을 가질 수 있다고 믿었거든요. IBM에서 일하다 GE의 비슷한 자리로 옮겼고요.

큰 회사에서 일할 때는 제가 일하던 사회공헌팀이 경제와 사회를 위한 최선이라고 생각했어요. 하지만 큰 회사에서 몇 년을 일하다 보니 그게 제 길이 아니더라고요. 큰 회사가 시간을 많이 들이면 세상은 변하겠죠. 하지만 수십 년이 걸릴 거예요. 저는 그때 회사에서 왜 사회문제를 풀기 위한 노력을 일에 적용해야 하는지 설명하는 데 에너지의 대부분을 썼어요. 그러다 보니 이 에너지를 사회문제를 푸는 데 쓰고 싶다는 생각이 들었어요. 또다시 결정을 해야 했죠. 회사 내에서 보다 영향력 있는 자리로 옮기거나, 정말 사회 변화를 위한 일을 하는 곳으로 가거나요. 큰 회사 사회공헌팀은 여러 면에서 어중간하더라고요. 커리어도 만족스럽지 않고, 그렇다고 제가 원하는 방향으로 사회 변화를 만들 수도 없었어요. 그러던 어느 날 우연히 애큐먼에 다니는 사람을 만났어요. 당시에는 이직을 해야겠다는 생각이 없었지만, 저는 3개월 후 애큐먼에서 일을 시작했어요. 정말 운이 좋았습니다.

개발도상국과 관련한 국제개발원조나 구호단체 근무 혹은 기부를 하면 마주칠 수밖에 없는 불편한 현실이 있다. 바로 '빈곤 포르노'다. 기부자들의 참여를 극대화하기 위해 개발도상국의 상황을 필요 이상으로 비참하게 묘사하는 몇몇 단체의 광고를 비판하는 개념인데, 최근이에 대한 반성의 목소리가 커지고 있다. 개발도상국 사람들을 수동적 존재로 낙인찍는 이 관행은 해당 국가의 자립에 장기적으로 해가 되기 때문이다. 애큐먼, 그라민 은행Grameen Bank(가난한 이들을 위한 소액 대출 은행) 등 새로 등장한 단체들이 무상 원조가 아닌 인내 자본 투자를 이야기하는 이유는, 해당 지역의 기업가 정신을 일깨우고 그들스스로 빈곤의 굴레에서 벗어날 수 있도록 도와줘야 하기 때문이다.

심심찮게 등장하는 빈곤 포르노는 해당 국가 이미지에 부정적인 영향을 미치기도 하고, 그들의 고유한 문화를 존중하지 않는 것이라 이 방법이 지속 가능하지 않다고 생각한다. 그래서 사샤가 2011년 시작한 관용 실험Generosity Experiment 운동을 통한 '관용의 날Generosity Day'이 대단하다고 느껴졌다. 관용의 날은, 밸런타인데이를 사랑을 실천하는 관용의 날로 정하고 관용이 필요한 모든 곳에 '예스'라고 대답하는 날이다. 또한 그런 자신의 행동을 SNS에 올리며 다른 이들의 참여를 독려한다. 이 캠페인은 전 세계로 퍼지며 100만 명 이상이 참여하는 성공을 거뒀다. 기부 혹은 소수자에 대한 공감이라는 다소 진지하고 심각한 문제를 쉽고 유쾌한 방법으로 접근해 사회 변화와 혁신을 이야기할 수 있다는 것, 그것이 바로 보다 많은 사람이 체인지메이커가 되는 길이 아닐까.

말보다 행동이 더 중요하다

애큐먼 웹사이트에서 사진을 봤는데, 동아프리카, 인도, 파키스탄 같은 나라 친구들이 굉장히 밝고 희망차더라고요. 열정을 가진 게 느껴져서 아름다워 보이기도 했고요. 또 관용의 날을 통해 빈곤을 전시하지 않고도 도움이 필요한 이들에게 도움을 줄 수 있다는 것도 보여주셨잖아요. 하지만 여전히 몇몇 단체나 기구는 도움이 필요한 이들을 힘들고 비참한 존재로만 만들어요. 그게 많이들 지적하는 빈곤 포르노고요. 이 문제에 대해 어떻게 생각하세요?

빈곤 포르노라… 중요한 질문이지만, 사실 굉장히 어려운 문제예요. 같은 질문을 마케터나 행동경제학자에게 하면 빈곤을 드러낸 비참한 묘사가 더 효과적이라고 조언할지도 모르겠네요. 하지만 저는 아무리 생각해도 그게 옳은 것 같지는 않아요. 제가 어릴 때 TV에서 보던 아프리카의 모습도 빈곤 포르노와 별반 다르지 않았거든요. 그게 아프리카에 대한 이미지를 만들었어요. 솔직히 전 인간성을 정확하게 인지하는 게 중요하다고 봐요. 애큐먼은 그 인간성을 공유하려고 해요. 저희가 보는 것은 기쁨이고 화려한 빛깔이며 아름다움이자 그들이 애쓰는 모습struggle이에요. 그 어떤 것도 아주 완벽하거나 쉽지만은 않죠.

관용의 날은 굉장히 개인적이고 이기적인 이유로 시작했어요. 저는 굉장히 분석적인 사람이거든요. 제게 관용 혹은 친절이라는 개념은 객관적이거나 최적화된 개념이 아니었어요. 그런데 세상 문제들이 이성만 갖고는 풀리지 않는다는 걸 깨달았어요. 그래서 전 친절이나 관용을 연습해보기로 한 거예요. 저한테는 친절해지고 관용을 베푼다는 게 정말 말도 안 되는 거여서 인지 행동 치료 수준으로 어렵더라고요. 그래도 반복해서 연습했어요. 그랬더니 어느 순간 친절과 관용이 굉장히 매력적으로 다가오더라고요.

만일 어떤 사람이 제게 도움을 구한다면, 최소한 그 사람을 쳐다는 봐야죠. 쳐다보지도 않는 것이 바로 아까 이야기한 원조의 문제예요. 그저 일로, 그저 분석 대상으로만 바라보는 건 그 안에 인간성이 결여돼 있는 거잖아요. 인간성을 잃는다면 전부를 잃는 거라고 생각했어요. 그것이 바로 제가 변해야 할 지점이었고, 저는 제 변화를 위해 관용의 날 운동을 시작한 거예요. 제 아내는 관용이 아주 자연스러운 사람이고, 전 그 자연스러움을 동경하고 또 부러워해요. 제가 부족한 부분이거든요. 그러니 관용의 날은 저의 부족한 면을

사샤 딧터

개발하기 위한 것이었죠.

지난 11년간 애큐먼에 있으면서 일어난 가장 놀라운 일은, 제가 사회 변화를 만드는 조직에서 꿈꾸던 모습의 리더로 성장하고 진화하며 저 자신에게 투자하는 것이 중요하다는 걸 인지했다는 점이에요. 세상에는 태어날 때부터 다른 사람들이 있어요. 안타깝게도 저는 그런 사람이 아니에요. 하지만 저는 사회 변화를 만드는 에이전트로 계속 성장하고 싶어요. 그래서 매일 표현하고 나아가고, 또 변하려고 저 자신을 더 밀어붙이는 겁니다.

사샤가 업계에서 인정받는 오피니언 리더가 될 수 있었던 건, 지금도 여전히 나아가야 할 방향을 고민하고 본인을 밀어붙이며 빠르게 성장하고 있기 때문이다. 사람과 함께 일하는 소셜 섹터에서, 조직의 성장과 발전 여부는 성장하려고 노력하는 개인에게 달려 있다 해도 과언이 아니다. 루트임팩트의 대다수 프로그램이 생태계 안에 있는 '사람들'에 집중하고 있는 것도 이 때문이다. 얼마나 많은, 얼마나 역량 있는 체인지메이커들이 함께하느냐가 생태계의 성장을 좌우한다.

사회 변화를 위한 역량

애큐먼도 루트임팩트처럼 중간 지원기관이죠. 해당 조직은 비영리지만, 영리 조직을 지원하고 있으니, 프로그램과 인력 비용 구조 등에 대한 생각이 궁금해요. 사실 이런 이유 때문에 좋은 사람을 뽑기가 힘들잖아요.

그게 참 이상하죠. 저는 언제나 간접비에 해당하는 사람이에요. 프로그램을 직접 운영하는 사람과 구분되죠. 하지만 비영리는 왜 꼭 이런 식이어야 할까요? 그게 영리 기업과 다른 점이에요. 제 역할은 사람들이 일을 더욱 잘하게끔 전략을 짜고, 투자를 유치하고 사람들과 이야기해서 중요한 파트너십을 맺는 거예요. 영리 기업에서는 이것을 영업이라고 하죠. 제 역할은 전략, 경영, 파트너십 그리고 수익 창출이라고 할 수 있어요. 그런데도 정말 이런 게 간접비로 간주되어야 할까요?

전 제가 하는 일이 저희 조직과 저희가 지원하는 사람들에게 꼭 필요하며 부가가치도 창출한다고 믿고 싶어요. 프로그램에만 후원하면, 좋은 운영진을 확보하기 위한 자금은 어디서 찾아요? 그 프로그램을 지속하기 위한 자금은요? 왜 인건비가 간접비인지 모르겠어요. 예산 20억을 가진 조직이 있다고 쳐요. 누군가가 3억을 후원하는데 그중 2억 8천만 원은 프로그램 집행 예산으로 정하고 나머지 비용은 알아서 하라고 해요. 결국 남은 2천만 원으로 조직을 운영하라는 거잖아요. 이런 제약 때문에 조직은 궁지에 몰려서 재정 상황을 조작해요. 미국 내 상당수 비영리단체는 산섭비가 아예 없다고 보고하고 있어요. 거짓말을 할 수밖에 없는 시스템인 거예요.

프로그램을 후원하면서 인력과 운영에 후원을 안 한다는 건 '그래, 그 사람들이 부가가치는 있지. 그런데 아주 약간 있는 것 같으니 좀 지켜보겠어' 하는 셈이에요. 절대 그래서는 안 됩니다. 후원자는 프로그램을 운영하는 사람들의 의사결정과 전략 그리고 리더십을 신뢰해야 해요. 그들에게 동료를 주고, 컴퓨터를 주고, 인터넷이 되게 해야죠. 그래야 그들이 일을 하고 후원한 프로그램도 효과를 내는 거예요.

사실 이 주제로 30분도 얘기할 수 있어요. 펀드레이징 fundraising(후원금 모금을 위한 모금 방식)만 해도 그래요. 펀드레이징이라는 게 영리 기업으로 치면 영업인데, 영리 기업 대표가 열심히 영업한다고 뭐라고 하지는 않잖아요? 오히려 칭찬을 하죠. 그런데 비영리단체 대표가 펀드레이징을 열심히 하면 비판적인 시각으로 봐요. 펀드레이징이 바로 수익이자 이해관계자에게 조직을 설명하는 도구이며, 메시지를 전달하는 경로인데 말이에요.

댄 팰로타 Dan Pallotta(미국의 기업가이자 인권 운동가)가 몇 해 전 아주 적절한 비유를 했어요. 사람들은 비영리단체 리더가 연봉 100만 달러를 받으면 뭔가 비리가 있다고 생각하지만, 아이들이 폭력에 노출이 되는데도 게임 개발사 CEO가 연봉 5천만 달러를 받으면 괜찮다고 한대요. 정말 이상한 편견이죠. 이런 편견이 쌓이니까 사회 변화에 필요한 사람들의 보수가 적고, 그래서 좋은 사람을 고용하기 힘든 구조가 되는 거예요. 정말 희한한 도덕적 판단 같아요.

네, 애큐먼은 초기부터 임팩트 측정을 위해 노력했어요. 그런데 제대로 하는 건 참 어려운 일이에요. 저희와 일하는 회사들은 임팩트 측정을 위해 시간을 쓰고 협력하기에는 지나치게 적은 자원으로 일하고 있고, 또 임팩트를 측정하려면 돈이 많이 들어요. 그래서 저희가 린데이터를 개발한 거예요. 회사들이 너무 많은 시간과 돈을 들이지 않고도 고객, 임팩트 그리고 어떻게 사람들을 돕는지에 대한 데이터를 빠르게 수집할 수 있도록 도우려고요. 전형적인 린데이터 프로젝트는 3~6주만에 원하는 데이터 수집이 가능합니다. 이 기간이 지나면, 회사는 데이터에 근거한 의사결정을 내릴 수 있는 거죠.

임팩트 측정이 중요하다는 것에 대한 이해는 점점 높아지고 있어요. 시간이 지날수록 재무적 성과뿐 아니라 사회적 성과에 대한 가치를 점점 중요시하게 될 거예요. 이 점이 우리 사회에 큰 차이를 갖고 오리라 믿습니다.

타임 스케일 Time Scale의 가치

3~4년 전, 비영리단체로 임팩트 투자를 한나는 깃에 한계를 느끼고 직접 투자를 할 수 있는 임팩트 투자사 HGI를 만들

었어요. 그런데 갑갑한 게, 사회적 약자를 돕는다는 여러 투자처 기업의 사업 모델이 너무 비슷해요. 수익 일부를 기부하거나, 일자리를 창출하거나… 산업도 거의 패션이나 식음료에 집중돼 있어요. 매출 100억 원이 넘는 기업은 5~10개로 손에 꼽을 정도고요. 애큐먼은 기업가를 어떻게 찾나요? 어떻게 빠르게 성장할 수 있도록 지원하나요?

어떤 기업의 역량이 좋은지 덜 좋은지 알아보는 것은 쉬운 게 아니죠. 또 한국 기업가가 케냐 기업가보다 역량이 부족하다고 말하기도 어렵고요. 제 생각에 이번 질문은 '어떻게 해야 사람들이 세상 문제에 걸맞는 사업 역량을 갖출 것인가?'인 듯합니다. 저는 좋은 대답을 갖고 있지 않지만, 경선 님의 직관이 맞을 거라고 믿어요. 한국은 기술적으로 앞선 나라이기도 하니까요. 그런데 성장은 그 어떤 분야든 어려워요. 만일 산업이 치우쳐 있는 것이 문제라고 판단하면, 패션이나 식음료에 투자를 집행하지 않으면 되죠. (웃음)

조금 더 기다려야 해요. 성장 대신 타임 스케일을 생각해보면 어떨까요? 조금 더 시간이 흐르면 좋은 케이스가 나올 겁니다. 만일 저희가 이 이야기를 2009년에 했다면 저도 애큐먼 포트폴리오에 같은 질문을 했을 거예요. 지금은 딜라이트가 5천만 달러 이상의 사업이 됐지만, 당시엔 정말 앞이 안 보였어요. (애큐먼의 초기투자처 중 하나인 딜라이트는 인도에서 시작했지만 지금은 60개국 이상에 진출했다.)

어쩌면 실리콘밸리 이야기를 너무 많이 들었는지도 모르겠어요. 급성장하는 회사는 실제로 많지 않아요. 정말 사람을 위한 제품을 만드는 훌륭한 회사가 되려면 오랜 시간이 걸려요. 일찍이 대규모 유기농 회사로 시작한 미국의 오가닉 요거트 회사 스토니필드Stonyfield는 처음 17년 동안 거의 항상 부도 위기였어요. 지금은 이익을 내면서 규모도 커졌죠. 스타벅스도 마찬가지입니다. 타임 스케일, 다시 말해서 조금 기다려보면 어떨까요? 애큐먼의 가장 성공적인 사례도 10년이 지나서야 나왔으니까요. 오히려 올바른 참고자료가 무엇인지, 기다리는 시간에 대한 가치가 무엇인지 이야기해보면 좋을 것 같아요.

최근에 애큐먼 아메리카를 만드셨는데, 인도나 동아프리카 지역이 아닌 선진국인 미국에 거는 기대는 어떤 걸까요?

애큐먼 아메리카는 애큐먼과 동일한 미션을 가지되 좀 다른 문제에 집중하려고 해요. 미국은 동아프리카처럼 전력 문제를 해결하기 위해 고민하지 않잖아요. 전력은 문제가 아니니까요. 대신 건강보험 개선이나 일자리 창출, 포용적 금융 등을 생각합니다. 미국 내 빈곤 문제의 원인부터 찾자는 거죠. 건강보험은 다른 나라와 많이 다르지 않은 문제지만, 포용적 금융이나 일자리 창출 문제는 조금 달라요. 이렇게 지구 반대편 나라들과 비교하면서 각 지역의 상황에 부합하도록 노력하고 있어요.

융복합은 이제 다소 식상한 단어가 되었지만, 이 단어에 내재된 시대상은 여전히 중요하다. 산업혁명 이후 분야가 확실하게 나뉘던 분업의 시대는 기술이 발전하고 세계화가 진행되며 끝난 지 오래다. 앞으로는 여러 분야를 끊임없이 넘나들며 정보를 취합하고 분석해 다각도로 고찰할 수 있는 사람이 시대를 이끌어갈 것이다.

사샤는 미래 인재상에 정확히 부합한다. 그는 영리 섹터, 공기업, 비영리단체, 인플루언서 등 다양한 분야에서 한 경험을 바탕으로, 체인지메이커들이 사회문제를 해결하기 위해 나아가야 할 바에 대한 새로운 통찰을 제시한다. 그리고 그는 이것을 사람들에게 매력적으로 전달하는 것에서 그치지 않고 적극적으로 행동에 옮긴다. 어떻게 해야 소셜 섹터에서 사샤 같은 리더가 더 많이 나올 수 있을까? 루트임팩트처럼 체인지메이커 양성에 고민하는 조직들은 이 질문의 답을 찾기 위해 끊임없이 노력해야 할 것이다.

체인지메이커를
위한
광장을 짓다

소셜 섹터 직원 **김민수**

경제학과 재학 중 고분자 플라스틱 제조 회사 웹스waps에서 2년간 근무했다. 대학 졸업 직전인 2010년, 사회적 기업 동아리를 만든 도현명 대표, 조영진 이사와 함께 임팩트스퀘어를 창업했다. 2011년부터 본격적으로 임팩트 비즈니스 컨설팅을 제공하고, 2014년 임팩트 평가 전문 서비스를 시작하여 현재까지 국내에서 가장 많은 케이스(약 120개)를 다루고 있다. 2015년부터 소셜벤처 액셀러레이션acceleration에 집중하며 국내외 다양한 임팩트 투자자, 소셜벤처와 협력하고 있다.

루트임팩트와 HGI의 시작에 가장 많은 도움을 준 사람을 꼽으라면, 망설임 없이 임팩트스퀘어의 도현명 대표와 김민수 이사를 꼽을 것이다. 소셜벤처 액셀러레이션, 임팩트 비즈니스 자문 및 연구, 임팩트 비즈니스 인프라 연구 등을 수행하는 임팩트스퀘어와의 인연은 2011년으로 거슬러 올라간다. 당시 아산나눔재단에서 일을 하던 나는 청년 창업 지원 프로젝트를 준비하고 있었고, 학교 동아리 후배의 소개로 도현명 대표와 김민수 이사를 만나게 됐다.

이 둘은 사단법인 루트임팩트의 설립과 주요 사업을 정하는 데 큰 역할을 했다. 무엇보다 현재 루트임팩트의 허재형 대표를 창업 멤버로 소개해주었고, 사단법인을 설립하는 데 필요한 각종 행정 업무를 도와주었다. 그리고 2012년 말 허브 서울HUB Seoul(코워킹 공간 브랜드로 전 세계에서 활동하는 사회혁신가들의 업무 및 네트워킹 공간을 제공하는 브랜드 임팩트 허브의 서울 법인)을 루트임팩트와 임팩트스퀘어가 함께 론칭하면서 '공간 기반의 체인지메이커 커뮤니티'라는 현재 사업 방향에 큰 영향을 줬다.

또한 김민수 이사는 2014년 임팩트 투자를 위해 HGI를 설립할 때도 큰 도움을 줬다. 나와 도현명 대표, 그리고 김민수 이사는 사회혁신 생태계에서 일하는 동년배였고, 하고자 하는 바도 비슷했기에 빠르게 친해졌다. 국내뿐 아니라 전 세계를 망라하는 도현명 대표의 임팩트 생태계 지식에 놀랐고, 감탄할 수밖에 없는 김민수 이사의 털털함과 추진력은 실리콘밸리에서 이야기하는 창업 정신인 허슬hustle이 아닐까 싶었다.

루트임팩트와 HGI와의 인연뿐 아니라 이 두 사람이 한국 임팩트 생태계에 남긴 족적은 크다. 이들은 한국 사회적 기업 생태계에서 중추적인 역할을 수행하는 SK의 충실한 조언자이며, 국내 CSV Creating Shared Value(공유 가치 창출)를 선도하는 CJ의 신뢰를 받고 있다. 그리고 사회적 기업 창업에 열의가 있는 청년들과 초기 단계 기업가들을 위한 조언을 아끼지 않는 생태계의 농부 역할도 하고 있다.

임팩트 생태계가 성장하며 정부 지원 사업의 규모나 대기업 및 재단의 사회공헌 예산이 커지고, 비영리단체와 사회적 기업은 보다 세부적인 문제를 해결하려 하고 있다. 이럴수록 임팩트스퀘어 같은 전문기관, 혹은 중간기관의 역할은 더욱 중요해진다. 업계의 현실을 반영한 효과적인 지원 사업을 수립해야 하는 지원기관들, 지원받은 자원을 효율적으로 사용해 문제를 해결하려는 난제들 모두 선문싱을 짚춘 제3자의 모니터링과 조언이 필요하기 때문이다. 상대적으로 젊은

김민수

사람들이 이끄는 임팩트스퀘어가 이런 역할을 할 수 있는 것은 역시 도현명 대표, 김민수 이사를 비롯한 사람들이 사회혁신에 대한 열정을 바탕으로 끊임없이 공부하고 노력하기 때문이다. 또한 임팩트스퀘어는 활발하게 국제 행사에 참여하며 다양한 글로벌 오피니언 리더들과 교류하고 있다.

김민수 이사는 나와 동갑이라 친구로 지낸다. 이제는 가끔 속이 답답하거나 미래가 보이지 않을 때 찾아가, 아무 맥락도 없이 섹터가 돌아가는 현황과 새로운 사업 아이디어에 대해 수다를 떠는 사이가 됐다. 우리 둘 다 좋은 의미로는 의욕적이고 나쁜 의미로는 산만한 사람이라, 가끔 이런 식으로 의욕을 발산하는 것이 소소한 즐거움이다. 그렇기에 특히나 이번 인터뷰는 우리가 항상 하던 대화를 옮긴 것에 가깝다. 하지만 본질을 건드리는 그의 허슬은 여전했다.

창업자이자 종사자, 9년간의 반성과 깨달음

이미 너무 친하기도 하고, 그만큼 잘 알고 있기 때문에 이런 자리를 빌려 묻고 싶은 점도 많아요. 민수 님은 소셜벤처 종사자를 넘어 이 섹터에서 다양한 역할을 하고 있잖아요. 본인이 생각할 때, 소셜 섹터 내에서 본인과 임팩트스퀘어를 어떤 캐릭터로 규정하는지 궁금하네요. 창업을 해서 소셜벤처 종사자로 지금까지 걸어온 시간을 듣고 싶기도 하고요.

처음 시작할 때는 막내였어요. 일반 회사에 다니다 소셜 섹터로 전환한 거라 초반에는 많이 배웠고요. 물론 창업 멤버는 맞지만, 전문성보다는 이 분야에 발을 들이겠다는 각오만 있었어요. 다른 창업 멤버들은 저보다 훨씬 먼저 준비했으니까요. 그래서 일단 체력을 믿고 몸으로 때우는 업무부터 시작했어요. 이런 포지션이 굳어지다 보니 일은 가장 힘들게 했어요. 말 그대로 온갖 일을 다 했죠.
　'임팩트'와 '비즈니스'가 합쳐지면 소위 '멋있다', '위대한 비즈니스가 된다'라는 말도 안 되는 믿음으로 시작했어요. 비즈니스는 두 갈래였죠. 하나는 임팩트 비즈니스가 더욱 확산할 수 있도록 돕는 거였고, 다른 하나는 성장한 기업이나 NGO가 더 많은 임팩트를 낼 수 있도록 설계하고 자문하는 역할을 하는 거였어요. 그런 일을 하는 회사를 새로 만들고 싶었는데 처음부터 할 수는 없잖아요. 그래서 저희 스스로

김민수

공부한 뒤 해결할 수 있는 것부터 했어요. 당장 컨설팅부터 하긴 어려우니까 '임팩트 평가'부터 공부했어요. 그러다 우연히 국내 공기업에 임팩트 평가 컨설팅을 할 수 있었고요. 이걸 계기로 공부하는 조직으로 입지를 굳혀갔어요.

이후 사업을 확장하는 중에 지속적으로 대기업 CSR Corporate Social Responsibility (기업의 사회적 책임) 컨설팅 등을 맡아서 진행하다 CSV 개념을 알고 공부하게 됐어요. 그 일환으로 국내 동아비즈니스포럼 기획을 맡게 되었고, 성수동으로 넘어왔고요. 기존에 하던 컨설팅, 임팩트 평가 등의 사업을 좀 더 정교하게 정리하고, 임팩트 평가는 평가대로 하면서 새롭게 '소셜벤처 액셀러레이션'을 시작하게 되었습니다. 지금은 이전에 허브 운영을 하다 실패했던 것을 교훈 삼아, 성수동에 작은 커뮤니티 구성을 준비하고 있는 상태예요.

개인적으로 임팩트스퀘어가 값지다고 생각하는 건, 사회혁신이나 체인지메이커와 관련해서 새로운 콘셉트와 아이디어를 가장 발 빠르게 찾고 해석해서 공론화했다는 점이에요. 임팩트스퀘어의 일원으로서 그간 회사가 이야기했던 것을 사람들이 자연스레 공론화해서 대화하는 모습을 보면 어떤 생각이 들어요?

시작할 때는 젊고 어리다는 게 오히려 업계에서는 약점이었기 때문에, 저희가 잘할 수 있는 건 잘나가는 외국 개념을 공부해서 먼저 알리는 거라고 생각했어요. 대표적으로 임팩트 비즈니스, CSV 같은 게 있죠. 컨설팅을 잘하는 것도 아니고, 소위 뒷배가 있는 것도 아니었거든요. 물론 진짜 열심히 공부했기 때문에 여러 개념을 한국에 알리는 데 꽤 큰 역할을 했다는 건 동의해요. 하지만 내부적으로 반성도 많이 했어요. 너무 개념을 가지고 오는 것에만 치중하지 않았나 싶었어요. 해외에서 이른바 섹시하다고 소문난 트렌드만 가져와서 개념과 이론만 툭 던져놓고 실질적으로 사회 변화를 위한 행동은 소홀했다는 거죠.

2015년에 임팩트스퀘어 내부에서 겪은 갈등 역시, 내부 반성에서 촉발된 거였어요. 저희가 CSV와 임팩트 투자 개념을 이야기해서 세상이 바뀌었냐는 반성이요. 그래서 액셀러레이션을 시작한 거예요. 말만 하지 말고, 개념만 떠들지 말고, 실제로 구현해보자는 자성에서 시작된 거죠.

개념이 호도되는 것을 보고 반성하기도 해요. 특히 '임팩트'나 '사회문제'에 대한 개념 등은 호도되는 경우가 너무 많아요. 이런 걸 보면, 애초에 저희가 설명을 명확하게 했다면 달라지지 않았을까 싶은 거예요. 일례로 CSV가 CSR보다 더 좋은 개념으로 이야기되는 경우가 많은데, 사실 저희는 그렇게 이야기한 적이 없거든요. 가끔은 저희가 잘못한 건지, 아니면 세상이 핵심을 이야기하는 데에는 무관심한 건지 의문이 들기도 하지만요. 그래도 포기하지 않고 그 개념들을 잘 정리해나가고 싶어요.

김민수

단기 고성장을 경계하고, 느슨한 커뮤니티를 지속하는 것

민수 님은 반성하는 부분이라고 했지만, 그럼에도 불구하고 젊은 체인지메이커들이 할 수 있는 중요한 역할은 시대의 흐름을 읽고 이를 매력적으로 전달하는 것이라고 생각해요. 임팩트스퀘어가 그런 일을 적극적으로 해왔기 때문에 고마운 마음도 크고요. 동시에 임팩트스퀘어가 오피니언 리더의 역할을 지속적으로 해오면서 많은 층위의 사람들을 만나왔기에 어려움도 겪었을 거라고 생각해요. 특히 본인의 사회적 지위를 앞세워 젊은 지식인들을 데려다가 위상을 도둑질하려는 사람들도 많이 보셨잖아요. 경험으로 느낀 수많은 '오염'에 대한 단상이 궁금하네요.

분명 맞는 말이에요. 창업 초기에는 자기 이야기를 들어주는 사람이 별로 없기 때문에 '참신한 이야기 하는 사람'이라고 알려지기만 하면 신나서 불려 다니거든요. 그런데 그런 제안은 저희가 생각하는 것 이상으로 정치 역학 속에서 일어나는 거라 그들의 기대가 충족되지 않으면 뒤통수 맞는 경험을 하게 돼요. 사례는 많아요. 예전에 한 지역구 국회의원이 임팩트스퀘어가 설계한 프로그램을 다 가져가버린 적이 있어요. 평창 동계올림픽에서 사회적경제에 대한 관심이 확산되면 대박이라는 말에 무보수로 진행했거든요. 결국 나중에 일이 엎어지고 무산되긴 했지만요.

좋은 일을 한다는 사람들이 모여 있는 이 섹터에서도 권력형 비리가 많이 벌어진다고 알고 있어요. 제가 알기로는 민수 님도 그런 위험에 빠질 가능성이 있는 플레이어들을 뜯어말 리기도 하고 직언도 했던 걸로 알아요.

젊고 참신하다는 것을 강점으로 성장한 뒤 큰 판에서 놀게 된 많은 사람이 빠지는 함정이 분명히 있죠. 그 함정에 빠지 는 걸 옆에서 막지 못할 때 아쉬움이 커요. 제가 경험이 많다 고 이야기하는 것은 절대 아니지만, 저보다 어린 사람들은 파격적인 제안이 좋게만 보이거든요.

이 분야가 세계적인 추세로 자리 잡아서 자본이 모이기 시 작할수록, 진정성보다는 돈과 권위만 보고 진입하는 플레이 어가 생기기 마련이에요. 문제는 그때부터 이 바다가 혼탁해 진다는 거예요. 그러면 중심을 잘 잡던 사람들조차도 흔들리 게 하는 파도가 생기고요. 바로 그때, 주위에 믿을 만한 사람 들이 뜯어말리고, 질책해야 해요. 그래서 커뮤니티가 중요하 다고 보는 거고요.

여러 사건을 보며 얻은 교훈을 통해서 임팩트스퀘어는 '장 기 저성장'을 기조로 확정하고야 말았어요. (웃음) 반은 농담 이지만, 단기 고성장을 경계하는 이유가 있어요. 자원이 갑 자기 들이닥치면 필연적으로 문제가 생기거든요. 그 사람의 성숙도와 깊이의 차이에 따라 정도는 다르겠지만 나이, 경 험, 철학을 떠나 사람은 충분히 흔들릴 수 있어요. 저는 가끔

김민수

회사 대표한테 말해요. 회사가 돈 많이 벌면 내가 어떻게 변할지 모르고, 혹 이상하게 변할 것 같다면 진짜 세게 뒤통수 때려도 된다고요. '안 그러겠지, 안 그러겠지' 하다가 혹 넘어가는 경우가 수두룩해요. 자신만의 속도를 가지는 게 중요한 이유죠.

믿을 만한 사람들끼리 조언하고, 필요하면 위험에 빠지지 않게 뜯어말려줘야 한다고 했어요. 그래서 커뮤니티가 중요하다고도 했고요. 좀 더 구체적으로 들어볼 수 있을까요?

누구는 성수동 소셜벤처 클러스터cluster가 '그들만의 리그'라고 생각하더라고요. 하지만 '그들만의'라는 말이 부정적으로 느껴지는 건, 사적 이익을 폐쇄적으로 공유해서라고 생각해요. 성수동은 결코 그런 경우가 아니거든요. 사적 이익 공유와는 거리가 멀고, 오히려 정신적으로 느슨하게 연대해서 공유하는 형태죠. 서로 물어보고, 디스하고, 칭찬해주는 행위들의 연속이요. 그게 가장 중요하다고 봐요. 원칙이라는 건 세우기 힘든 것이고, 또 함부로 만들어서도 안 되는 거니까요. 굳이 우리가 공유해야 할 기준이 있다면 '사회 변화에 영향을 줄 수 있는지에 대한 여부'라고 생각해요.

더 나은 세상을 만들기 위한 조건들에 대하여

더 나은 세상을 위한 진정성을 확산시키려면 잠재력 있는 인재가 많이 유입되어야 한다고 생각해요. 그런 사람들을 좀 더 효과적으로 발굴하고 양성하는 것이 굉장히 중요하다고 보고요. 모두가 그렇다는 것은 아니지만, 초창기 사회적 기업 혹은 사회적경제 종사자들 중에서는 '우리의 신념과 진정성은 증명되었으니, 우리가 하는 건 모두 임팩트라고 믿어도 된다'는 식의 태도를 가진 분들도 많았거든요. 이제 이 시장도 커질 거고, 그렇다면 점차 더 많은 자본이 유입될 테니 그 쓰임이 충분한 이유와 동기를 가질 수 있도록 하는 게 필요하다고 보는데, 민수 님은 어떻게 생각하세요?

자신이 해결하려는 사회문제에 대한 구체화나 범주화가 충분하지 않은 플레이어들은 거를 필요가 있다고 봐요. '여러 명이 좋다고 하면 좋은 일이다'라는 식의 태도를 가진 사람이 꽤 많거든요. 그저 지원을 받으려고 영리 섹터에서 쓰던 언어와 개념만 가져와서 임팩트 워싱을 거듭하는 건 옳지 않은 태도라고 봐요.

　외부 플레이어들과 일을 할 때, 사회문제의 원인에 대해 확실히 고민하고 있는지를 가장 중요하게 봐요. 현상과 원인을 구분했을 때, 그 사람이 어떤 관점에서 현상과 원인을 분석하는지가 중요해요. 많은 사람이 현상만 부르짖어요. 포장

김민수

을 예쁘게 해서 공감해달라고 외치지만, 실상 대화를 나눠보면 현상의 원인에 대한 관점과 의견은 거의 없는 경우가 많죠. 과장하자면, 에이즈라는 현상의 원인을 단지 하늘이 노해서라고 생각할 수 있다는 거죠. 반대로 문제에 대한 해석은 거창하지 않아도 그 원인에 대한 관점이 명확한 사람들은 신뢰해도 될 확률이 높고요.

그런 면들은 한두 번 본다고 알 수 있는 게 아니니, 그 사람과 같이 일해본 사람들의 이야기를 들어보는 게 중요해요. 혼자 판단했을 때는 참 좋은 사람 같았는데, 뒤늦게 인성이나 도덕성 문제가 터지는 경우도 많거든요. 특히 투자자라면 이런 고려가 더욱 중요하겠죠.

믿을 만한 사람들에게 면밀히 묻고 확인한다 해도, 신뢰와 자정 능력은 어떤 상황에서는 반비례하는 것이라고 봐요. 본인들의 자정 능력으로 신뢰를 얻으면 참 좋겠지만, 먼저 신뢰를 하면 어느 순간 파벌이 생기고 특혜가 생겨서 자정하기 힘들어지는 경우도 많잖아요.

어느 분야나 마찬가지겠지만… 가장 깨끗해야 할 영역에서 기성 영역과 비슷한 부정부패가 일어나는 건 불편하고 아쉽죠. 그래서 중요한 게 임팩트 평가라고 봐요. 소셜 섹터에도 일정한 기준이 필요하다는 거예요. 임팩트스퀘어도 지속적으로 높은 강도의 임팩트 평가를 준비하고 있고요. 조금 극단적으로 들릴 수 있지만, 신뢰할 만한 임팩트 평가 기준으로 평가했을 때 임팩트를 못 내는 곳들은 모두 걸러내야 한다고 봐요.

사회혁신과 임팩트가 중요하다는 이유로 공적 자금이 많이 유입되고 있는데, 꽤 많은 조직과 개인이 실질적인 가치도 못 내면서 돈만 받아가요. 엄밀히 말하면 그건 벤처도 아니에요. 민간에 있지만 정부 지원 사업처럼 되는 거거든요. 임팩트를 내지 못하는 플레이어들을 명확히 평가해서 가치를 창출할 수 있게 하거나, 그럴 의지도 없는 곳이라면 과감히 걸러야죠. 업계에도 서로를 받아들이고 의사소통하기 위한 기준이 필요해요.

그렇다면 정말 잘하고 있거나 정말 사라져야 한다고 생각하는 조직이 있는지 궁금하네요. 다소 부담스러운 질문일 수도 있지만, 그런 조직들에 비추어서 체인지메이커들이 나아가야 할 방향에 대해 이야기해주세요.

정부 지원금을 받기 위한 목적으로 교육이나 사업을 하는 조직은 사라져야죠. 정부에서 해외 마케팅 지원금을 준다고 공지했더니, 어떤 벤처에서 그 지원금을 받을 목적으로 해외 사업을 만드는 걸 봤거든요. 자신들 사업에 대한 철학은 전혀 없이 그저 자본만 가져오려고 상황에 맞춰서 사업을 만드는 거예요. 얼마나 무능한 짓이에요? 열심히 고민하면서 사

김민수

업하는 업계 사람들 먹칠하는 것은 말할 것도 없고요.

사회적기업진흥원 사업이나 사회적경제 관련 사업 리스트를 보면, '이 회사에서 이런 일도 한다고?' 하는 생각이 드는 곳이 허다해요. 물론 이해는 하죠. 다 먹고살자고 하는 일이니까요. 그렇다고 해도 이런 플레이어가 너무 많아요.

이건 바닥이 좁아서 그런 것 같아요. 아직 웅덩이 수준이잖아요. 그저 좋아 보이는 사회적 가치니까, 존재만으로도 의미 있다고 믿으니까 사업을 붙들고 있는 플레이어가 많거든요. 문제는 이를 밀어낼 실력 있는 플레이어의 등장이 참 느리고 플레이어의 수도 적다는 거예요. 그렇다면 해결책은 '실력 있는 존재들을 밀어넣는 것'이 될 텐데, 정말 실력 있는 사람들을 판별하기 위해서는 다시 '임팩트'가 필요해지죠. 그래서 또다시 중요한 건, 평가 기준이라고 봐요.

하나 더 아쉬운 것은, 사회적경제에 대한 정부 지원 기준이 단편적이었다는 거예요. 지원받는 기업 중에는 분명 사회적 기업이 아니라 '사회적 기업형' 기업이기만 한 곳이 많았고, 그게 수년간 지속되다 보니 이제는 정책, 자원, 행정 등에 걸쳐 이 지원을 놓지 못하는 곳이 너무 많아요. 물론 기준에 맞춰서 지원받는 곳들이 무조건 나쁘다는 건 아니에요. 정책 자체가 잘못되었으니까요.

잘하는 조직 얘기를 하면, 제가 참 좋아하는 에누마와 사단법인 점프를 말하고 싶어요. 그 분위기나 사람들, 대표님들의 태도 모두 좋은 롤 모델이 된다고 봐요. 특히 '바이링구얼Bilingual'을 참 잘하는 곳들이에요. 제가 말하는 바이링구얼은 영리 언어와 비영리 언어를 모두 능통하게 사용한다는 뜻이에요. 컨설팅 분야나 영리 섹터를 오래 경험하고 오는 분들이 쉽게 오해하는 게, 비영리 언어가 상대적으로 쉽다고 생각하는 거예요. 반대로 비영리 쪽부터 커리어를 쌓은 분들은 영리 언어가 본인과 상관없는 분야라고 받아들이고요. 하지만 통합적 사고를 하는 건 무엇보다도 중요하고, 능력 있는 바이링구얼이 되어서 실력으로 승부해야 돼요.

점프는 비영리 사단법인인데, 영리 섹터 사람들을 설득하기 좋은 구조예요. 동시에 이의헌 대표님이 임팩트에 대한 문제의식이나 비영리 개념을 모두 완벽하게 이해하고 계시고요. 어떻게 하면 임팩트를 더 낼 수 있는지 철저하게 고민해서 만든 조직 구조거든요. 그건 비단 착한 마음에서 비롯했다기보다 영리와 비영리를 다 할 줄 아는 전문성이 있기에 가능했던 것이라고 봐요. 저는 조직은 그래야만 하고, 그런 조직은 성장할 수밖에 없다고 생각해요.

소셜 섹터에서 일하는 모든 사람이 가장 유념해야 하는 것 중 하나는 우리가 다루는 일이 '사람', 그중에서도 경제적·사회적으로 취약한 사람이라는 것이다. 그렇기에 아무리 본인은 좋은 뜻으로 최선을 다해 일하더라도, 하고 있는 일이 도우려는 사람들에게 유의미한가에 대해 끊임없는 분석과 고찰을 해야 한다.

김민수

그런 의미에서 임팩트스퀘어와 김민수 이사 같은 이들의 역할은 필수적이다. 공익에 대한 진정성을 갖고 전체 상황을 이해하는 동시에 합리적인 시각으로 비판할 수 있는 사람들이 있어야 섹터의 건강한 성장이 가능하다. 체인지메이커라는 말 그대로 과연 우리가 정말 '변화'를 '만들어'내고 있는가에 대한 질문을 던지며 나아갈 바를 제시하는 임팩트스퀘어의 역할을 앞으로 더욱 기대하는 이유다.

오래오래 입어
환경을 지키다

▶ ▶ ▶

비콥 **릭 리지웨이**

Rick Ridgeway

산악인이자 모험가로, K2를 최초로 오른 미국인, 최고의 제품을 만들되 불필요한 환경 피해를 유발하지 않으며, 기업 활동을 통해 환경 위기에 대한 해결 방안을 제시하는 파타고니아 본사의 퍼블릭 인게이지먼트 담당 임원Vice President of Public Engagement이나, 2018년 현재 나이기, 유니클로, 자라 등 240여 개의 패션 브랜드를 동참시킨 SAC Sustainable Apparel Coalition(지속 가능한 의류 연합)를 조직하고 있다.

전문적인 직업 능력을 사용하여 사회에 공헌하다

기업이 사회적 책임을 다해야 한다는 것은 몹시 타당하게 들리지만, 다수의 사람들이 기업은 주주를 위해 이윤을 창출하고 일자리를 만드는 것 이상의 책임은 없다고 말한다. 사회공헌 활동이나 공익 활동은 정부가 할 일이라는 것이다.

하지만 기업이 대가를 지불하지 않고 사용한 교통과 교육 혹은 국가로부터 받는 보조금 같은 각종 혜택, 환경 오염 등 사회적 비용까지 생각하면, 기업의 사회적 책임을 단순히 주주에 대한 배당과 직원의 고용으로만 제한할 수는 없다. 그래서 '주주 자본주의'를 넘어 '이해관계자 자본주의'가 되어야 한다는 주장이 나온 것이다.

미국 비영리단체 비랩B-Lab이 사회적 책임을 다하는 기업에 수여하는 비 코퍼레이션B-Corporation 인증 마크인 비콥B-Corp은 그래서 시작되었다. 현재 주식회사법에서는 주주들의 이익을 침해하는 것을 배임으로 보기 때문에, 회사의 정체성 자체에 사회적 가치 추구를 포함하는 비콥을 만들자는 것이다. 비콥 인증은 지배 구조, 임직원, 고객, 커뮤니티, 환경 등 200점 만점으로 구성된 각 분야별 질문에 답을 해서 80점 이상이 되면 받을 수 있다.

아마 비콥 인증 기업 중 가장 상징적이고 유명한 곳을 꼽으라면 파타고니아일 것이다. '이 옷을 사지 마세요Don't Buy This Jacket'라는 광고 문구로 대히트를 친 아웃도어 의류 브랜드 파타고니아는 환경보호에 대한 강박적인 신념을 기업 활동으로 실현하는 기업이다. 파타고니아의 철학은 산과 자연을 그 무엇보다도 아끼고 사랑하는 창업주 이본 쉬나드Yvon Chouinard가 있어서 가능했다.

릭 리지웨이는 파타고니아의 퍼블릭 인게이지먼트 담당 임원이자 이본 쉬나드의 40년 지기 등산 친구다. 그는 산악인이자 다큐멘터리 감독으로 활동했고, 그 경험을 바탕으로 사업을 성공적으로 이끌기도 했다. 이런 업적 이상으로 인상적이었던 것은 등산과 모험을 하며 경험한 생사의 기로들이었다. 그는 2015년 노스페이스의 창업자 더글러스 톰킨스Douglas Tompkins가 카약 사고로 목숨을 잃었을 때 옆에 있었고, 1980년 〈내셔널 지오그래픽〉의 사진 작가 조너선 라이트Jonathan Wright가 티베트에서 눈사태를 만나 사망할 때도 옆에 있었다.

장대한 자연을 직접 겪은 사람이 보는 사업의 세계, 지구 온난화의 영향을 생생하게 목격한 사람이 느끼는 임팩트 비즈니스의 미션 등 흥미진진한 내용이 많았던 인터뷰였다.

탐험가 VS 기업가

히말라야 K2에 최초로 오른 미국인이고, 다양한 원정에 성공했습니다. 다큐멘터리 감독이기도, 사진가이기도 하며 여섯 권 이상의 책을 쓴 저자이기도 하죠. 2005년 파타고니아에 합류해서 이제는 기업가로 활동하고 있는데요. 개인적인 이야기가 궁금합니다.

열세 살 때, 〈내셔널 지오그래픽〉에서 어떤 미국인이 최초로 에베레스트 원정에 성공했다는 기사를 봤어요. 정상에서 찍은 사진과 원정대를 자세히 봤는데, 뭔지 모를 벅찬 감정이 생기면서 이게 바로 제 꿈이라고 생각했죠. 산악인이 되려고 산 오르는 연습도 많이 했어요. 1960년대는 지금과 환경이 많이 달라서 연습이 쉽지는 않았죠. 일단 북미에서 하다가 1970년대 중반부터는 남미로도 건너갔어요. 제 노력이 알려지면서 꽤 유명해졌고, 그때 미국인 중에서는 두 번째로 에베레스트 원정에 초대를 받았어요. 그 산악인들 중에서 제가 가장 어렸고요. 비록 아파서 정상까지는 못 갔지만 진심을 다해서 팀을 도왔습니다.

1978년에는 히말라야 K2에 오를 첫 번째 미국팀으로 초대받았어요. 놀랍게도 그 팀 대장이 제게 산악인의 꿈을 꾸게 한 그 〈내셔널 지오그래픽〉 기사의 주인공인 짐 휘태커Jim Whittaker였어요. 스물여덟 살에 제 꿈이 이뤄진 겁니다. 대장과 나란히 K2로 원정을 떠나게 됐으니까요. 그 원정에서 저희는 K2 정상을 정복했어요. 이탈리아, 일본에 이어 세계 세번째였고, 미국에서는 최초였죠. 산소통에 의존하지 않고 정상에 오른 최초이기도 했습니다. 에베레스트에 이어 두 번째로 높고, 터프하기로는 세계에서 최고인 K2를 오른 후, 저희팀 이야기가 〈내셔널 지오그래픽〉에 나왔고 그때는 제가 표지에 실렸습니다.

그 후에는 탐험가로 지내며 알려지지 않은 곳들을 탐험했어요. 야생에서 많은 시간을 보내다 보니, 사람들에 의해 잘려나간 숲과 사막화되는 초원 같은 것을 직접 목격했어요. 1970년대에는 빙하로 덮여 있던 곳이었는데 2000년대에 다시 갔더니 빙하가 사라졌더라고요. 야생과 자연이 급변하고 있었어요. 뭔가 해야겠다고 생각해서 야생 및 자연 보호·보존 활동을 시작했고, 2005년에 파타고니아에 합류했어요. 제 개인적인 가치를 회사와 함께 이룰 수 있으니 또 다른 꿈을 이룬 기분입니다.

파타고니아 외에도 다른 선택지가 많았을 텐데, 어떤 이유로 파타고니아에 합류한 건가요?

1970년대부터 같이 등산을 하며 오랜 시간 알고 지냈던 파타고니아 창업자 부부 이본과 멜린다Malinda의 뜻에 대한 어떤 책임 혹은 약속 같은 것이 크게 작용했죠. 이본과 멜린다

릭 리지웨이

는 개인적인 부의 창출보다는 환경과 사회를 위해 회사를 운영해요. 2005년부터 지금까지 가까이서 회사의 성장을 지켜보며 그 약속을 확신하게 됐어요.

이본과 멜린다는 참 단순하게 살아요. 함부로 돈을 쓰지 않고, 회사 전용기 같은 것도 이용하지 않아요. 무엇보다 이본 역시 산악인이잖아요. 이본은 등산을 하며 야생에서 배운 교훈을 사업에 그대로 적용하려고 해요. 파타고니아만의 독특한 기업 전략이 나올 수 있었던 이유인 거죠. 파타고니아는 전략 자체가 여러 면에서 거꾸로 가거든요. 타깃 전략도, 캠페인도 전통적인 시각으로 보면 굉장히 엉뚱해요.

환경운동가이자 산악인, 모험가로 한 경험이 기업 운영에 도움이 됐다는 말이죠? 정확히 어떻게 도움이 되었나요?

산에서의 경험은 사업의 다양한 문제를 푸는 데 도움이 되는 무척 가치 있는 일이었어요. 산에서는 스스로 살아남아야 해요. 그걸 배우는 곳이 산이죠. 그리고 위험을 감당하기보다는 관리하는 법을 배워요. 등산을 할 때, 주변 환경을 잘 모르면서 무턱대고 위험을 부담하는 것은 결코 영리한 판단이 아니에요. 결국 사망까지 이를 수도 있는 위험한 선택이죠. 산에서 생존할 유일한 방법은 위험을 부담하는 것이 아니라, 위험을 줄이는 방향으로 잘 관리해서 결국 목표한 지점에 이르는 것입니다.

끈기도 배우죠. K2를 오를 때 태풍을 여섯 번 만났어요. 태풍이 올 때는 좀 쉬면서, 태풍이 지나가길 기다리는 게 좋아요. 위험을 무릅쓰고 맞서면 안 돼요. 태풍에 맞서는 방법은 끈기예요. 기다리며 인내를 배우고 참을성을 기르는 겁니다. 인내와 참을성을 합쳐야 끈기가 생기죠. 마지막으로 산에서는 정답을 갖고 시작할 필요가 없어요. 정상까지 예측하지 못한 상황이 수없이 펼쳐지거든요. 정답보다는 끝까지 하겠다는 책임이 중요해요. 이 산에 오르겠다는 책임이요. 해보겠다는 책임 없이는 끝까지 원정할 수 없습니다.

자립, 위기관리, *끈기*, 책임 등은 기업가에게도 매우 중요합니다. 전 산에서 얻은 이런 교훈이 사업을 성공적으로 이끌기 위해 꼭 필요하다고 생각해요.

고객의 피라미드가 거꾸로 뒤집어지고 있다?

파타고니아는 이제 큰 기업으로 성장했지만, 사회적 기업 혹은 소셜벤처가 미션을 지키면서 사업을 크게 성장시키는 건 어려워 보여요. 파타고니아는 어떻게 그 두 가지 목적을 동시에 달성할 수 있었던 거죠?

앞서 말했듯, 파타고니아만의 독특한 기업 전략은 선동직 의미와는 좀 반대예요. 타깃 고객 전략도, 캠페인도 거꾸로처

릭 리지웨이

럼 보일 때가 많죠.

우선 '고쳐서 오래오래 입으세요Worn Wear' 캠페인을 봅시다. 파타고니아는 의류 회사인데, 고객들에게 사지 말고 고쳐서 오래오래 입으라고 말하잖아요. 최근에는 고객이 가게에 옷을 갖고 오면 수선하고 세탁해서 반값 이하에 되파는 프로그램도 시작했어요. 가격도, 마진도 낮아서 다른 기업은 생각도 안 하는 전략이지만 저희는 크게 성공했어요. 젊은 고객들의 마음을 움직였거든요. 저희는 이 캠페인으로 파타고니아 제품을 적정 가격에 구입할 수 있게 된 밀레니얼 세대 혹은 더 젊은 친구들을 충성도 높은 고객으로 만들 수 있었죠.

이 캠페인의 진정한 의미는 젊은 친구들에게 꼭 필요한 것만 소비하라는 메시지를 전달하면서, 환경 위기를 일깨우고 책임감 있는 소비에 대해 생각할 기회를 주는 거예요. 한정된 자원에 비해 세계 인구는 너무 많잖아요. 고객은 이 캠페인에 참여하면서 환경문제에 책임을 느끼고, 저희는 좋은 품질의 의류를 만들어 오래오래 입게 하면서 함께 책임을 지는 거죠.

정말 미친 전략인데도 시장 점유율은 점점 높아져요. 파타고니아가 환경과 사회에 대한 책임을 내세운 전략이 시장에서 유효하다는 것을 증명한 거예요. 한국의 젊은 기업가들 역시 사회와 환경 그리고 문화적인 미션을 갖고 사업을 전개하면 성공할 수 있다는 이야기를 하고 싶어요.

타깃 고객 전략도 마찬가지입니다. 전통적인 회사들은 파타고니아가 소수 엘리트 고객만을 지향한다고 생각하더라고요. 자, 고객 세그먼트segment를 피라미드처럼 그려봅시다. 엘리트 고객은 환경이나 사회에 대해 고민을 하고 돈도 있다고 쳐요. 그들은 조금 비싸도 그런 미션을 가진 제품에 돈을 더 지불할 의사가 있죠. 전통적인 회사들은 이런 엘리트 고객은 소수라 피라미드 꼭대기에 있을 거라고 생각해요. 자신들의 고객은 피라미드 아래쪽에 있다고 생각하죠. 미션을 가진 제품에 돈을 쓰기보다는 오직 자신의 문제에만 관심을 가지는 고객이요.

하지만 전통적이고 큰 회사들이 요즘은 고객 피라미드 자체가 거꾸로 뒤집어지고 있다는 점을 놓치는 것 같아요. 시장에는 환경 위기, 기후 변화 그리고 사회 불평등에 대해 고민하는 사람이 가득해요. 특히 젊은 층으로 갈수록 그 숫자가 빠른 속도로 커집니다. 숫자만 봐도 피라미드가 뒤집어지고 있어요. 똑똑한 회사들만 이 현상을 제대로 읽어내요. 그렇기 때문에 파타고니아의 사업 모델이 큰 회사에도 유효하다고 봅니다. 곧 더 많은 대기업이 비콥이 될 거라고 생각해요. 유니레버Unilever(우리나라에서는 비누 브랜드 도브로 유명한 다국적 소비재 기업)가 첫 번째 사례가 될지도 모르죠. 진정성을 갖고 환경이나 사회 개선을 위해 노력하거든요. 유니레버의 브랜드를 보면 환경이나 사회를 개선하려는 브랜드가 30퍼센트 정도 되고, 이 브랜드들은 다른 브랜드보다 빨리 성장하고 있어요. 8년 전 폴 폴만Paul Polman이 유니레버를 시휘하기 시작하면서 주가가 200퍼센트 성장했고요. 유니레버는 아는 거죠. 고객의 피라미드가 이미 거꾸로 뒤집어지고 있다는 걸요.

비콥은 유니레버 등 대기업들의 지지를 받으며 빠르게 확산되고 있다. 노벨경제학상 수상자인 로버트 실러Robert Shiller 미국 예일대 교수도 비콥이 경제 활동의 개선을 의미하며 장기적으로 회사에게 더 많은 이익을 가져다준다고 했다. 요거트 브랜드로 잘 알려진 다논Danone은 전체 매출의 20퍼센트를 차지하는 미국 지사를 전부 비콥으로 전환하기도 했다. 이는 1972년부터 재무적 성장과 임팩트를 동시에 강조한 창업자 앙투안 리부Antoine Riboud의 뜻이 반영된 것이기도 하다.

보여주기 식이 아닌 진정성

빙하가 녹는 광경과 사막화되는 초원도 보셨잖아요. 직접 보셨기 때문에 환경문제가 더 와닿았을 것 같아요. 사실 사람들이 일부러 무관심하다기보다는 와닿는 게 없어서 환경문제를 좀 멀게 느끼는 것 같은데요. 그런 분들도 이 문제를 긴급한 문제로 느끼게 해서 사회적 비용을 함께 감당하자고 설득해야 할 텐데, 어떻게 하시나요?

SAC가 무관심할 수 있는 사람들을 설득한 좋은 사례죠. 오랜 시간이 걸렸는데 이제 거의 완성 단계예요. SAC는 그들이 환경에 미치는 영향을 표준화된 도구로 측정해요. 옷을 제작하는 공장들까지요. 2017년 11월에는 전 세계 8000개 공장이 이 표준 측정 도구를 사용했는데, 2018년 말에는 2만여 개 공장이 사용할 것으로 봐요. 공장뿐 아니라 도소매 브랜드도 함께 측정할 예정이고요.

어떻게 이렇게 빨리 사람들을 설득할 수 있었을까 생각해 보면, 표준 측정 도구와 데이터베이스를 투명하게 관리했기 때문인 것 같아요. 표준화된 측정치들은 모두 데이터베이스에 누적돼요. 또, 정보 수집 단계에서는 절대 서두르지 않았습니다. 최소 18개월, 최대 2년까지도 걸렸어요. 데이터베이스에 있는 정보의 신뢰성 확보를 위해 공장이건, 도소매 브랜드건 가치 사슬 안에 속한 조직들이 측정한 데이터를 철저하고 꼼꼼하게 확인했거든요. 이렇게 신뢰도 높은 데이터가 쌓이니 데이터 자체가 의류업계에 영향력 있는 사업 동인이 되더라고요. 환경이나 사회에 나쁜 영향을 적게 끼치는 회사들에게 인센티브가 된 거예요. 여기에 소비자들이 움직이고, 비영리단체가 나서고 또 투자자들 그리고 금융권 역시 이 데이터에 의존하니까요. 자연스러운 압력이 생겨나니까 설득이 되는 거죠. 우리가 직접 설득할 필요가 없었어요.

일일이 설득할 필요 없이, 자연스러운 영향력을 발휘하는 틀을 만들어냈다는 사실이 반갑고 놀랍네요. 파타고니아는 매

릭 리지웨이

출의 1퍼센트를 환경단체에 기부하죠? 큰 단체에 큰돈을 후원하기보다는 작은 단체 여러 개를 후원하는 것으로 알고 있어요. 구체적인 미션을 풀고 있는 작은 단체에 작은 후원을 하는 것이 훨씬 효율적이라고 말씀한 적도 있고요.

작은 단체들은 지역 자원봉사자들과 함께 일하는 경우가 많아요. 그 자원봉사자들이 바로 그 지역의 환경 혹은 사회문제를 잘 알고 있는 당사자들이죠. 그래서 조직 유지를 위해 큰돈을 써야 하는 거대한 조직을 지원하기보다, 구체적인 문제를 직접 풀고 있는 작은 단체를 지원하는 거예요. 물론 파타고니아 입장에서는 작은 조직 여럿을 관리하는 게 더 어려워요. 1000여 개에 가까운 단체들을 일일이 분석해야 하잖아요. 하지만 저희는 파타고니아의 후원을 잘 활용하는 단체를 가려내는 과정이 정말 의미 있다고 생각해요. 후원과 기부를 결정하는 팀은 굉장히 작지만, 다른 파타고니아 직원들이 자발적으로 도와요.

저희 직원들은 후원 주제별로 다른 위원회에 가입할 수 있어요. 야생 숲, 강, 대양, 환경 교육 혹은 지속 가능한 농업 등 다양한 위원회가 있고, 단체에서 지원 요청이 오면 여러 과정을 통해 리뷰를 해서 각 위원회가 심사를 합니다. 업무 시간에 하기도 하지만 자발적으로 집까지 일을 갖고 가기도 해요. 정말 열정과 책임을 갖고 기부 대상이 될 단체를 주제별로 정해요. 보수가 없는 일인데도 위원회 가입은 경쟁이 치열하고요. 직원도 조직이 느끼는 환경적 책임감에 동참한다는 의미가 아닐까 싶어요.

파타고니아 내부와 외부 그리고 다음

2005년 파타고니아에 합류했을 때와 2018년의 파타고니아는 회사 규모 면에서 비교할 수 없을 만큼 성장했잖아요. 특별한 조직 구조나 문화 같은 것이 있나요?

《파도가 칠 때는 서핑을Let my people go surfing》(2005년 출간된 이본 쉬나드의 저서)에 파타고니아의 미션이나 문화가 자세하게 나와 있어요. 대중을 위한 책이기도 하지만 파타고니아 내부용 책자이기도 하거든요. 이 책을 통해 회사의 정책과 핵심 가치를 익힙니다.

파타고니아가 사람 한 명을 뽑으면 많게는 2000명까지 지원을 해요. 직원을 채용할 때, 개인적 미션과 파타고니아의 가치가 일맥상통한지를 가장 중요하게 봐요. 입사를 하면 파타고니아 철학 담당 임원인 빈센트 스탠리Vincent Stanley와 회사의 철학에 대해 오랜 시간 이야기하고, 또 반나절은 이본과 보내요. 파타고니아의 문화와 회사의 가치를 자연스럽게 체득하죠. 왜 존재하는지, 왜 여기에 있는지, 왜 환경을 보호해야 하는지 등등 우리가 하는 마지막 일이 가장 중요한 일이 되도록 노력합니다.

릭 리지웨이

'최고의 제품을 만들자', '불필요한 해를 입히지 말자', '사업을 통해 감동inspire을 주자', '환경 위기에 해결책을 제공하자' 등이 저희 미션이에요. 이 미션은 매일매일 의사결정을 할 때 쓰이고요. 회사의 문화와 가치를 담은 미션의 존재 여부도 중요하지만 실제 조직 운영에 미션을 매일 사용하는 것이 더 중요해요. 그래서 순간의 의사결정도 장기적인 회사의 가치를 만들어내는 거죠. SAC에 속한 여러 조직들 중에 이런 식으로 매일매일 미션을 사용하는 회사는 없었어요.

회사 임원들은 미션을 염두에 두고 직원이 스스로 의사결정을 할 수 있도록 도와줘요. 그러기 위해서는 충분한 권한을 줘야 돼요. 이렇게 해야 상하관계를 떠나 구성원 하나하나가 미션에 어울리는 의사결정을 하는 조직을 만들 수 있어요. 전통적인 사업 운영 방식과는 다를 수 있지만, 파타고니아는 수평적인 관계에서 각자가 의사결정을 하는 방식이 유효하다는 것을 입증해왔어요.

회사의 가치와 미션에 함께할 동료를 찾아, 스스로 책임지고 의사결정할 수 있는 환경을 만들어주는 것이 중요하다는 말씀이네요. 제 다음 질문과 연결이 되는데요. 사실 소셜 혹은 사회적경제 섹터의 리더십 개발 문제에 고민이 많아요. 파타고니아의 경우, 새로운 콘셉트로 비전을 제시해서 성공을 보여준 비전 제시형 리더들이 지금도 조직 내에 있잖아요. 그 비전을 이어가며 다음 세대를 책임질 리더는 어떻게 키우고 두 가지 얘기를 하고 싶어요. 하나는 파타고니아에서 일하는 사람들이 개인적인 가치와 조직의 문화를 어떻게 일치시키는지와 '다음'에 대한 고민입니다. 저나 이본 혹은 다른 사람들이 죽은 다음에도 이 회사의 문화나 책임, 약속이 유지되어야 하잖아요. 그래서 비콥이 중요하다고 봐요. 한국 상황을 자세히는 모르지만, 미국, 특히 캘리포니아는 비콥을 담당하는 비랩의 상법 제정 법안이 통과돼서, 비콥 인증을 받고 등록이 되면 기업의 행동 양식을 완전히 바꿀 수 있어요.

　비콥 등록을 할 때, 정관에 회사 미션을 자세히 기록해요. 정관에 한 번 새겨진 내용은 결코 쉽게 수정할 수 없어서, 정관에 새겨진 회사의 핵심 가치는 자연스럽게 지켜질 수 있죠. 파타고니아 정관에는 '오래가는 좋은 제품을 만들겠다', '환경적으로 불필요한 해가 없는 제품을 만들겠다'는 것을 비롯해 좋은 일을 했건 나쁜 일을 했건, 모두 투명하게 공개하겠다고 적혀 있어요. 무엇보다 매출의 1퍼센트를 환경을 위해 기부하고 환경적 영향력을 줄이며 사회 정의를 제고하는 곳에 쓰겠다는 것도 명확하게 적었어요. 마지막으로 파타고니아 임직원을 돕겠다는 것 역시 명시했습니다. 특히 임직원을 위한 어린이집 Child Development and Daycare 을 계속 운영할 거예요. 임직원의 자녀가 잘 성장하는 것은 저희 문화의 가장 중요한 부분이거든요. 파타고니아 캠퍼스(회사 건물이 있는 곳)에서 아이들이 웃고 뛰어노는 것을 보면 정말 모두가 가족 같아요. 가족이 곧 회사고, 가족은 회사를 구성하는 개인의 가족 모두를 말하는 거죠.

모든 가치가 회사 정관에 적혀 있고, 이 가치를 하나라도 바꾸려면 이사진의 만장일치가 필요해요. 이본과 멜린다가 세상을 떠나 회사에 새로운 주인이 생겨도, 지금 이 가치가 유지될 수 있을 거라고 생각해요.

'사회적 기업이 사업적으로 성공할 수 있는가?'라는 질문을 받는 경우가 많다. 아직 한국에는 충분한 규모로 성장한 사회적 기업이 없기 때문에 필연적으로 나올 수밖에 없는 질문이다. 그렇기에 한국에서도 유의미한 매출 성장을 보이는 파타고니아나 닥터 브로너스Dr. Bronner's 같은 비콥이 많이 나오는 건 체인지메이커 생태계를 위해서도 무척 고무적인 일이다.

릭을 만나면서, 파타고니아라는 회사와 릭이 살아온 인생 자체가 영화처럼 느껴졌다. 산을 사랑해서 등산 장비와 아웃도어 의류를 만들고, 사랑하는 산을 지키기 위해 캠페인을 하며 자신이 믿는 신념을 위해 평생을 거는 낭만적인 사람들. 이런 1세대 체인지메이커들이 더 많은 체인지메이커에게 영감과 동기를 줄 수 있었으면 한다.

따뜻한 마음으로
변호하다

프로보노 서비스 **임성택**

법대를 졸업하고, 5년간 NGO단체에서 간사 또는 사무국장으로 일했다. 남들보다 조금 늦게 사법고시에 합격했지만 국내 굴지의 로펌에서 변호사 생활을 시작했다. 사회적 약자를 위한 공익활동에 모범이 되는 새로운 로펌을 만들기 위해 뜻을 함께하는 동료들과 법무법인 지평을 설립했다. 당시 보범 중 처음으로 공익위원회를 만들었고 공익활동을 소속 변호사의 의무로 실징했다. 프로보노 활동을 통해 장애인, 사회복지, 임팩트 금융 등의 분야에 관심을 기울이고 있으며 현재 국가인권위원회 비상임위원으로 활동하고 있다.

영화에 나오는 체인지메이커들의 전형적인 모습 중 하나는 주인공이 누군가를 만나 혹은 특정 사건을 통해 사회 변화를 꿈꾸고 숱한 난관을 겪으면서도 자신의 꿈을 지켜 결국 많은 사람을 감화시키는 것이다. 보통 결말 부분에는 뜻을 함께하는 사람들(종종 기존에 반대하던 사람들까지)과 행진하며 영화는 끝나고, 이후 스크린에서 '○○○○년, 법원은 판결을 내렸다', 혹은 '○○○○년 정부는 관련 정책을 통과시켰다'라는 자막이 뜨곤 한다.

영화에서 자막으로 처리된 바로 이 부분(법원 판결과 정부 정책 입안)은 진정한 의미의 사회 변화에 해당한다. 글로벌 사회적 기업가 네트워크인 아쇼카에서는 사회 변화를 다음과 같은 단계로 구분한다. 사회문제 당사자들에 대한 직접적인 지원, 지원 규모의 양적 성장, 정책 입안을 통한 시스템 변화(국가 단위의 사회 변화), 사람들의 인식 변화를 통한 프레임워크 변화(대륙 단위의 사회 변화)다. 체인지메이커들이 혁신을 통해 지원 규모의 변화를 만들어내려면, 많은 전문가의 도움이 필요하다.

지속적인 사회 변화를 위해서는 필수적이지만, 현장에서 직접 활동하는 체인지메이커들이 시간과 전문 지식 부족 등의 이유로 하지 못하는, 체인지메이커 활동의 체계화부터 데이터 취합, 조직 정비, 정책법안 작성 및 입법 지원의 영역에서 활약하는 사람들이 프로보노 활동가들이다. '공익을 위하여'를 뜻하는 라틴어 'Pro bono publico'에서 유래한 프로보노는 일반적으로 변호사가 수임료를 지불할 수 없는 사람을 위해 무료로 변호해주는 것을 지칭하나, 최근에는 전문 지식을 지닌 이들의 봉사 전반을 지칭하고 있다.

물론 비영리단체나 사회적 기업을 대상으로 하는 법무법인, 회계법인 등도 있지만 많은 경우 공익 관련 활동은 프로보노들의 손에 의해 이뤄진다. 장애인 인권법이나 사회적경제법 등 굵직굵직한 주제부터 비영리단체의 IT 인프라 개선, 자원봉사자 관리 체계 같은 실무적인 내용까지, 프로보노들은 다양한 영역에서 활약하고 있다. 하지만 워낙 전문적인 내용을 다루고, 체인지메이커들의 보조로 인식되기 때문에 그들에 대해서는 잘 알려져 있지 않다.

지금 소개하는 임성택 변호사는 '전업 프로보노'라고 부르는 게 맞지 않을까 싶을 정도로 왕성한 프로보노 활동을 하고 있다. 법대를 졸업했지만 처음에는 변호사의 길 대신 NGO에서 커리어를 시작했고, 서른 살이 되어서야 고시 공부를 시작했다. 이후 들어간 대형 로펌은 2년 만에 그만뒀다. 그 후, 조금씩 나은 방향으로 사회를 바꿀 수 있는 방법을 고민하던 동료들과 사무실을 차렸다. 현재 연간 500시간 이상 공익 활동에 참여하지만, 단순히 본인의 프로보노 활동을 열심히 하는 데 그치지 않고 동료와 후배 변호사들이 보다 적극적으로 공익 활동에 임하도록 다양한 대외활동도 하고 있는 법무법인 지평의 임성택 변호사를 만나보았다.

시대유감: TV 속 법조인

몇 번 뵌 적은 있지만 한 번도 왜 변호사라는 직업을 선택했
는지 여쭤본 적은 없었던 것 같아요. 꼭 이유가 있어야 직업
을 택하는 것은 아니지만 세상의 수많은 직업 중에 왜 변호
사라는 길을 걷게 되었는지 궁금합니다.

별 이유는 없었어요. 아버지가 상경한 뒤 법대에 입학하셨
고, 사법고시에 도전하셨으나 잘 안 됐어요. 할아버지가 더
이상 도전하지 말라고 하셔서 아버지는 공기업에 취직하셨
죠. 그게 한이 되셨는지, 맏아들인 저에게 법대를 가야 한다
고 말씀하시곤 했어요. 담임 선생님은 미대를 가라고 했고
요. 사실 남동생과 작당하고 법대만 가지 말자고 했지만 제
가 먼저 배신을 했어요. (웃음) 결국 저희 둘 다 법대를 갔죠.
왜 아버지 말씀을 안 들으려고 했는지 모르겠어요.

예상을 깨서 미안하지만, 변호사라는 직업을 택한 건 멋있
어서예요. 고등학교 때 변호사라는 직업이 멋져 보였거든요.
억울한 사람과 정의를 위해 싸우는 이미지랄까? 그런데 막
상 현실을 보니 좀 다르더라고요. 돈만 좋아서 번쩍거리는
검정 세단 타고 다니는 변호사만 많이 봤어요. 변호사라는
직업에 대한 환상도 깨지고, 군사 정권하에서 학교생활을 하
다 보니 법조인이라는 타이틀을 긋는 게 우선순위가 될 수
없었어요.

군이 말씀드리면, 제가 당시 법과대학 학생회장이었는데 감옥은 안 갔지만 제적당한 후 복적해서 학교생활을 이어나갔어요. 그때는 학생 운동을 하는 사람과 그렇지 않은 사람의 구분이 명확하지 않았어요. 그만큼 모두가 공감하는 문제였거든요. 저뿐만 아니라 많이들 그랬어요. 민주주의를 되찾는 게 우선순위였죠. 그래서 졸업하고 결혼할 즈음 저는 민주화를 위해 활동하는 NGO의 사무국장으로 있었어요. 번듯한 직장 잡아서 돈 버는 게 눈에 보이지는 않았죠.

첫째 아이 생길 때까지는 돈이 중요하지 않은 생활이 괜찮았어요. 둘째 아이가 생기자 아내가 그야말로 배수진을 쳤죠. 고시를 안 보면 현실적으로 생계유지가 힘들 테니 이혼을 하자고 하더라고요. 결국 서른 살이 넘어서 고시 공부를 시작했어요. 부끄러운 이야기지만 아이 둘 키우면서, 퇴직한 아버지와 동생에게 의지하며 공부했죠. 아내가 강력하게 친 배수진 덕분이었는지, 바로 시험에 합격했고요.

우물 안 개구리, 하지만 너무 크기만 했던

가족에 대한 책임감이라는 게 누구에게나 정말 크다는 생각이 들어요. 사법고시를 보고 합격하는 것으로 현실과 어느 정도 타협을 했으니 그 후엔 좀 나은 생활을 할 수 있었을 것 같아요. 시험에 합격을 했으니 사법연수원에 갔을 테고, 그렇다면 그 이후의 변호사 생활은 어떠셨어요? 어떤 길을 거쳐 지금의 '지평'에 다다르게 된 건지 궁금합니다.

사법연수원을 마치니까 선택지가 두 개 있었어요. 작은 사무실에서 인권 활동을 하거나 로펌에 가는 거요. NGO에서 일을 해봤으니까 다른 일도 해보자는 결심을 하고 대형 로펌에 갔어요. 그때가 아마 서른다섯이 넘어갈 때였죠.

대형 로펌에서 일을 시작하고 보니 훌륭한 사람은 많은데 규모가 커서 마치 '엄청나게 큰 우물 안에 있는 개구리'가 된 느낌이었어요. 로펌 자체는 이것저것 많이 다루지만 한 사람 한 사람은 할당된 업무를 할 수밖에 없거든요. 그래서 주체적으로 일을 하고 싶었던 것 같아요. 변호사의 일이 곧 사회적 약자를 돕는 일과 등치될 수는 없지만 그래도 저는 법조인으로서 사회적 약자와 함께하고 싶었거든요. 그때 다른 사무실과 합병을 하는 중이라 저와 함께 로펌을 나온 동료가 열 명이었어요. 원래는 작은 로펌으로 갈까 고민도 했지만 뜻 맞는 사람들과 함께 사무실을 차렸죠. 그게 바로 지평이에요.

그렇게 지평이 탄생한 거군요! 어찌 보면 창업을 한 거네요. 저도 루트임팩트를 시작할 때 미션과 비전을 만들어서 다듬어나갔던 것이 생각나요. 감히 비교가 될지는 모르겠지만 처음에 뼈대나 원칙을 잡는 것이 굉장히 어렵고 중요한 일이잖

임성택

변호사가 되고 나서 한 고민은 변호사는 왜 법률 활동을 하는지, 변호사는 누군가를 위할 때 어떤 기준을 가져야 하는지에 대한 것이었어요. 동료나 선배 중에는 의뢰인을 위해 최대의 봉사를 해야 하므로 사안의 탈법 유무를 떠나 무조건 변호해야 한다는 사람도 있었거든요. 저희는 어느 정도 한계는 지켜야 한다고 생각했고, 기준 없이 의뢰인을 변호하는 것은 적절하지 않다는 공감대가 마련됐어요. 그래서 그렇지 않은 로펌이 되어보자고 생각했고요. 일은 잘하지만 윤리적인 기준이 있고, 사회적 약자에게 관심을 가지면서 일상적인 사회공헌을 하는 로펌이요.

로펌 중에 처음으로 공익위원회를 만들었어요. 공익위원회는 로펌의 프로보노를 추동하는 단위예요. 또, 공익활동을 소속 변호사의 의무로 정했어요. 지금은 프로보노를 안 하면 오히려 쓴소리를 들을 정도로 로펌 대부분에 일반화되었지만, 지평은 프로보노 활동을 처음부터 일상적으로 하도록 만든 거예요.

물론 당시에도 세상에 대한 문제의식이 있어서 체인지메이커가 되려는 변호사는 많았죠. 하지만 보통 돈을 번 다음에 하려는 경우가 많았어요. 그런데 이렇게 되면, 아무리 의지가 불타올랐어도 관성 때문에 결국은 안 하거든요. 그래서 대형 로펌을 그만두면서 작은 일이라도 조금씩, 일상적으로 해야

한다고 마음먹었던 거예요. 저도 처음에는 프로보노 20시간
밖에 못 했어요.

저상 버스가 장애인만을 위한 거라고?

법 개정은 사회문제를 근본적으로 해결할 수 있는 방법 중
하나잖아요. 이런 식으로 체인지메이킹을 해야 한다는 것에
공감하는 사람은 많아요. 하지만 문제가 있잖아요. 광범위한
변화를 이끌어내려면 연대를 해야 하는데, 연대는 그만큼 힘
들다는 거예요. 이런 점은 어떻게 생각하세요?

시외이동권 소송을 예로 들면 되겠네요. 시외버스, 고속버스,
광역버스 중에는 저상버스가 없다 보니 장애인으로 대표되
는 교통약자들이 시외버스 이용이 힘들다고 소송을 제기했
거든요. 제가 처음 맡은 건 아니었고, 어떤 단체에서 다른 변
호사에게 의뢰를 했는데 패소하는 바람에 저를 찾아왔어요.
요약하면, 휠체어 타는 장애인이 국가와 서울시를 상대로 소
송을 한 거예요.

패소 이유가 있었을 거 아니에요? 변호사님은 좀 다르게 해
결해보려 한 것인가요?

판을 새로 짜야겠다고 생각했어요. 이건 단순 소송으로 해결될 문제가 아니라고 봤거든요. 제도와 정책과 문화가 바뀌어야 한다고 생각해서 이 문제가 휠체어를 탄 장애인만의 문제가 아니라는 점부터 시작했어요. 그래서 원고를 휠체어 탄 장애인 한 명, 노인 한 명, 걸을 수 있는 장애인 한 명, 유모차 끄는 어머니 한 명으로 구성했어요. 휠체어 탄 장애인만의 문제로 접근하면 사람들에게는 이 문제가 극소수에게만 해당하는 일처럼 여겨져요. 그럼 많은 사람의 공감을 얻기 어려울 것 같았고요.

그래서 법 역시 '교통약자 이동편의 증진법'으로 되어 있고, 여기서 교통약자는 장애인, 노인, 임산부, 어린이, 영유아 동반자 등으로 정의했어요. 이동권은 누구나 겪을 수 있는 문제라고 생각하게 한 거예요. 버스가 저상으로 바뀌면 휠체어를 탄 장애인뿐 아니라 노인과 아이를 안은 보호자 모두 편해지거든요. 또 이 문제는 연대하지 않으면 해결할 수 없다고 생각했어요. 저는 이 사건을 함께 진행한 장애인단체에게 여성단체, 특히 어머니들과 연대하라고 했어요. 유모차를 끄는 어머니가 저상버스를 탈 수 있게 되면 문제 해결의 실마리가 생길 거라고 봤거든요.

왜 하필 유모차냐고 물을 수 있겠죠. 사실 법에는 저상버스에 유모차를 갖고도 탈 수 있다고 명시되어 있어요. 하지만 현실을 보세요. 어머니들이 유모차 끌고 저상버스에 타는 거 본 적 있으세요? 이건 슈퍼히어로가 아니면 못 할 일이에요. 유럽 가보세요. 유모차 갖고도 아무렇지 않게 버스에 탈 수 있어요. 그래서 유모차를 가진 사람도 쉽게 버스에 탈 수 있게 하는 게 저상버스 확산에 가장 중요하다고 본 거예요.

결국 이 소송은 1심에서 일부 승소 판결을 받았어요. 항소심이 진행 중이지만 실질적인 변화가 생기고 있죠. 법만으로는 절대 문제를 해결할 수 없어요. 결국 중요한 건 연대입니다.

사소함, 그것은 변호사의 가장 사소하지 않은 덕목

실핏줄이 드러난 눈으로 열심히 이야기하는 변호사님을 보고 있자니, 그의 삶에는 시외이동권 소송 말고도 극적인 이야기가 참 많겠다는 생각을 했다. 전형적인 법조인이 아니라 인권 운동가를 보는 것 같다는 생각도 했다. 변호사라는 일과 임성택이라는 사람의 삶의 경계가 모호하다는 느낌이랄까? 팀원들이 말하던 '일과 삶의 통합'이 바로 이런 것인가 싶기도 했다.

단순히 사건을 변호하기보다 문제에 공감하고 함께 문제를 해결할 정도로 일에 매진할 수 있는 원동력이나 역량의 원천이 궁금해요. 바보 같은 질문일까요?

역량이라…. 다른 사람들이 저보고 '잃어버린 10년'이라고 이야기하는 그 시기(과거 NGO 사무국장으로 활동하던 때를 포함)가 근거가 되었다고 봐요. 그 10년 동안 단체를 꾸려나가기 위해 펀딩, 유인물 제작, 편집, 인쇄 등 사소하지만 다양한 경험을 했던 게 변호사로 일하는 데 진심으로 큰 도움이 되고 있어요.

변호사는 의뢰인의 이야기를 듣고, 당사자의 주장과 사실관계를 잘 정리하고, 증거를 취합해서 법원이 잘 판단할 수 있도록 밥상을 차리는 사람이잖아요. 책상에 앉아서 머리만 굴린다고 해결되는 게 아니에요. 저는 변호사가 코디네이터나 오거나이저라고 생각해요. 또 경청하는 사람이 좋은 변호사라고 생각하고요. 의뢰인의 이야기에 귀를 기울이고 공감해서 함께 눈물 흘리는 것부터 시작이죠. 제가 변호사가 된 이유이기도 해요. 변호사는 문제에 공감하고, 함께 문제를 풀어나가는 사람이니까요.

바로 그 사소함이라는 게 일을 대하는 변호사의 중요한 태도일 수 있겠네요. 그렇지만 변호사님도 번아웃이 오는 경우가 있지 않나요?

번아웃은 잘 안 되는 편이에요. 다만 이런 일이 늘 행복하고 좋을 수는 없다는 데 동의합니다. 오히려 불편하고 어려울 때가 더 많거든요. 선의를 제공했는데 비난받을 때도 있고, 돈을 안 받는 사건인데도 돈을 받는 사건의 의뢰인보다 훨씬 유세 부리는 경우도 많아요. 모든 일이 좋기만 할 수는 없어요. 좋은 일이라도 그 안에는 부조리나 문제 있는 사람이 있기 마련이니까요.

그런 일들을 겪으면서도 지속 가능하게 하는 동력은 사람과 희망인 것 같네요. 아마 저 스스로 자랑스럽고 대단한 일을 한다고 생각했다면 쉽게 좌절했을 거예요. 지능이 서너 살 정도인 지적 장애인, 몸이 불편한데 성격이 괴팍한 사람 등 다양한 사람을 만나 사건을 맡으려면 순간순간 그 사람들 입장에서 생각해야 해요. 이해와 배려와 교훈을 필수불가결하게 배울 수밖에 없는 거죠. 프로보노를 하며 만난 사람들이 도리어 제 스승이 되어 용기와 힘을 주는 것 같아요.

시민단체 경험은 제게 중요한 밑천이 되었어요. 일각에서는 청년들이 대기업에 가야 성장한다고 막연하게 생각하지만, 저는 청년들이 창업하겠다고 맨땅에서부터 하나둘 쌓는 경험도 무시하지 못한다고 생각해요. 변호사만 해도 아주 사소한 궂은일을 처리해본 경험이 쌓여야 좋은 변호사가 되니까요. 특히 비영리나 사회적경제 분야에 도전해보는 것은 참 좋은 일이에요. 도전하는 사람이 많아져야 더 나은 세상이 오지 않겠어요?

변화를 만든다는 것은 필연적으로 힘든 일이다. 세상도 사람도 항상성을 갖고 있기에, 여태까지 해오던 것에서 벗어나 새로운 것이나 다

임성택

른 것을 시도할 때는 항상 저항에 부딪히기 마련이고, 변하는 것 같다가도 원점으로 돌아가는 일이 허다하다. 그렇기에 진정한 변화는 시간이 오래 걸릴 수밖에 없다.

개인적으로 가장 힘들었던 것도 기대치에 대한 부분이다. 달력을 기준으로 사는 이상, 사람들은 1주일, 1개월, 1년을 기준으로 어떠한 구체적 성과가 달성되길 기대하지만 현실은 그렇지 않은 경우가 태반이다. 모두가 인내심을 가지면 좋겠지만 어디 그게 지금 당장 도움이 필요한 수혜자들에게, 본인 일에 대한 성취감을 바라는 종사자들에게, 거액을 쾌척한 기부자들에게 쉬운 일일까.

그럼에도 멀어만 보이는 변화를 계속해서 추구하는 것은 어느 순간 분명 나아지는 모습을 볼 수 있기 때문이다. 소셜 섹터의 활동으로 누군가는 건강해지고, 누군가의 학업 성취는 증가하며, 누군가는 양질의 직업을 찾아 가족을 부양한다. 체인지메이커들의 연료는 자신의 노력으로 누군가의 삶이 극적으로 나아질 수 있다는 사실이다.

지속 가능해야 세상도 바꾼다

대학생 때부터 지금까지 변호사님에게 단 하나 변하지 않은 것이 있다면 바로 '치열한 문제의식'이라는 생각이 들었다. 변호사님에게는 현실에서 그 문제를 어떻게 풀 것인지가 가장 중요했다. 한때는 학생 운동과 NGO로 문제를 풀어나갔다면 지금은 사회적 약자의 편에 선 변호사로서 문제를 해결하고 있는 것이다.

소셜 섹터 동료들이 생각나요. 가치 중심적 삶mission-driven lifestyle을 지향한다고 해도 일관된 헌신과 희생 때문에 지속 가능성에 의문을 제기하는 경우를 많이 봤거든요. 변호사님 께서는 NGO나 NPONon-profit organization를 비롯한 소셜 섹터 플레이어들의 지속 가능성에 대해 어떻게 생각하세요?

NGO와 NPO도 자생력을 가져야죠. 언제까지 희생과 헌신, 배고픔을 참으며 살라고 하겠어요. 그건 지속 가능성이 없어요. 이 섹터도 지속 가능성이 가장 중요하고, 어떻게 해야 하고 싶은 일을 하면서 삶을 행복하게 영위할지 정교하게 만들어나가는 조직이 더 필요해요.

법조계에서 예를 들어보자면, 변호사 중에서도 소셜 섹터에 해당하는 프로보노 풀타임 변호사가 약 80명이에요. 선구적인 사무실이 '공감'이거든요. 최초의 풀타임 공익법무법인이죠. 처음에는 몇몇이 의기투합해서 만들었는데 이미 10년이 넘었어요.

제 생각에 공감은, 최소한 삶을 영위할 수 있는 수준의 급여를 원칙으로 정했고, 급여 외에도 지속 가능한 여러 조건을 만들어왔다고 봐요. 스스로 펀딩을 해서 차례대로 유학을 다녀오고, 안식년제를 만들어서 돌아가며 잘 쉬고요. 물론 급여는 하늘과 땅 차이에요. 그 대신, 영리법인과 달리 시간을 유연하게 쓸 수 있고, 하고 싶은 일을 얼마든지 할 수 있는 조건을 만들었어요. 그래서 자아 성취와 동력을 제공하기 위해서는 객관성이 확보된 성과 지표가 필요하고, 그것을 단기적으로 자주 평가받을 수 있게 해야 하는 건 아닌지 고민이 되기도 해요.

그런데 소셜 섹터, 그중에서도 특히 비영리 섹터 일이 단기적인 성과를 노릴 수 있는 게 아니잖아요. 애초에 단기적인 성과를 올리는 게 제1목적이 아니기 때문에, 영리 섹터보다는 길게 바라보며 평가하고 투자해서 육성할 수 있는 기준이 필요해요. 물론 지원과 기부도 활성화되어야 하지만, 소셜 섹터에 대한 임팩트 투자도 늘어나야 해요. 한국은 아직 임팩트 투자가 미미한 수준이라고 생각하거든요.

소셜 섹터의 지속 가능성을 위한 생태계도 온전히 구축된 건 아니죠. 정부의 지원이 오히려 자생력을 무너뜨리는 걸 수도 있어요. 사회적 기업 인증을 받으면 인건비를 지급하는 정부 정책 같은 건 장기적으로 자생적인 생태계 구축에 도움이 안 된다고 봐요. 정부는 기본적인 수준에서 생태계를 조성하고 지원해서 물이 흐르도록 길을 내주고, 나머지는 민간에 맡겨야 해요. 생각보다 쉬운 일이 아니라는 건 알지만, 물꼬를 트는 게 중요하다고 봐요. 지금은 정부 펀드와 경쟁하는 분위기지만, 임팩트 금융을 후원이나 기부 등의 의무, 정부에 대한 책무로 생각하는 문화에서 벗어났으면 좋겠어요.

소셜벤처나 비영리단체가 사회문제를 해결하기 위해 고안한 혁신적인 방법이 근본적인 변화로 나아가기 위해서는, 임성택 변호사 같은 프로보노들의 도움이 절대적으로 필요하다. 아무리 새롭고 놀라운 문제 해결 방법을 찾더라도 길고 지난한 조정과 합의를 거쳐 '모두를 위한 방법'이 되지 않는다면, 변화는 일시적일 수밖에 없다.

프로보노는 법조계로만 한정되는 것이 아니다. 소수의 혁신가가 만들어낸 변화를 이론적으로 정립하고 소개해, 보다 정교하게 다듬어 복제 가능한 모델로 만들고, 궁극적으로 공공의 지지를 이끌어내기 위해서는 수없이 많은 전문성을 필요로 한다. 이미 로펌뿐만 아니라 다양한 기업이 직원의 전문성을 소셜 섹터에 활용하도록 장려하고 있다. 이런 움직임이 보다 보편적으로 자리 잡길 바란다.

임성택

삶에서 세상의
변화를 만드는
체인지메이커

3장

사회가 보다 안정적이고 성숙한 단계에 접어들면서 민주화 시대에 태어난 세대, 특히 밀레니얼 세대는 무조건 돈만 많이 버는 직장보다는 의미를 발견할 수 있는 일을 찾고 있다. 최근에 많은 젊은이가 사회적 기업과 비영리단체에 관심을 갖고 창업하거나 취직과 이직을 알아보는 것도 이런 현상을 반영한 것이라고 생각한다. 보다 많은 사람이 함께할수록 사회문제를 더욱 빨리, 잘 해결할 수 있다고 믿는 나로서는 무척이나 반가운 일이다. 하지만 소셜 섹터에 대한 충분한 이해 없이 마냥 낭만적인 이미지만 보고 섣부른 결정을 하는 것은 본인과 섹터 모두에게 지속 가능하지 않은 선택이기에 걱정도 된다.

3장에서는 소셜 섹터 쪽으로 진로를 희망하는 전예진, 이유진 학생과 연합 동아리 인액터스Enactus의 이고은 디렉터와 박은호 학생을 만나 최근 대학교에서 늘어나고 있는 사회혁신 관련 움직임과 학생으로서 체인지메이커 활동에 참가하는 이야기를 들어보았다. 또한 남경숙 학생과의 인터뷰를 통해 실제로 비영리단체나 사회적 기업으로 구직을 하는 과정과 고민, 루트임팩트 김형진 매니저와의 대화를 통해 일반 기업에서 체인지메이커 조직으로 이직을 한 이후 경험에 대해서도 들어봤다. 성 그레이스 대표님과는 공무원으로 일하다 매력적인 이야기를 지닌 브랜드, 닥터 브로너스를 만나면서 어떻게 그들을 한국에 소개하는 역할을 맡게 되었는지에 대한 이야기를 나누었다. 마지막으로 엄밀하게 말하면, 체인지메이커 조직에서 일하지는 않지만 삶의 궁극적인 지향을 체인지메이킹에 두면서 다양한 사이드 프로젝트(본업 이외에 본인이 관심 있는 것을 목적으로 자투리 시간을 활용해 진행하는 프로젝트)를 통해 전업 체인지메이커 이상의 왕성한 활동을 하고 있는 이범규 님을 만나 전업과 비전업의 경계에서 보는 그들만의 고유한 관점에 대해서도 들어봤다.

너무 많은 사람이 체인지메이커를 진로로 생각하지 못하는 건, 체인지메이커에 대한 생소함과 그들의 부모님이나 다른 이해관계자들이 비영리단체와 사회적 기업에 갖는 선입견 때문인 경우가 많다. 한국 사회는 타인의 시선을 중요하게 생각하고, 성공적인 삶으로 평가받는 전문직, 대기업, 공무원 등의 진로를 밟도록 암묵적인 강요를 받아왔기에 낯선 진로를 선택하는 것을 두려워하게 되었다.

하지만 이 책의 인터뷰이들처럼 삶의 지향점을 체인지메이커에 두고, 이를 본인의 직업적 커리어와도 맞추려는 사람이 많아진다면 어떨까. 타인의 시선과 사회적인 잣대를 극복하고 가치를 지향하며 주체적인 선택을 하는 사람이 많아진다면, 직업을 바라보는 사회의 단편적인 시선도 점차 해결될 것이다.

표준에서
문제를
발견하다

▶ ▶ ▶

관련 전공 대학생 **전예진·이유진**

전예진   연세대학교 언더우드국제대학에서 사회정의리더십Justice and Civil Leadership을 공부하고 있다. 고등학교 재학 중 소셜벤처와 협동조합을 접하며 지속 가능한 사회 시스템에 관심을 가졌고, 대학교 재학 중 임팩트커리어를 통해 루트임팩트 마케팅팀 인턴으로 근무했다. 이후 교내 사회혁신센터에서 주최한 '사회혁신 컨설팅 대회'에 참가하여 우승했고, 현재 체인지메이킹에 대한 열정을 이어나가고 있다.

이유진   연세대학교 언더우드국제대학에서 지속개발협력학Sustainable Development and Cooperation을 공부하고 있다. 고등학생 때부터 사회문제에 관심을 가졌고, 대학 진학 후에는 전공 공부와 동아리 활동을 통해 사회문제 해결의 사업적 접근 방법에 대한 흥미를 키웠다. 2017년 교내 프로그램인 유아이시 연구 프로젝트UIC Research Project 대회에 참여해 사회적 기업의 임펙드 측정 방법 연구를 진행했다. 현재 사회에 기여할 수 있는 체인지메이커의 모습을 계속해서 찾고 있다.

▼

사회에 대한 따뜻한 시선과 패기로 무장하다

루트임팩트의 일은 사람에서 시작해 사람으로 끝난다. 우리가 체인지메이커를 이야기하는 이유는 사회문제에 관심을 갖는 모든 이들이 나름대로 문제 해결에 기여하길 바라기 때문이다. 그렇기에 루트임팩트가 하는 가장 중요한 지원 중 하나가 체인지메이커를 전업으로 삼으려는 이들에게 필요한 정보와 경험을 제공하는 것이다. 대학생 때 진로가 결정되는 한국의 특성상 루트임팩트 교육 프로그램의 주요 대상은 대학생들이다.

대학생들을 포함한 청년들은 밀레니얼 세대, Z세대(밀레니얼 세대의 다음 세대로, 일반적으로 1990년대 중반에서 2010년대 초반 사이에 출생한 세대를 의미한다) 등 다양한 이름으로 불리지만, 이들을 묶는 중요한 주제 중 하나는 '사회적 가치'에 대한 고민이다. 이들은 윤리적 소비를 지향하며, 사회적 책임을 다하지 않는 기업은 쉽게 지지하지 않겠다는 목소리를 내고 있다. 최근 여러 대학이 경쟁적으로 사회혁신 관련 전공이나 사회혁신센터를 신설하는 것도 청년들의 이런 성향을 반영한 것이다. 하지만 대학들이 아직 충분한 준비가 되지 않은 상태에서 전공을 개설해 학생들을 대상으로 실험을 하고 있다는 증언도 나온다. 사회적경제 혹은 사회혁신이 부모님과 학교 선생님 같은 이해관계자들에게 보편적인 진로로 인정받지 못하는 상황에서 전공만 개설하는 것이 무슨 의미가 있냐는 말도 있다.

그럼에도 불구하고 대학에 사회혁신 관련 전공들이 생기는 것은 한국의 사회혁신 생태계가 어느 정도 자리 잡았다는 것을 뜻하기도 한다. 사회문제 해결과 관련된 다양한 연구가 진행되면 기업가들과 활동가들이 문제를 해결하는 데 있어 효율이 증가할 것이며, 보다 많은 대중에게 사회혁신이 '가능한 진로'임을 알리는 단초로 작용할 수 있다. 그렇기 때문에 가장 먼저 사회혁신 전공을 선택한 대학생들의 역할이 더욱 중요하다. 현재 사회혁신을 공부하는 학생들의 경험과 의견이 충실히 반영되어야만 사회혁신 전공이 유의미한 성과를 가져다줄 수 있다.

이번 인터뷰에서 만난 전예진, 이유진 학생은 연세대학교 언더우드 국제대학에서 사회혁신 관련 융복합 전공을 선택했다. 서로에게 좋은 자극을 주며 사회적 미션을 키워가고 있는 두 학생의 진솔한 이야기는, 앞으로 사회혁신 전공 관계자들이 관련 전공 개설 및 운영을 하는 데 도움이 되리라 믿는다.

'표준'에 대한 문제의식

자기소개를 부탁드려요.

전예진(이하 전) 저는 언더우드국제대학의 융합인문사회계열 산하 융합사회과학부에서 '사회정의리더십'이라는 전공을 이수하고 있어요. 이름만 들으면 굉장히 거창하게 느껴지는데, 융합 전공이라 법, 정치, 경제, 철학 네 가지 분야에 걸쳐 배우고 있어요. 지난 학기에는 휴학을 하고 '임팩트커리어'라는 프로그램을 통해 루트임팩트의 마케팅팀 인턴으로 근무했습니다.

이유진(이하 이) 같은 계열의 지속개발협력학을 공부하고 있어요. 이 학과도 시작한 지 얼마 안 됐고, 여러 분야를 광범위하게 다루고 있어요. 사회, 경제, 환경 중에서 본인이 관심 있는 분야를 선택해서 들을 수 있습니다.

한국이 선진국이라면 '이런 문제는 좀 해결되어야 하지 않나' 싶은 부분이 있나요?

이 한국 사회는 취향이 너무 표준화되어 있다는 생각이 들어요. 어떤 것이 정말 자기 취향이고 자기 색깔인지 잘 모르는 것 같아요. 물론 취향의 유무가 얼마나 중요한지에 대한 판단은 사람마다 다르겠지만, 이건 일정 부분 교육의 문제라고도 생각해요. 특히 한국 교육은 어릴 때부터 다양함을 학습하는 것이 굉장히 힘든 구조예요. 학생 수는 많은데 교사 수는 적기 때문에 어쩔 수 없이 큰 덩어리로 묶어서 할 수 있는 교육을 택하니까요.

전 사회가 표준에서 자유롭지 못한 것 같기도 해요. 저는 진로에 대한 생각과 고민이 많아요. 인턴을 한 것도 그 고민을 해결하기 위한 경험 중 하나였어요. 전공의 목적은 다양한 분야를 배우며 공공 분야를 생각하는 리더로 키우는 것인데, 학생들 대부분이 생각하는 진로는 로스쿨, 행정고시, 외무고시처럼 일반적으로 생각하는 진로와 크게 다르지 않아요. 각자 하고 싶은 일을 찾아서 하는 것이 실질적으로 힘들다는 생각이 들기도 해요. 동시에 '내가 너무 이상적인가'라는 고민을 하기도 하고요. 취업과 진로 문제는 너무 복합적인 문제라 어떻게 해결해야 할지 잘 모르겠어요. 저도 유진이와 마찬가지로 교육의 표준화가 문제라는 생각이 들고, 이 문제가 진로 결정과도 이어진다고 느껴요.

두 분은 표준이 가져오는 문제를 자각하고 있기 때문에 이미 표준에서 조금은 자유로워진 상태라고 볼 수도 있겠네요. 어떻게 문제를 발견할 수 있게 된 건지 생각해보신 적이 있나요?

전예진 · 이유진

이 가족이 해외 여기저기를 옮겨 다녀서 어릴 때부터 다양한 문화를 경험하며 생활했어요. 한국에서의 경험과 비교했을 때, 해외에서는 제가 주변 사람들과 다르게 생각하거나 행동하는 것에 대해 사람들의 거부감이 덜하다고 느꼈어요. 물론 한국에서도 다양성에 대한 존중과 배려를 경험할 수도 있지만요. 생각해보면 가정환경도 영향을 준 것 같아요. 부모님이 다그치며 키우시지 않았거든요. 물론 명백하게 옳지 않은 일을 했을 때는 지적을 하셨지만, 제가 하는 것에 대해 대부분 그럴 수 있다고 생각하셨어요. 부모님과 제 가치관이 다를 경우 이해하려 노력하셨고요. 그러다 보니 저도 저와 다른 의견을 포용하며 자랄 수 있게 됐어요.

전 저는 좀 다른 시도를 하는 고등학교를 다녔어요. 수업을 선택해서 듣고, 경험하고 싶은 분야에 대해서는 자유롭게 소모임을 구성하는 등등 학생들이 주도적으로 이끌어갈 수 있는 상황이 많았죠. 이 경험들 덕분에 자유롭게 사고할 기회가 많았다고 생각해요.

이후에는 언더우드국제대학으로 오게 되었고요. 국제대학에서 일반 대학과 조금 다른 경험을 할 수 있다는 생각을 하게 됐어요. 국제대학에는 유진이 같은 친구들이 많아요. 사실 또래들 대부분은 천편일률적인 교육과 그로 인한 진로 선택에 대한 문제를 당연하게 여기지 않아요. 대학 진학하고 나서 고등학교 동창들을 만났는데 다들 우울해졌다고 하더라고요. 앞뒤 가리지 않고 하고 싶은 일이 있었던 예전과 달리 현실적인 고민을 하게 됐으니까요. 고등학생 때는 정말 자유로웠던 친구들인데도요. 이런 걸 보니, 국제대학의 분위기가 분명 조금 더 자유로운 사고를 가능하게 한다는 판단을 하게 됐어요.

사회혁신을 가르치는 과,

연세대학교 언더우드국제대학 융합인문사회계열

학과 자체에 구체적인 관심을 갖고 전공을 이수한다는 게 굉장히 부담될 수 있잖아요. 왜 소셜 섹터와 연결된 분야를 전공으로 선택했는지 고민해본 적이 있나요?

전 솔직히 많은 고등학생이 그렇듯, 학부 자체는 큰 이유 없이 선택했어요. 다만 2학년이 되어 세부 전공을 정할 때는 관심 분야가 많아서 고민이 됐어요. 문화디자인경영, 창의기술경영, 과학기술정책, 아시아 관련 학과 등등에 모두 관심이 있었죠. 사실 융합인문사회계열을 선택한 결정적 계기는 선배들이었어요. 사회정의리더십을 전공하는 선배들이 공부하는 모습을 보니 막연히 좋아 보이더라고요. 정치에도 관심이 많고, 철학서를 읽는 선배들의 모습은 예전에 생각했던 대학생의 모습과 가까웠으니까요. 다들 말도 잘하고 글도 잘

전예진 · 이유진

쓰는 사람들이었어요. 그런 사람이 되고 싶어서 전공을 선택한 것 같아요.

이 저는 한국어를 잘 못했기 때문에 영어로 수업을 하는 학부를 지원한 거예요. 사실 이 전공이 있는지도 몰랐어요. 처음에는 TAD Techno Art Division에 관심이 있었어요. 그러다 지속개발협력학을 공부하면 나중에 체인지메이킹과 관련한 무언가를 할 수 있겠다는 희망과 포부가 생겼던 것 같아요. 당시에는 유엔 같은 국제기구에서 일하고 싶다는 생각을 했어요. 그때는 국제기구도 선망의 대상이었거든요. 그래서 '이 전공을 선택하면 국제기구에서 일할 수 있지 않을까?'라는 생각을 했죠.

처음에는 국제기구의 힘이 큰 줄 알았어요. 많은 것을 바꿀 수 있는 곳이라고 생각했죠. 하지만 배우다 보니 국제기구는 가이드라인을 잡는 정도고, 결과적으로 중요한 건 각국가들의 선택인 것 같더라고요. 그래서 NGO나 비영리단체에서 일을 하고 싶다는 생각도 했어요.

학과에 기대한 게 있나요? 기대를 충족시키는 것과 그렇지 않은 것은 뭐예요?

전 정치, 철학, 경제 분야를 통해 사회 정의를 다각도로 고민해보고 싶었어요. 하지만 행정적인 문제로 사회정의리더십

학과 수업 대부분을 로스쿨 교수님들이 담당하셔서 법학 과목이 주로 개설된다는 점이 아쉬워요. 그래서 정치, 철학, 경제학 등 타과 수업을 통해 제가 배우고 싶었던 공부를 채워 나가려 하고 있어요.

이 막 입학했을 때는 전공을 통해 다양한 학문을 접하고, 관심 있는 분야를 찾고 싶은 마음이 가장 컸어요. 학생들이 주도하는 프로그램이나 학생들이 참여하고 기여하는 비중이 큰 강의를 기대했던 것 같아요. 사실 지금도 비슷한 바람이 있어요. 융합계열이다 보니 전공 강의도 정말 다양한 주제로 이루어져 있고, 몇몇 타과 강의를 연계전공으로 수강할 수 있다는 점이 좋아요. 워크숍 형태로 학생들이 기획하는 프로젝트를 진행하는 수업도 있어서 수강할 예정이에요. 가끔 전공 관련 직종에서 일하는 연사를 초청해서 행사를 진행하거나 수업 일부로 강연을 들을 기회가 있는데, 제가 어떤 회사나 단체에 관심 있는지 혹은 어떤 직업과 맞지 않는지를 알 수 있어서 큰 도움이 돼요.

제 기대가 충족되지 않았다고 말하기는 어려워요. 하지만 아직까지 시행착오를 많이 겪고 있는 신설 학과이기 때문에 아쉬운 게 있을 수밖에 없다고 생각해요. 입학했을 때보다는 점점 더 다양한 기회가 생기고 있어요.

소셜 섹터 관련 학과를 전공하는 두 분이 후배들을 위해 보

전예진 · 이유진

전 융합 관련 전공이 생긴 지 거의 4년인데, 일단 무작정 만
든 다음에 신입생을 받은 것 같다는 느낌이 있어요. 학생이
들어오고 나서 체계를 만들어가는 것 같달까요? 물론 다양
한 학문을 배울 수 있다는 장점이 있지만 전임 교수님이 부
족해서 타과 교수님들이 강의를 진행하는 경우가 많아요. 이
렇다 보니 교수와 학생들의 소속감도 부족하고요.

   학과 학생들이 본인이 느끼는 문제의식을 적극적으로 표
현하고 요구해야 한다고 생각해요. 모두들 문제라고는 생각
해서 아쉬운 점들을 말하지만, 학과 발전을 위해 움직이는
사람들은 거의 없거든요. 요구를 많이 해야 하는데 저를 비
롯한 학생들이 생각보다 수동적이에요. 이런 구조에 너무 익
숙해지지 말고 더 나은 배움을 위해 변화를 고민하고 이야기
해야 한다고 생각해요.

이 저는 너무 광범위한 분야를 학과로 만들었다고 생각해요.
다양한 학문을 공부한다는 취지는 좋지만, 배우는 것들이 구
체화되지 않는 느낌을 받아요. 한 학기에 많이 수강하면 여
섯 개 정도 과목을 이수할 수 있는데 그 안에서는 전공 수업
을 다양하게 들을 수가 없어요. 수강할 수 있는 전공 수업이

별로 없거든요. 그래서 이 학문을 전공했다고 이야기하기에는 현실적으로 무리가 있다고 생각해요. 차라리 학부생들이 어떤 과목을 원하는지, 학과에서 무엇을 배웠으면 좋겠는지 등에 대한 수요를 조사했으면 해요. 아직 덜 배운 학부생이지만, 그렇기에 유연하게 사고할 수 있다고 생각하거든요. 사회혁신을 고민하는 곳인 만큼 학부생들 이야기도 들었으면 좋겠어요.

관심사에 대한 욕구를 충족하기 위해 어떤 일들을 하고 있나요? 예진 님은 최근에 연세대학교 사회혁신센터에서 진행한 대회에서 우승을 했다고 들었어요. 어떤 프로젝트였어요?

전 제가 참가한 대회 이름은 '사회혁신 컨설팅 대회'인데요. 소셜 섹터 종사자인 멘토와 함께 소셜벤처 사업 모델을 구상하거나, 이미 존재하는 사업 모델에 컨설팅을 제시하는 프로젝트를 약 세 달간 진행하는 거였어요. 저희 팀은 유럽에서 성장하고 있는 투굿투고Too Good To Go(식당이 팔고 남은 음식을 저렴한 가격에 구매할 수 있는 앱)라는 애플리케이션을 벤치마킹해서 한국 시장 조건에 맞춰 사업을 재구상하는 프로젝트를 진행했어요. 음식점, 베이커리, 편의점 등에서 유통기한 때문에 버려지는 음식을 애플리케이션을 통해 저렴하게 판매하는 거예요. 소비자들은 애플리케이션으로 결제 후, 해당 식당에 가서 음식을 가져오고요. 가게 입장에서는 홍보가 되고, 전체적으로 보면 심각한 환경문제인 음식물 쓰레기도 줄이면서 환경운동의 성격도 띤다는 게 장점이에요. 프로젝트 기간 동안에는 직접 음식점, 베이커리 등 현장을 조사하면서 시간을 보냈어요. 현실에 뛰어들어 다양한 이해관계자들을 만나고, 임팩트를 창출할 수 있는 사업을 함께 고민해볼 수 있어서 정말 좋았어요.

이 사회적 기업, 사회혁신 기업, 소셜벤처 등 다양한 형태의 기업을 잘 몰랐을 때 학생들이 직접 봉사 프로젝트를 기획하는 동아리에서 활동했었어요. 사회에 도움이 되는 일을 하고 싶다는 막연한 생각에 시작했는데, 활동을 하면서 제가 어떤 형태로 사회에 기여하고 싶은지 알게 되었어요. 요즘은 임팩트와 이윤을 함께 추구하는 기업에 관심이 많이 생겼어요. 그래서 최근에는 단과대 프로그램 중 유아이시 연구 프로젝트라는 대회에 참여해 사회적 기업들의 임팩트 측정 방법에 대한 연구를 진행하면서, 제가 가졌던 의문들을 해소하고 잘 몰랐던 부분을 공부했어요. 특히 특정 임팩트를 소비자에게 전달하는 것이 목표인 기업들의 실질적인 영향력에 대해 더 고민하게 됐고요. 이런 활동 말고도 틈틈이 사회적 기업이나 혁신적인 활동을 하는 단체들을 알아보면서 관심 분야를 좁혀가고 있어요.

선뜻 발을 들이기엔 망설여지는 곳, 소셜 섹터

학과 친구들을 제외한 다른 친구들이나 주변 사람들과도 소셜 섹터나 체인지메이킹에 대한 이야기를 자주 나누나요?

이 사실 저는 주로 옆에 있는 예진이와의 대화와 제가 하는 경험을 통해 많이 배워요. 타과 친구들과 이야기하다 보면 체인지메이킹에 큰 관심이 없다는 것을 알게 되거든요. 사회 문제를 해결하는 일은 본인과 큰 관련이 없거나, 본인이 아닌 다른 사람이 할 거라고 생각하는 친구가 많아서 이야기를 꺼내기가 힘들어요.

전 주변 사람들 중에서 가족 이야기를 해보자면, 부모님은 소셜 섹터에서 커리어를 시작하는 걸 걱정하세요. 다양한 분야를 경험해보는 차원에서는 응원을 해주시는데, 너무 소셜 섹터라는 분야에만 집중하지는 말라고 하시더라고요.

동시에 일반 기업에 다니다 소셜 섹터로 이직하는 사람도 많은 것 같아서, 저도 나중에 커리어를 어디서 시작해야 할지에 대해서는 고민이 많아요. 어떤 코스가 제 역량 개발에 더 큰 도움이 될지는 아직 잘 모르겠어요.

이 저희 아버지는 제가 소셜 섹터에서 일을 하고 싶다고 할 때마다 매우 긍정적이세요. 아버지가 보수적인 환경에서 자라서서 오히려 저는 유연한 선택을 하면 좋겠다고 생각하시더라고요. 하지만 아버지는 제가 욕심도, 경쟁심도 많은 아이라고 생각하세요. 그래서 나중에 제가 누군가와 저를 비교하는 상황이 되었을 때 경제적·사회적으로 부족함을 느끼지는 않을지 걱정하시는 것 같아요. 하지만 저는 제가 돈을 더 못 벌어서 아쉬운 것보다 더 가치 있는 일을 못 하는 게 훨씬 더 아쉬울 거라는 생각이 들어요. 물론 나중에 어떻게 바뀔지는 모르지만, 지금은 그래요.

그럼에도 저는 눈에 보이는 성과가 중요하다고 생각해요. 학교에서 배우는 것들을 비롯해서 제가 원래 선망하던 일은 보이지 않는 가치를 다루는 경우가 많거든요. 해외 원조에 대해 배울 때도 이렇게 돈을 많이 쓰는데 왜 결과는 드러나지 않을까 의구심이 들곤 했죠.

직업을 고를 때, 어떤 점을 중시하나요? 리더의 역량, 기업이 창출하는 임팩트, 성장성 등등 여러 가지가 있을 것 같아요.

전 저는 제 역량을 가장 잘 발휘할 수 있는 지점과 임팩트를 창출할 수 있는 지점이 만나는 곳에 있는 직업을 갖고 싶어요. 직업을 선택할 때 우선 제 정보를 잘 파악한 뒤, 사회에서 어떤 역할을 해야 제 잠재력을 가장 잘 끌어낼 수 있을지 생각해보고, 그 역할을 수행하면서 임팩트를 창출하는 방법을 찾을 거예요.

이 아직은 구체적으로 어떤 일을 하고 싶은지 잘 모르겠지만, 직업을 고를 때의 기준은 기업이 추구하는 가치와 저의 성장이에요. 제가 지향하는 가치관을 가진 기업에서 끊임없이 도전하며 성장할 수 있는 일을 하고 싶어요. 이 부분이 충족된다면 어렵거나 힘든 순간을 이겨낼 수 있을 것 같아요.

체인지메이킹 경험 혹은 사회를 바꾸는 일에 대해 고민을 해본 입장에서 이 분야를 어떻게 생각했는지 궁금해요.

전 비록 3개월이지만 저는 루트임팩트에서 인턴을 해본 경험이 있으니, 여기에 비추어 이야기하고 싶어요. 일단 정말 똑똑한 사람이 많다고 생각했어요. 임팩트커리어에서 만난 친구들을 보면 하나같이 생각이 깊고, 이 생각을 말로도 잘 전달하는 경우가 많았거든요.

사실 소셜 섹터를 경험해보기 전에는 정체된 일부 단체들처럼 일의 진행이 느리고, 변화보다는 존속을 추구할 거라고 생각했는데, 실제로 경험하니 생각이 많이 바뀌었어요. 오히려 그 반대였죠. 일의 진행이 매우 빠르고 주도적으로 사고해야 하는 경우가 대부분이라, 혁신적인 방법을 생각하는 사람이 많았어요. 복합적인 사회문제를 효과적으로 해결하려는 소셜 섹터야말로 똑똑하고 일 잘하는 사람들이 있어야 하는 곳이라고 생각하게 되었죠.

이 요즘은 사기업들이 할 수 있는 게 많다고 느껴져요. 어떻게 하면 모든 사기업이 임팩트를 바탕으로 사업하는 세상이 올 수 있을지 궁금해요. 이런 생각을 하게 된 이유는, 시장이 가진 힘이 크다고 생각하기 때문이에요. 시장에서는 일방적으로 가치를 주장하기보다 소비자들이 필요를 느끼게끔 논리를 만들잖아요. 소비자는 곧 대중이니까 시장의 논리를 활용할 줄 아는 사기업이 더 빨리 세상을 바꿀 수 있지 않을까 생각해요.

또 소셜 섹터에서 열심히 일하는 사람들은 힘들지만 동시에 행복한 것 같아요. 현실적으로 힘든 상황임에도 불구하고 다른 옵션은 고려 자체를 하지 않는 것처럼 보일 때도 많고요. 소셜 섹터에 있는 사람들은 본인이 하려는 것에 대한 믿음이 강한 것 같아요. 바꾸어 말하면 '내가 직접 하면, 변화가 일어난다'라는 확신이 느껴져요.

소셜 섹터를 커리어로 고민하시는 분들이잖아요. 소셜 섹터에서 이런 건 보장해줬으면 좋겠다는 게 있을까요?

전 앞에서 잠깐 얘기했던 것처럼, 개개인의 역량 개발이 보장되어야 한다고 생각해요. 사실 대기업이나 전문 직종은 업무 강도가 센 만큼 역량 개발도 가능하다는 인식이 있어요. 제가 전에 가졌던 편견처럼 소셜 섹터에서는 그러지 못할 것 같다는 사람들도 있거든요. 작은 조직이라도 충분히 역량을 쌓을 수 있는 시스템이 보장되면 좋겠어요.

언젠가 유진이랑 대화할 때, '우리가 하고 싶은 일을 하면서 높은 연봉을 받기는 어려워'라는 푸념을 한 적이 있어요. 하지만 언젠가 높은 연봉은 아니더라도 이를 상쇄할 수 있는 다양한 지원이 보장되면 좋겠다는 생각을 했어요. 물론 연봉은 중요하지만, 절대적인 기준은 아니라고 봐요.

전예진, 이유진 학생 모두 체인지메이커로서의 삶에 대해 이미 많은 고민을 하고 있고, 주제에 대한 진지함이나 전공에 대한 애정도 남달랐다. 특히 이유진 학생 스스로 '나와 비슷한 친구들이 나보다 돈을 많이 번다면 분명 분할 것이다'라며 솔직하게 인정하면서도 만족스러운 삶을 위해 소셜 섹터로 나아갈 것이라는 게 인상적이었다.

밀레니얼 세대든 Z세대든 지금 청년들이 사회 리더가 되었을 때 분명 세상은 다른 모습일 것이다. 소셜 섹터 종사자로서, 어려서부터 사회적 가치에 노출되어 학습하고 고민한 청년들이 만들어나갈 미래에 대한 기대가 매우 크다. 그렇기 때문에 이들이 가진 비전과 신념을 역량으로 만들 수 있도록 돕는 고등교육기관의 역할이 매우 중요하다.

대학들이 체인지메이커 관련 전공을 만들고 사회혁신센터를 설립하는 것은 섹터 종사자로서는 대단히 감사한 일이나, 이런 노력이 결실을 맺으려면 선행되어야 할 것이 많다. 공동체의 중요성과 사회문제에 대한 분석적 공감 능력을 키우는 시민의식 교육, 사회혁신에 대한 관심을 바탕으로 양질의 연구를 진행하는 교수님들, 그리고 사회

전예진 · 이유진

혁신을 전공한 학생들이 실제로 역량을 펼칠 수 있는 소셜 섹터까지.

대학들이 전예진, 이유진 학생처럼 진정성 있는 학생들의 의견을 경청해 학생들이 실제로 일할 소셜 섹터 조직들과 긴밀하게 협력한다면, 사회혁신 관련 전공은 한국의 복잡한 사회문제를 해결하는 인재들의 산실이 될 수 있을 것이다.

윤리적
기업가 정신의
씨앗을 뿌리다

관련 전공 대학생 **이고은·박은호**

이고은　대학 생활을 하던 2009년, 지역사회문제를 사업으로 해결하는 학생 조직인 인액터스 활동을 하며 대학생들이 지역사회와 공감하는 건강한 리더십을 배울 수 있다는 가치에 매료되었다. 이 가치를 확산하는 데 기여하고자 인액터스 사무국을 만들고 교육개발 매니저로 활동했다. 2012년부터 현재까지 사무국장으로 사무국을 운영하며, 인액터스를 가치 있는 사회적 기업이 나올 수 있는 조직으로 만들기 위해 노력하고 있다.

박은호　개인과 사회의 행복 연구라는 꿈을 이루기 위해 심리학과에 입학했다. 배낭여행을 간 인도에서 빈민들의 삶을 목격한 뒤 사회문제에 관심을 가지게 되었다. 이후 2016년 서울대학교 인액터스에서 광고를 부착한 리어카로 옥외 광고 플랫폼을 만들어 폐지 수거 노인들의 경제적 여건을 개선하는 '늘림 프로젝트'를 진행했다. 현재 세상을 변화시키는 글로벌 사회적 기업가를 꿈꾸고 있다.

위안부 피해 할머니들의 이야기를 바탕으로 한 패턴이 담긴 패션 소품을 판매하고 영업이익의 절반을 관련 활동에 기부하는 마리몬드, 노숙인을 고용해 중소기업 브랜드에게 맞춤형 물류 서비스를 제공하는 두손컴퍼니. 발달 장애 청소년들을 고용해 친환경 비누를 만드는 동구밭까지. 이 회사들은 대표가 젊다는 것 외에 또 다른 공통점이 있다. 이 회사들이 인액터스라는 대학생 단체의 프로젝트에서 출발했다는 점이다.

인액터스는 사이프Students In Free Enterprise, SIFE라는 이름으로 시작되었다. 전 세계 36개국 1700여개 대학의 학생들이 세계 유수 기업가와 파트너십을 맺어 지역 문제를 해결하고, 보다 더 나은 환경을 만들기 위한 프로젝트를 실행했다. 그 후, 2012년 10월 사이프는 워싱턴에서 인액터스라는 이름으로 새롭게 태어났다.

인액터스와는 2013년부터 본격적으로 인연을 맺어왔다. 한 재단 행사에서 당시 인액터스의 디렉터였던 이고은 사무국장을 만났고, 그의 초청으로 2013년 한국 인액터스의 국내 대회National Competition 심사위원을 맡았다. 그곳에서 나는 상상을 초월하는 충격을 받았다. 대학생 수백 명이 손수 나서서 사회문제를 해결하고 결과를 공유하며, 모든 과정을 축제처럼 즐기며 임하는 모습은 내게 큰 울림을 주었다. 현장을 경험하지 않은 사람은 절대 모를 것이다.

그 후, 인액터스에 빠져 수년간 여러 관계를 맺어왔다. 주책스럽게 학생들 엠티에 따라갔다 수영장에서 담금질을 당하기도 하고, 최연소 이사를 최단기로 역임하기도 했다. 그리고 이고은 사무국장과 함께 학생들의 프로젝트를 지원하기 위한 많은 방법을 계속 고민해왔다. 시간이 흐르면서 단순히 인액터스뿐만 아니라 사회혁신과 관련된 대학 동아리들이 눈에 들어왔다. 인액터스는 지명도가 있기 때문에 상황이 나은 편이었지만, 전체적으로 다들 취업이 어려워지며 동아리 자체가 존폐 위기에 처해 있었다. 여태껏 쌓아온 정보나 네트워크가 없는 대학들은 프로젝트를 제대로 운영하기도 전에 엎어지기 일쑤였고, 학생들의 참여를 유도하는 데 어려움을 겪고 있었다. 다른 한편으로는 도우려는 취약계층에 대한 충분한 이해 없이 프로젝트를 진행하다 지탄을 받거나, 아예 프로젝트 중간에 개인 사정으로 잠적해 모두에게 피해를 끼치는 경우도 있었다.

체인지메이커가 되는 가장 확실한 방법은 스스로 체인지메이커가 되어보는 것이고, 그런 면에서 인액터스를 비롯한 프로젝트 동아리들이 중요한 역할을 하고 있다. 어떻게 하면 이런 동아리들이 많은 청년들에게 사회 변화에 기여하는 경험을 지속 가능하게 제공할 수 있을까? 이번 인터뷰에서는 이고은 인액터스 사무국장과 서울대학교 인액터스의 박은호 학생을 만나 그들의 경험과 고민, 그리고 비전을 들어보았다.

교육문제 해결 혹은 나의 행복을 위해

고은 님은 대학생 때부터 지금까지 인액터스라는 것을 알고 있고, 은호 님은 현역 인액터스라는 점에서 비슷하면서도 다른 대비를 보여줄 수 있을 것 같아요. 언제부터 사회문제 해결에 관심을 가진 것인지, 왜 대학생 때 인액터스를 선택한 것인지 궁금합니다.

박은호(이하 박) 저는 서울대학교에서 심리학을 전공하고 있고, 이제 막 4학년을 마쳤어요. 서울대학교 인액터스에서 끌림 프로젝트(리어카 광고라는 옥외 광고 플랫폼을 만들어 폐지 수거 노인들의 열악한 경제적 여건을 개선시키는 프로젝트) 신입으로 들어가 첫 단계부터 함께 고민하며 만들었고요. 실제로 비영리 법인을 만들어 이사로 활동해본 적도 있고, 인액터스 회장으로 활동한 경력도 있어요. 소셜벤처를 접한 지는 얼마 되지 않았지만 이 분야에 계속 관심이 있던 학생이에요.

이고은(이하 이) 저는 고등학생 때부터 교육 분야에 관심이 있었어요. 대한민국 교육은 정해진 시스템에서 죽도록 경쟁하다 대학 진학 후 모든 게 끝나버리잖아요. 다른 사람뿐만 아니라 제 삶도 돌아볼 기회가 없는 이런 시스템이 조금이라도 개선되면 좋겠다는 생각을 갖고 있었어요. 그러던 중에 인액터스의 전신인 사이프를 알게 된 거예요. 사이프를 접하면서

이고은 · 박은호

이게 하나의 대안이 될 수 있겠다 싶었어요.

2009년부터 인액터스를 시작했으니 벌써 10년차가 됐네요. 학교를 졸업했지만 인액터스에 기여하고 싶다는 생각에 2012년부터 사무국 매니저를 하게 되었어요. 당시에는 사무국 없이 학생들의 자발적인 참여로 운영되던 상황이었거든요. 2010년에 인액터스 회장단이었던 몇몇 학생이 모여 단체를 잘 키워보자는 취지로 사무국 자원봉사팀을 만들었어요. 저도 그때 교육개발 매니저로 합류해서 2012년부터 사무국장으로 활동하고 있고요.

대학생 때나 지금이나 변함없는 생각은, 이 활동이 자기계발은 물론 지역사회를 포함한 삶의 주변을 둘러볼 수 있게 하면서 공감 능력을 많이 길러준다는 거예요. 사회에 진출해 어떤 일을 하든 이런 경험을 한 리더와 그렇지 못한 리더는 확실히 다른 결정을 한다고 생각해요. 바로 이런 점이 인액터스 같은 활동이 하나의 사회적인 움직임으로 발전하면 좋겠다는 제 비전과 맞아떨어졌던 거고, 이후 10년이 지나서까지 사무국장을 해나가는 원동력이 되고 있어요.

박 저는 대학에 들어올 때 막연하게 두 가지 목표가 있었어요. 첫 번째는 '행복한 사람이 되고 싶다'였고, 두 번째는 '주변을 행복하게 만들어주고 싶다'였어요. 제가 행복해지고 그 마음이 자연스레 확산되는 그림을 생각했어요. 대학에 진학할 때도 이런 것과 가장 연관된 학문을 전공하고 싶었고요.

고등학생 때는 경제학 교수가 되고 싶었어요. 정책적으로 도움을 줄 수 있는 학자나 연구자가 되면 사회문제를 해결할 수 있다는 생각에서였죠. 그런데 대학에 입학하고 보니 경제학이라는 학문 자체가 저와 맞지 않는다는 생각이 들었어요. 그때 마침 심리학 수업을 들을 기회가 있었어요. 사람들을 만나고, 실험을 하고, 그들의 고민을 듣고, 어떤 식으로 행동할 때 더욱 행복해질 수 있는지에 대해 연구하는 것이 정말 흥미로웠어요. 그래서 심리학으로 전공을 바꾸고 심리학 교수가 되어야겠다는 목표가 생겼죠. 그런데 전역을 하고 진로에 대한 고민을 시작하니 가보지 않은 길에 대한 호기심이 생기더라고요.

　저는 원래, 사업은 '행복' 같은 개념과 상관없이 그저 일하고 벌어서 쓰는 수단이라고 생각했어요. 그러니 사업으로 사회문제를 해결하는 것이 역설적이라 느꼈죠. 시장에서 기업의 목표는 경제적 이익이라고 생각했는데, 그게 어떻게 임팩트와 양립할 수 있는지 확신이 서지 않았죠. 하지만 인액터스 활동을 하며 이런 생각이 조금씩 달라졌어요. 다른 사람들의 사고도 이렇게 전환시킬 수 있다면 큰 임팩트를 낼 수 있다고 생각하게 되었어요. 말은 실체가 없지만 사업은 실체가 있잖아요. 사업을 통해 모두 함께 움직여 결과를 만들면, 사람들의 마음을 움직이고 사회를 바꾸는 데 기여할 수 있겠다는 생각이 들었습니다.

이고은 · 박은호

소셜 미션 VS 자기 성장

솔직히 인액터스도 9년 전보다는 많이 알려졌잖아요. 그러다 보니 인액터스를 통해 실제로 체인지메이커가 되는 학생들도 있지만, 이력서에 한 줄 넣기 위해 참여하는 학생도 있을 것 같아요. 고은 님은 그런 학생들을 어떻게 보나요?

이 인액터스의 목적과 방향을 먼저 말씀드려야 할 것 같아요. 쉽게 말하면 인액터스는 사회적 책임감을 갖춘 리더를 양성하는 단체예요. 윤리적이고 도덕적인 리더십을 가진 사람이 많아지게끔 씨앗을 뿌리는 작업을 하는 거죠. 물론 소셜 섹터에 가는 것도 좋죠. 하지만 멀리 보면, 저는 학생들이 사업을 하며 좋은 리더가 되는 것도 또 다른 차원의 큰 임팩트를 만드는 거라고 생각해요.

인액터스를 하다 보니, 맹목적으로 '소셜벤처를 만들 거다', '사회문제를 해결하겠다'라는 목적만 좇는 친구들은 오히려 거기에 매몰돼서 팀워크를 발휘하지 못하는 경우가 있더라고요. 반대로 인액터스를 창업 동아리로 착각하고 들어온 친구나 내 손으로 무언가 만들어보려는 욕구가 있는 친구들이 좋은 결과를 가져오는 경우가 많았어요. 함께하는 팀원들과 무언가를 만들어간다는 공동체 의식을 바탕으로 합리적인 의사결정을 하는 친구들이 지역사회에서 더 큰 발전과 성장을 이룬다는 거죠. 자기 성장이라는 단순한 논리로 시작한 친구들이 좋은 퍼포먼스를 내는 것을 보며, 방향이 중요하지 주제와 목적만 중요한 것은 아니라는 생각을 했어요. 물론 숟가락만 얹는 친구들도 생겨났죠. 이름만 올려놓고 최소한의 활동만 하는 친구들도 간혹 있고요. 그런 친구들은 걸러내고, 인액터스 취지에 맞는 친구들을 찾아내는 시스템을 만들기 위해 준비 중이에요.

이 문제는 조금 더 파고들고 싶은데요. 사업을 통해 사회문제를 해결하는 단체에서 소셜 미션을 추구하는 친구들이 실질적인 퍼포먼스와 연결되지 않는다는 것이 모순처럼 느껴질 수 있을 것 같아요.

이 좀 더 구체적으로 이야기하면, 미션만 좇아서 진입하는 친구들은 인액터스를 그저 도구로 사용하려는 경우가 있어요. 인액터스가 자신이 생각하는 사회문제 해결과 맞지 않는다고 판단했을 때 문제를 만드는 경우도 꽤 있었고요. 전체 미션을 함께 바라보는 것이 아니라 자신이 생각하는 특정 주제를 통해 사회를 바라보고, 그 목적이 팀 내에서 해소가 되지 않았을 때 갈등을 빚었던 거죠. 전체 미션인 '체인징 더 월드Changing the World'에 공감하는 친구들은 팀원들과 함께 목적을 유연하게 구체화해요. 인액터스는 특정 문제를 해결하기보다 문제 해결에 좋은 리더십을 발휘하는 토양을 만드는 곳이에요. 윤리적인 리더십을 기르는 곳인 거죠. 사회문제를

이고은 · 박은호

해결하는 것 자체는 윤리적 리더십을 기르기 위한 방법이지 목표 그 자체가 아니에요.

제가 국내 대회 심사위원으로 참석했을 때 문제 해결을 위한 기존 공식을 너무 기계적으로 적용한다는 인상을 받았어요. 더욱 아쉬웠던 점은, 특정 문제에 대해 고민을 해본 적이 있냐고 물었을 때 '그런 적 없다'라는 반응이 돌아오는 거였어요. 내부적으로는 이에 대해 어떻게 생각하는지 궁금해요.

박 일단 끌림 프로젝트는 그렇지 않다고 생각했어요. 물론 쉽게 나온 아이디어처럼 보일 수도 있고, 하루 소득이 10만 원에서 20만 원으로 오르는 게 이 사람 삶에 어떤 변화가 있냐고 생각할 수도 있어요. '폐지 수거가 아닌 다른 일을 만들어주는 것이 결국 더 나은 일일까?', '그렇다면 그 일은 뭘까?', '재활용 업계의 카르텔 구조를 어떻게 바꿀 수 있을까?' 정말 고민이 많았거든요. 최선의 해결이 안 된다는 것을 깨닫고 차선을 선택했던 거예요. 오히려 최선을 고집했다면 프로젝트 자체가 성립하지 못했을 거라고 생각해요. 며칠 안에 이분들 삶이 180도 바뀐다는 것은 분명히 어려운 일이고, 학생들이 할 수 있는 것은 문제를 공론화하는 정도라고 생각했어요. 사회적 공감대를 형성할 수 있다면 저희가 할 수 있는 일은 충분히 한 것이라고 판단해요.

미시적인 접근으로 당장의 문제를 해결하고, 중시적으로

공론화를 하고, 거시적으로 사회구조와 인식을 바꾼다는 큰 틀 안에서 보았을 때, 광고를 통해 당장의 문제를 해결하는 미시적인 접근은 지속 가능해야만 했어요. 이것부터 지속 가능하게끔 해야 다음으로 나아갈 수 있으니까요.

은호 님께 다시 묻고 싶은 것이 있는데요. 잠깐 이야기가 나왔지만, 사실 서울대 인액터스는 늘 인액터스 월드컵(전 세계 39개국의 인액터스 챔피언 팀들이 모두 모여 그해의 세계 챔피언을 가리는 인액터스 최대 규모의 축제) 순위권 안에 들고, 시스템도 잘 잡힌 곳이라고 알고 있어요. 그럼에도 불구하고 힘들었던 점이 있다면 알려주세요.

박 끌림 프로젝트 팀장으로서 기존 공식에서 벗어나 새롭게 팀을 이끌어보려 했어요. 물론 우리 학교 인액터스 시스템이 잘 잡혀 있고, 그러다 보니 성공 공식이 잘 남아 있다고는 하지만 그게 항상 맞는 건 아니라고 생각했거든요. 하지만 그래서 온전한 확신을 가지지 못했던 것이 가장 힘들었어요. 지금 당장 결과가 없어도 확신을 갖고 팀원들을 이끌고 설득해야 했는데 매일 잠들면서도 '그게 될까?' 싶었거든요. 만약 프로젝트가 실패하면 저의 성장은 차치하더라도 프로젝트의 대상인 노인분들에게 허황된 약속만 하고 끝날까 봐 부담이 컸죠.

어른들 만나며 상처도 많이 받았어요. 끌림 프로젝트가 이벤트로 반짝하고 끝나는 것이 아니라 미시, 중시, 거시적으로 나아가게 하기 위해 파트너로 만난 단체가 많았는데 그곳 어른들은 이 프로젝트를 정치적으로 이용하려 한다는 인상을 강하게 받았어요. 처음에는 좋은 어른이라 생각했는데 저희가 그들의 수단이 되어버리는 모습을 발견했을 때, '이 어른들에게 폐지 수거 노인을 돕는다는 행위는 무엇일까?'라는 생각이 들었어요.

고은 님도 비슷한 경험이 있을 것 같은데요. 인액터스는 기업이나 단체가 학생들에게 접근할 수 있는 좋은 채널이 되었잖아요. 그래서 제안이 많았을 것 같은데 아쉬움이 남는 경우가 있나요? 반대로 바람직했던 경우도 궁금하고요.

이 말씀하신 그대로, 인액터스를 홍보 채널이나 수단으로만 이용하려는 곳이 많았어요. 30개 대학 커뮤니티가 형성이 되어 있다 보니 정말 맥락 없는 제안이 많더라고요.

홍보해달라는 연락이 대부분이에요. 보통 인액터스와 연고도 일면식도 없는 곳에서 연락이 와요. 예를 들면, 처음 보는 곳인데 자신들 행사 2주 전쯤에 연락해와서는, 행사 날짜를 바꿀 테니 함께하자고 해요. 왜 함께하고 싶고, 왜 함께해야 하는지에 대한 맥락은 아예 없죠. 그러니 저희와 좋은 활동을 함께하기 위해 연락한 게 확실한지 거듭 물어보게 돼요. 자신들의 목적을 위해 인액터스를 수단으로 소비하려는 단체는 억만금을 준다고 해도 거절해요. 당장 운영에는 도움이 되겠지만 멀리 보면 단체의 존립에 해를 끼치는 결정이라 생각하니까요.

반대로 정말 좋은 파트너는 인액터스 활동 자체를 응원해주는 경우가 많죠. 학생들이 인액터스를 어떻게 운영하고, 인액터스를 통해 어떻게 성장할지에 대해 많은 조언을 하되 불필요한 간섭은 하지 않아요. 인액터스의 목적을 정확히 이해해서 활동에 동참하고 지원해줄 수 있는 곳과 파트너가 되어야 한다고 봐요. 에스에이피코리아SAP Korea(1972년 설립된 독일의 소프트웨어 회사)나 현대해상 같은 회사는, 학생들이 사업을 경험하고 사회에 나가는 저희 목적을 잘 이해하다 보니 저희 의견을 수용해 프로젝트에 녹여주었어요. 현재 인액터스와 함께하는 파트너들은 매우 좋은 역할을 해주고 있어요.

아쉬움과 두려움을 넘어, 커뮤니티의 힘으로

은호 님과 고은 님께 요즘 학생들의 관점과 학생들을 지원하는 관점에서 의견을 듣고 싶어요. 인액터스 활동을 더욱 활성화하기 위해 극복해야 할 부분 그리고 극복되고 있는 좋은 사례는 무엇일지 궁금해요. 인액터스 출신 학생이 점점 더 많아지고 있으니까요.

이고은 · 박은호

^박 학생 입장에서 말씀드리면, 전문 영역에 대한 역량이 부족해서 할 수 있는 역할이 제한된다고 느끼거든요. 그래서 학생들의 전문성을 기르게 하는 교육기관이 있다면 함께하고 싶어요. 다양한 층위의 학생들 간에 교류가 이어지면 각자 다른 지식에 대한 접근성도 좋아지고, 전문성도 키우면서 새로운 것을 만들 기회가 더욱 많아질 거라고 생각해요.

^이 인액터스 월드컵에서 늘 우승하는 학교만 우승하는 것이나 어떻게 하면 후원금을 더 효과적으로 사용해서 학생들을 성장시킬지에 대한 고민이 많았어요. 사실 서울대 인액터스처럼 시스템이 잘 잡힌 곳은 신경 쓸 부분이 거의 없기 때문에, 사무국에서는 그렇지 않은 대학에 있는 학생들 위주로 많이 봐요. 열심히 하는 학생들의 프로젝트는 돕기도 하고요.

보완책으로 기획한 현대해상 씨앗 프로그램(인액터스에서 활동하는 대학생들의 프로젝트가 잘 정착할 수 있도록 초기 운영 자금을 지원하는 프로그램)에서 인액터스 학생들의 해결책이 실제 사업으로 얼마나 가능성이 있는지 피드백을 많이 줬어요. 학생들은 그런 피드백에 굉장히 긍정적인 반응을 보였어요. 아직 경험이 없어서 자신들끼리 하는 피드백에는 한계가 있거든요. 그 부분을 메워줄 수 있어서 인액터스의 시그니처 프로그램이 되었어요. 작년에 씨앗 프로그램에 선발되었던 동국대학교 고요한 택시 프로젝트(애플리케이션 개발을 통해 청각장애인을 택시 운전사로 양성하는 프로젝트) 팀은 3주밖에 안 된

팀이었는데, 올해는 국내 대회에서 우승을 했어요. 씨앗 프로그램을 통해 말 그대로 정말 시작한 지 얼마 안 된 씨앗 같은 프로젝트를 발굴하고 모니터링할 수 있다는 점이 매우 긍정적인 효과로 작용했죠.

에스에이피코리아와 함께 진행하는 인큐베이션 프로그램은 프로젝트 문제 정의부터 프로토타입(프로젝트 초기의 사업모델) 그리고 최종 적용까지 지원해주었어요. 문제 정의에만 두 달 정도를 투자하고, 활동이 우수한 열 팀을 선발해서 프로토타입을 위한 비용 200만 원을 지급해요. 그 후, 최종 세 팀을 선발해서 추가 지원을 하는 시스템이었죠. 그러다 보니 학생들이 버틸 힘이 생기더라고요. 이 프로그램이 아니었으면 금방 그만둘 학생이 많았거든요. 특히 네트워크가 약한 학교에는 조언해줄 경험자들이 없다 보니 실제 경험담을 들려줄 사람도 없고요. 힘든 것만 보면 금방 지치잖아요.

그래서인지 에스에이피코리아 프로그램에 참여했던 건국대학교와 경기대학교는 작년(2017년) 국내 대회에서 처음으로 준결승에 진출했어요. 소위 말하는 'TOP 4'의 아성을 무너뜨린 거죠. 이건 굉장한 성과라고 생각해요. 지금까지는 이런 프로그램도 없었고, 문제만 제기됐지 해결책을 만들지는 못했거든요. 학생들의 노력이 성과로 이어지는 시스템을 지속적으로 마련해야겠다는 생각을 하게 됐어요.

이 적어도 3~4년 전에는 제품이나 서비스를 만들어 판매하는 프로젝트를 시도하더라도 워낙 초기이고, 시장의 문턱도 낮았기 때문에 학생 수준에서 할 수 있는 게 많았다고 봐요. 하지만 지금은 순식간에 포화 상태가 되었잖아요. 요즘은 브랜드나 디자인도 워낙 팬시하게 출시되다 보니 학생 수준에서 할 수 있는 것들이 더 제한되고요. 그뿐만 아니라 빅데이터나 IT 기술 등 특정 기술로 문제를 해결하는 시대다 보니 학생들이 설 자리가 더 줄어드는 것은 아닌지 걱정도 돼요. 그렇다면 이런 기술적 격차를 극복하기 위해 어떻게 문턱을 낮춰야 할지 고민도 되고요.

그래서 다양한 학문을 전공하는 학생들이 기획을 실현하는 플랫폼에 대해 생각하게 됐어요. 학생들이 문제를 해결할 때 전문 지식의 부족을 두려움으로 느끼지 않게끔 지원하는 플랫폼이요. 이렇게 저희도 중간 지원 조직의 역할로 방향을 전환해야 할 시기라고 생각해서 어떻게 실현할 수 있을지 고민하고 있어요.

인액터스의 확장이 긍정적이라고 말씀하셨는데, 요즘은 인액터스와 비슷한 대학생 단체나 프로그램이 워낙 많거든요. 이제는 인액터스의 경쟁력과 강점이 무엇인지 고민하고 이를 통해 기술·전문 영역에 대한 문제들을 해결할 때인 것 같아요. 저희는 그 강점이 바로 인액터스의 커뮤니티성이라고 생각해요. 인액터스를 경험한 사람이 많아졌고 그들은 이미 사회에 진출해서 퍼포먼스도 내고 있어요. 이런 커뮤니티의 흐름을 한눈에 보고 접촉할 수 있는 플랫폼을 만들어 세상을 바꾸려는 비전을 가진 학생들이 더 쉽게, 더 많이 동참할 수 있게 하려고 해요. 지금은 그런 기반을 다지는 시기예요.

개인적으로 인액터스와 관련해 잊을 수 없는 경험이 또 있다. 2014년이었던 것으로 기억하는데, 두 번째로 참가한 인액터스 국내 대회에서 대학생들이 심사위원과 함께 점심을 먹는 자리가 있었다. 나는 작년과 크게 다르지 않은 내용을 발표한 서울대 인액터스에 핀잔을 쏘아붙였다. 1년 동안 성실하게 프로젝트를 진행한 회장은 그간의 노력을 무시당했다 생각해 서러웠는지 그만 울고 말았다.

그때 나는 내가 지닌 꼰대의 자질을 깨달았다. 청년들에게 공감 능력과 사명감만 있으면 괜찮으니 마음껏 도전하고 실패하며 사회혁신을 만들어가라고 해놓고는, 프로젝트가 만족스럽지 못하다는 이유로 청년들의 노력을 폄훼하며 의심한 것이다. 요즘 청년들에게 도전 정신과 끈기가 없다고 비판하기 전에, 그들이 왜 그런 상황에 있는지 이해하려는 노력이 필요하다고 늘 부르짖었지만 나도 실천은 어려웠다. 왜 더 고민하지 않았냐고 추궁하기 전에 그들이 충분한 정보와 지식을 가질 수 있도록 조언하고, 왜 프로젝트 중에 잠수를 타냐고 비판하기 전에 학생들의 상황을 이해하고 그들이 할 수 있는 역할을 맡도록 도와야 했다.

이고은 사무국장이 얘기한 것처럼 '체인징 더 월드'라는 커다란 목표를 달성하려면 다양한 경험을 하며 청년들 스스로 깨우치는 것이 중요하다. 박은호 학생처럼 주인의식을 갖고 일에 적극적으로 매진하는 청년도 있지만, 대다수는 아직 삶의 우선순위를 정하지 못한 채 더 나은 사회를 위해 본인이 어떤 일을 할 수 있는지 탐색하는 정도일 것이다. 보다 많은 체인지메이커가 생기길 바라는 우리는 첫술에 배부르길 바라며 청년들의 활동에 점수를 매기고 부족한 점을 질책할 것이 아니라, 그들이 목표를 달성할 수 있도록 긴 호흡으로 옆에서 지켜보는 페이스메이커의 역할을 해야 할 것이다.

사회문제를
해결하는 커리어에
도전하다

▶ ▶ ▶

소셜 섹터 취업준비생 **남경숙**

대학에서 경영정보학 및 경제학을 공부하던 중 인액터스 활동을 통해 학교 인근 지역 상인들이 겪는 문제 해결을 위한 '새싹' 프로젝트를 약 2년간 운영했다. 이후 여러 프로젝트에 관심을 가지며 소셜 섹터에서 커리어를 시작하는 것에 대해 고민하게 됐다. 2016년 루트임팩트의 임팩트 베이스캠프 2기 프로그램에 참여하며 소셜 섹터에 대한 확신을 가지게 되어 루트임팩트 인턴으로 일했다. 현재는 평소 관심사인 동물권을 더 자세히 공부하기 위해 워킹 홀리데이를 떠나 뉴질랜드에서 생활하고 있다.

취업준비생치고 힘들지 않은 사람은 없겠지만, 소셜 섹터의 취업준비생은 유난히 더 힘든 길을 가는 것 같아 섹터의 고용주로서 마음이 무거울 때가 많다.

아직 소셜 섹터 자체가 성장 단계에 있다 보니 대다수 비영리단체와 사회적 기업은 열악한 경우가 많다. 취업을 준비한다 해도 통상적 진로인 기업이나 공무원 등에 비해서는 정보도 너무나 제한적이고, 한 번 소셜 섹터에 발을 들여놓으면 나중에 커리어 전환이 만만치 않다는 문제도 있다. 이렇다 보니 부모님들도 자식이 좋은 일을 한다고 하면 일단 말리기부터 한다.

루트임팩트 같은 작은 단체가 해결하기에는 너무나 큰 문제라, 우리는 우리가 할 수 있는 작은 것들을 하며, 취업준비생들에게 소셜 섹터 취업을 위한 정보와 미리 역량을 개발하는 프로그램을 제공하고 있다. 이렇게 소셜 섹터 취업준비생들을 4년 정도 보다 보니 소셜 섹터 단체들의 씁쓸한 고용 상황이 계속 귀에 들어온다.

가장 안타까운 부분은 소셜 섹터에서 발생하는 열정페이 문제다. 돈을 지불하는 고객과 서비스나 제품을 이용하는 고객이 다르다는 소셜 섹터의 특성상 역량 있는 인재들이 정당한 금전적 대가를 받는 것은 무척이나 어렵다. 언젠가 체인지메이커들이 만들어내는 사회적 효익이 경제적으로도 의미가 있다는 것을 인정받고, 정부나 자선기관 혹은 개인의 기부로 충분한 매출이 발생하는 날이 오면 이 문제는 해결되겠지만, 그동안 비영리단체와 사회적 기업의 수많은 청년은 헌신과 착취 사이에서 시달려야 한다.

이 문제는 내부적으로도 많은 논의가 있었다. 격론이 벌어지기도 했다. 자연스레 사측을 대변하는 나는 힘든 이들을 돕기 위해서는 체인지메이커들의 헌신이 필요하지 않냐고 주장했다. 노동자를 대변하는 사람들은 사회혁신을 지향하는 단체가 가장 기본인 노동권도 지키지 못하면 사회혁신이 무슨 소용이냐고 했다.

결과적으로 구성원들이 헌신하는 만큼 비금전적인 보상과 자기계발, 워라밸, 자율권 등이 제공되고, 전체적으로 서로 존중하고 합의하는 문화가 있다면 노동이 가능하다는 훈훈한 결론으로 끝이 나긴 했지만 이마저도 어느 정도 여유가 있는 조직의 이야기일 것이다. 임금체불이 만성적으로 발생하고 1년만 지나도 대표 말고는 전부 바뀐다는 극악한 이직률 등의 풍문은 사회혁신을 꿈꾸던 취업준비생들의 의욕을 꺾어놓는다.

남경숙 학생은 루트임팩트에게 무척 상징적인 존재다. 이미 인액터

남경숙

스를 경험해서 소셜 섹터에 대한 이해도 높았고, 섹터에 관심 있는 대학생들을 위한 임팩트 베이스캠프에도 참여했고, 나중에는 루트임팩트 인턴으로 임팩트 베이스캠프 운영에 참여했다. 특유의 어른스러움과 사려 깊음으로 프로그램을 매끄럽게 진행하고 다양한 사회문제에 관심을 가지며 적극적으로 행동하는 것이 인상적이었다.

함부로 결론을 내리기보다 직접 겪어보고 생각을 정리하는 남경숙 학생과의 인터뷰는 소셜 섹터 취업준비생들이 겪고 있는 일을 보다 생생하게 들어볼 수 있는 기회였다.

의문에서 시작하다

어떻게 지냈어요?

졸업을 앞두고 있고, 뉴질랜드로 워킹 홀리데이를 가려고 자금 마련을 위해 아르바이트를 하고 있어요. 워킹 홀리데이는 약간은 충동적으로 결정했어요. 작년 5월에 신청했는데, 그때도 미세먼지가 기승이었거든요? 공기가 너무 안 좋아서 한국을 빨리 떠나고 싶었어요. (웃음) 해외에서 살아보고 싶기도 했고요. 또 작년 1월에 채식을 시작하면서 동물권 공부를 하게 되었는데, 공부를 하며 제 미래에 대한 고민을 하다 떠나기로 결정했어요. 채식을 시작했던 건 공장식 축산 때문이었는데, 뉴질랜드에서는 이 문제를 해결할 수 있지 않을까 싶더라고요. 한국, 특히 서울에서 지내면 이 문제를 글자나 영상으로만 접하니까 가까이서 보고 싶었어요. 뉴질랜드는 양과 소의 나라잖아요.

축산업 쪽에서 일할 계획인가요?

좀 더 직접적으로 문제를 알게 된 건 최근이라 어떻게 할지 모르겠어요. 보통 카페나 서비스, 농장 쪽으로 많이 가더라고요. 아직까지 축산을 한 사례는 한 번도 못 봐서 조금 걱정이 되지만 저 하나 일할 곳이 없겠어요?

가장 시급하게 와닿는 문제는 동물권 문제죠? 지금도 마찬가지지만 제가 대학 다닐 때는 사회적경제나 소셜벤처를 고민하는 친구가 많지 않았거든요. 인액터스를 시작하기 전에도 사회문제 해결에 관심을 가지고 있었어요?

꾸준히 관심 가졌던 건 빈곤과 여성 문제였어요. 둘 다 범위가 워낙 넓고 이 둘이 엮인 문제도 상당히 심각하다고 생각했거든요. 지금은 제가 어떤 일을 하든 문제를 해결하는 일을 하지 않을까 막연하게 생각하고 있어요.

전에 서울역 노숙인들을 쫓아내는 걸 뉴스로 봤는데 아직도 충격으로 남아 있어요. 노숙인들을 고용하는 두손컴퍼니의 박찬재 대표님을 좋아하는데, 대표님 역시 서울역 노숙인 강제 퇴거를 접하고 충격을 받아 현장으로 찾아갔다고 하죠. 막걸리를 사들고 가서 이야기를 나누어보니 자립 의지가 있는 분이 많다는 걸 아셨다고 했고요.

물론 서울역이 무서운 분위기라는 건 알지만 그렇다고 사람을 일방적으로 쫓아내는 것 말고는 해결책을 못 낸다는 게 충격이었어요. '단순히 미관을 해친다는 이유로 이렇게 해야 하나? 이게 내가 살고 있는 사회인가?'라는 생각을 많이 했어요. 고등학생 때는 위안부 문제를 알게 되어서 정대협(사단법인 한국정신대문제대책협의회)에 관심이 생기기도 했고요.

저는 뉴스에 나오는 일에 관심이 많았어요. 뉴스를 보고 별생각을 안 하는 사람도 있지만 문제를 접하면 많은 사람이 해결책을 생각하잖아요. 그런데도 해결이 어렵다는 게 이해가 안 됐어요. 저는 뭔가를 보면 항상 이게 왜 이런지 궁금해하는 학생이었는데, 이해가 잘 안 되니까 더 관심이 가더라고요. 보통 사회문제는 새로운 문제가 아니라 오랫동안 지속된 문제인데 발견이 안 된 것들이잖아요. 그런 문제에 관심이 많았어요. 하지만 제가 해결할 수 있다는 생각은 못 했던 것 같아요. 사회문제 해결은 누군가 할 거라고 생각했죠. 그런 생각을 깬 계기가 인액터스였어요.

해결책을 찾는 길에 도전하다

대학에서 이유를 파헤치고 해결책을 찾는 동아리를 봤을 때 굉장히 반가웠겠어요. 어떤 점이 좋았어요? 아쉬운 부분은 없었나요?

제가 그렇게까지 열심히 하게 될 줄 몰랐어요. 가벼운 마음으로 들어갔거든요. 지금 생각해보면 그 안에 있는 사람들 때문이었던 것 같아요. 그런 사람들을 한 번도 만나보지 못했거든요. 특히 중고등학생 때나 새내기 때는 무거운 이야기를 잘 안 했어요. 얘기를 해도 공감을 이끌어내지 못하는 상황이 반복되니까요. 노숙인 강제 퇴거에 대해서도 어쩌다 한 번 이야기한 적이 있는데, 친구들은 이제 서울역 마음 편히

남경숙

갈 수 있겠다고 하는 거예요. 그런 얘기를 들으니 아무 말도 못 꺼내겠더라고요. 친구들이랑 갈등 있어서 좋을 것도 없잖아요. 비슷한 시기에 어쩌다 정치 얘기를 했는데, 친구들 부모님 중에 무조건적인 보수당 지지자가 많더라고요. 그걸 그대로 답습해서 잘 모르는데도 '그렇다던데' 하면서 가볍게 넘기고요. 세상에 저 혼자인 것 같았는데, 인액터스에서 제 고민을 얘기할 수 있는 친구들을 만나니까 좋았던 거죠.

그때는 열심히 한다고 생각했는데, 돌이켜보면 왜 저렇게밖에 못 했을까 싶어요. 문제와 문제를 겪는 사람에 대한 공감까지는 했는데, 다음을 어떻게 해야 할지 몰라서 일단 주먹구구식으로 했던 게 후회돼요. 문제를 겪던 분에게 아직도 죄송하고요. 제가 그때 좀 더 잘했더라면 하는 아쉬움이 있죠. 좋은 마음과 열정만으로 되는 일이 아니라는 걸 크게 느꼈어요.

시작하기 전에 기본적으로 갖추어야 하는 지식과 역량이 있다고 생각해요. 그런 게 없이 사회적 가치에 대한 믿음과 마음으로만 시작하면 좋은 결과는 나올 수 없는 것 같아요. 그때 이후로 부족한 부분에 필요한 교육을 받으려고 이곳저곳 찾아다녔어요. 이런 습관이 몸에 밴 건 긍정적인 일이지만 그때 했던 프로젝트를 떠올리면 아쉬움이 커요.

사회적 가치에 대한 마음만으로는 안 된다고 하셨잖아요. 임팩트 베이스캠프는 갈증을 충족시켜주었나요?

네, 임팩트 베이스캠프에서는 디자인 씽킹Design Thinking과 로지컬 씽킹Logical Thinking 두 가지 트랙을 배웠어요. 디자인 씽킹은 원데이 워크숍에서 가본 적은 있었어요. 이런 프로젝트가 있다는 것만 알았는데, 관심 있는 사회문제를 사업 모델로 만들어서 해결해보고 멘토분들이 방향을 잡아주는 것도 좋았어요. 그런 면에서 도움이 되었죠. 로지컬 씽킹은 책으로만 봤는데, 사례로 보는 거랑 직접 생각해보는 거랑 깊이가 달랐어요. 특정 사회문제를 깊게 이해한 뒤 제대로 정의하는 것부터 해결책을 내놓는 것까지 전체 과정을 경험할 수 있어서 좋았어요. 어떻게 할지 몰라 헤매고 있을 때 방향을 잡아주시던 멘토분들 덕분에 문제를 해결하려면 어떤 도구를 어떻게 활용해야 하는지도 배울 수 있었고요. 또 다양한 사람들을 만나 자극도 많이 받았죠.

일을 선택하는 기준에 대해

소셜 섹터에서 커리어를 시작하겠다는 마음에 꽤 확신이 있는 것을 보며 신선한 느낌을 받았어요. 그 결정은 언제 하게 되었어요? 경숙 님에게 직업은 어떤 의미인가요?

임팩트 베이스캠프에서 마지막 프로젝트를 할 즈음에 결정을 내렸던 것 같아요. 전에는 고민이 있었어요. 어렸을 때부

남경숙

터 돈을 많이 버는 사람이 되고 싶었거든요. 하지만 소셜 섹터에서 그런 사람이 되기는 쉽지 않잖아요. 그래서 다른 곳에서 돈을 많이 벌고 경력을 쌓은 다음에 해도 된다는 생각을 했는데, 마지막 프로젝트를 해보니 소셜 섹터가 아닌 다른 곳에서는 일을 못 하겠더라고요.

사실 저는 다른 일은 아르바이트로만 했어요. 다양한 곳에서 아르바이트를 하며 제가 돈을 목적으로만 두고 일하면 집에 가고 싶다는 생각만으로 일한다는 걸 알게 되었어요. 시간만 채우고 퇴근하려다 보니 더 좋은 방법으로, 더 제대로 일할 수 있어도 그냥 시키는 일만 하더라고요. 스스로 꽤 열심히 일하는 사람이라고 생각했는데도요.

전에 공공기관에서 일한 적이 있어요. 엑셀로 데이터를 정리하고 확인하는 일을 했는데, 그 일을 준 분이 인쇄해서 하나하나 동그라미를 치며 확인해달라고 하시더라고요. 비효율적인 작업이라고 생각했어요. 인쇄를 하지 않더라도 엑셀로 충분히 확인할 수 있으니까요. 하지만 에너지를 쓰고 싶지 않았어요. 엑셀로 확인하는 게 확실한 방법이라고 설득해야 하고, 종이 자료가 없으면 제가 어떻게 작업을 끝냈는지 설명도 해야 하잖아요. 결국 저는 동태눈으로 수천 개 숫자를 일일이 확인했어요.

직종과 관련 없이 돈이 목적이라 시간만 채워야겠다고 생각하면 재미가 없었어요. 흥미가 있어서 시작한 일도 금방 지겨워졌고요. 해야 하니까 하는 일이었죠. 아르바이트도 힘든데 제가 가진 시간 중 아주 많은 시간을 할애하면서 몇 년, 몇십 년을 이렇게 살 수 있을까라는 의문이 들더라고요. 되든 안 되든 당장 하고 싶은 일을 해야 한다고 생각했어요. 해보고 아니면, 힘들긴 하겠지만 다시 돌아갈 수 있다고 생각했죠.

또 일반적으로 사람들이 스스로를 소개할 때 '저는 이런 일을 하는 사람입니다'라고 표현하더라고요. 이 문장이 자신을 가장 쉽게 보여주는 거죠. 직업이 곧 저를 대표하는 것이라고 생각하니, 그 가치와 목적에 더욱 의미를 두게 되었어요.

전통적인 영역에서 활동하는 시민단체, 루트임팩트와 같은 비영리단체, 일자리 창출을 목표로 소외계층을 고용하는 사회적 기업(좁은 의미), 사회적 미션을 추구하며 영리를 기반으로 활동하는 소셜벤처, 기업의 목적과 활동이 사회적 의미가 있는 비콥 인증 기업 등 소셜 섹터에도 정말 많은 일자리 유형이 있어요. 경숙 님은 어떤 직장에서 일하고 싶은가요? 또 좋아하는 기업이 있나요?

저는 소셜벤처 쪽이 재미있는 것 같아요. 문제 가까이에 있으면서 계속 뭔가 새롭게 만들어내는 집단이잖아요. 제가 인액터스를 하면서 재미있던 것 중에 하나가 좋은 마음으로 하는 가치 있는 일은 사업 가능성도 있다는 거였어요. 저에게 가치 있는 일이 모두에게 가치 있는 일은 아니니까요. 사업 모델을 통해 사회적 가치를 창출하도록 디자인하면, 실질적인 수요를 반영하는 것이라 설득력이 생겨요. 좋은 마음으로 시작한 소셜 섹터의 많은 사업이 대중의 공감을 얻지 못하면 수혜자에게 큰 영향을 주지 못하잖아요. 실질적인 영향을 주려면 돈이 벌리는 구조로 모델을 만드는 게 중요한 것 같아요. 그런 면에서 소셜벤처가 재미있어요.

저는 마리몬드를 좋아해요. 마리몬드는 제가 앞서 말한 걸 잘하는 것 같아요. 전에는 마리몬드 소비자로서 제품 종류의 다양성 차원에서 한계를 많이 느꼈거든요. 그래서 마리몬드가 더 할 수 있을까 싶었어요. 그런데 더 하시더라고요. 좋아하는 기업이 어디냐고 물어보면 자신 있게 마리몬드라고 말할 만큼 좋아졌어요. 제품 품질도 많이 좋아졌고, 종류도 굉장히 다양해졌어요. 위안부 할머니 문제 외에 다른 문제에도 계속 도전하고요. 물론 위안부 할머니로 각인된 마리몬드가 하기 쉬운 일은 아니지만, 브랜드 가치로 뭔가 끊임없이 만들어내는 모습이 좋아요. 존귀함이라는 가치로 브랜드를 잘 만들어가는 것 같아서 큰 애정을 갖고 있어요.

보통 부모님들은 소셜 섹터가 좋은 경험이지만 너무 그쪽에만 집중하지 말라고 얘기하더라고요. 경숙 님 부모님은 반대하지 않으셨어요?

반대는 안 하셨어요. 저희 부모님은 저처럼 사회문제에 관심이 많은 편은 아닌데, 직접적으로 어떤 직업을 하라고 하신 적도 없어요. 어릴 때 학교에서 부모님 희망 직업을 써오라고 하잖아요. 부모님은 저에게 하고 싶은 걸 묻고 제 뜻대로 써주셨거든요. 그런 걸로 문제가 있지는 않았어요.

또 인액터스를 하며 꽤 바쁘게 살았거든요. 여기저기 찾아다니며 다양한 경험도 하고요. 부모님은 그런 모습을 기특하게 보신 것 같아요. 그러니 이제는 어련히 알아서 먹고살겠거니 생각하시는 것 같고요. 친구들 얘기 들어보면 집 분위기가 다 이렇지는 않더라고요. 저는 다행이죠.

경숙 님 주변에는 같은 경험을 한 친구가 많을 것 같아요. 경숙 님처럼 어떤 친구들은 소셜 섹터에서 커리어를 시작하고, 어떤 친구들은 영리 섹터로 가잖아요. 경숙 님이 보기에 이 친구들과 경숙 님의 차이는 무엇인가요?

같이 활동했던 친구들 중에서도 저는 소수에 속해요. 인액터스 활동할 때도 열심히 하지 않은 사람들을 제외하고 보면 여러 유형이 있었어요. 꼭 직업으로 삼지 않더라도 관심을 갖고 주변 사람들에게 나누는 것만으로 큰 가치를 느끼는 친구도 있고, 사이드로 하는 것만으로도 충분하다는 친구도 있어요. 소셜 섹터에 가능성이 없다고 보는 친구도 있고요. 이 섹터에서 잘할 자신도 없고, 오히려 본인이 섹터를 망칠까 봐 우려하는 친구도 있죠. 인액터스에서 실패한 경험이 부정적으로 작용하기도 해요.

그럼에도 소셜 섹터에서 커리어를 시작하는 친구들은 공감하는 특정 사회문제가 있는 경우가 많아요. 두루두루 다양한 주제에 폭넓게 관심이 있는 친구들도 있지만, 특정 문제만은 해결되길 바라는 친구들이 소셜 섹터에서 커리어를 시작하는 것 같아요.

그동안 만난 소셜 섹터 혹은 사회적 가치를 고민하던 사람들 중에 아쉬운 사람도 있었나요?

여기 계신 분들은 대부분 한 가지 문제에 깊은 관심을 가지고 해결되었으면 좋겠다고 생각하시는데, 본인이 관심 있는 주제가 아닌 다른 문제는 가볍게 여기는 분을 몇 번 봤어요. 배경지식이 없는데 그냥 자신이 관심 있는 문제와 비슷하다 생각하고, 이렇게 하면 되는 거 아니냐고 쉽게 말하던 모습이 기억나요. 특정 문제를 해결하는 사람과 동등한 관심을 가져야 하는 것은 아니지만 다른 문제를 함부로 대하지는 말아야 한다고 생각해요.

또 간혹 보면, 법인을 차렸는데 내용은 단순 프로젝트 같은 곳도 종종 있더라고요. 시도도, 용기도 대단하지만 저렇게 해서 문제를 해결할 수 있을까 싶어요. 안 그러면 사람들이 지치기도 하고, 결국 잘되는 게 목표잖아요. 초년생들끼리 시작해 잘된 경우도 있지만, 쉽지 않다고 생각해요. 쉽지 않은 길을 가면 안 되는 건 아니지만 사명감만으로는 해체되는 경우도 있으니까요.

소셜 섹터에 더 많은 인재가 유입되면 좋겠다고 생각해요. 문제를 해결하는 사람이 많아지는 게 저희 목표이기도 하잖아요. 직원이 아닌 입장에서 이런 것은 보장해주어야 일하기 좋겠다고 생각하는 것들이 있나요?

쉽게 말하면 워라밸이에요. 제가 본 소셜 섹터 사람들은 일을 정말 열심히 해요. 그래서 방전되기도 쉬운 것 같아요. 퇴근했다 바로 출근하는 상황을 자주 보니 저게 얼마나 갈까 싶더라고요. 지친 게 해결되지 않으니까 휴식을 취하기보다 아예 그만두는 사람들도 생기고요. 회사 입장에서도 다른 생활 내려놓고 열심히 일하던 인재를 잃는 거고, 또 잘하는 사람이 한 명 나가면 새로운 사람으로 채우는 것도 쉽지 않잖아요. 어쩔 수 없는 부분이지만 적어도 사람이 충전할 수 있는 최소한의 여유는 있어야 하지 않을까요?

미국 유학 중 많은 친구를 만나며 부러웠던 것 중 하나는 자유로운 커리어 전환이었다. 공부를 하기 전에는 비영리단체나 사회적 기업에 있던 친구들이 컨설팅이나 금융 업계로 가는 경우도 많았고, 로펌이나 금융 회사에 있던 친구들이 비영리난체나 사회적 기업으로 가는

남경숙

경우도 많았다. 처우는 달랐지만 그들이 일한 경험에 대해서는 섹터를 넘어 인정해주는 부분이 분명히 있었다.

한국도 서서히 이런 방향으로 나아가고 있다. 루트임팩트와 오랫동안 관계를 맺어온 박라희 JP모간코리아 부문장도 NGO에서 커리어를 시작했지만, 이 경험을 바탕으로 JP모간코리아에서 일하게 되었다.

물론 여전히 섹터 간 경계는 분명하고, 소셜 섹터 일자리의 대다수는 전통적인 비영리단체거나 영세 기업 수준에 머무르는 경우가 많지만 성장의 기회는 많다. 세계화와 자동화에 따라 일자리 중심 복지 정책이 흔들리게 되면, 소셜 섹터는 사회안전망을 만드는 데 핵심적인 역할을 수행할 것이다. 궁극적으로 소셜 섹터는 새롭게 변하는 사회를 함께 만들어갈 정부, 기업, 전문직 모두를 아우르는 개념이 될 것이다. 그렇기에 지금 소셜 섹터에서의 커리어를 고민하는 이들은 어떤 조직으로 갈지 고민할 것이 아니라, 다양한 관점에서 사회문제를 바라보고 이해해 그에 대한 새로운 접근 방법을 모색하는 능력을 키워야 한다.

삶과 일의
가치를
통합하다

소셜 섹터 이직 고민자 **김형진**

경영학을 공부하고 회계사가 되어 2008년부터 삼일회계법인과 GS EPS에서 실무를 경험하며 재무와 회계 감각을 길렀다. 일과는 별개로 종교활동과 사이드 프로젝트를 통해 '따뜻하고 사람다운 세상'이라는 미션을 실현하기 위해 노력하던 중, 회계사 커리어가 사회적 선의를 실현하는 데 기여할 수 있다는 사실을 알고 2016년 루트임팩트에 합류했다. 루트임팩트의 재무와 인사 등 경영관리를 총괄하며, 보이지 않는 임팩트를 어떻게 평가하고 관리할 것인지 고민하고 있다.

국내 최고 회계법인을 거쳐 대기업 회계 담당자로 근무하다 루트임팩트로 건너온 사람이 있다. 청소년 교육에 남다른 애정을 갖고 학교를 만들고 싶다는 꿈이 있던 그는 어느 날 문득 하루 중 대부분의 시간을 쏟는 일과 자신의 꿈을 이루기 위한 노력의 일치를 꿈꾸기 시작했다. 자신의 커리어와 맞닿아 있으면서도 의미 있는 일을 할 수 있는 곳을 찾아 소셜 섹터로 진입한 김형진 루트임팩트 매니저다.

소셜 섹터의 성장을 느끼게 된 이유 중 하나는, 영리 섹터에서 일하다 소셜 섹터로 커리어를 전환하는 사람이 점점 많아지고 있다는 것이다. 하지만 아직 한국 소셜 섹터는 충분한 규모가 되지 않았고, 미국처럼 영리 섹터와 소셜 섹터 간 커리어 전환이 자유로운 것도 아니다. 그럼에도 영리 섹터의 훌륭한 처우와 안정성을 포기하고 소셜 섹터로 진입한 분들에게 이유를 물어보면 많은 분이 비슷한 답변을 했다. 괴리감을 버틸 수 없다는 것이었다.

괴리감은 이런저런 사정, 혹은 소셜 섹터에 대한 부족한 정보 때문에 일단 영리 섹터로 간 체인지메이커들이 많이 느끼는 감정 중 하나다. 본인의 철학이나 사명감으로는 분명 더 정의롭고 정직하게 일하며 어려운 이들을 배려해야 하지만, 조직 차원에서 '먹고살려면 어쩔 수 없지'라는 의식을 바탕으로 도덕적으로 애매한 일을 반복하며 괴리감을 느낀다.

요즘 워라밸이 트렌드라지만, 한국처럼 회사에서 보내는 시간이 긴 사회에서 이게 어디 쉬운 이야기인가. 본인의 사명감과 맞지 않는 직장에서의 일이 삶 전체에 영향을 미치면, 체인지메이커들은 궁극적인 결정을 내릴 수밖에 없게 된다. 사명감을 내려놓거나 사명감과 맞는 일을 찾든가. 이런 번민과 갈등을 거쳐 소셜 섹터로 이직을 결정한 분들은 무척이나 소중한 존재다. 이들은 영리 섹터에서 쌓은 경험을 통해 영리 섹터와 소셜 섹터의 가교 역할을 한다. 이미 고민과 갈등을 거쳐 소셜 섹터를 선택한 만큼 진정성도 검증이 된 셈이다.

나부터도 소셜 섹터에서 커리어를 시작했기에 우리에게 중요한 파트너인 영리 섹터의 사고 체계를 이해하지 못한다. 세상 모든 사람이 공익을 추구할 것이라는 순진한 마음으로 일하다 어그러진 일이 너무 많았다. 영리 섹터와 소셜 섹터 양쪽 모두를 경험한 사람들은 다소 냉정하게 보여도 이런 환상을 없애는 기대치 조정을 통해 실질적인 결과를 끌어낸다.

그런 면에서 김형신 매니저가 회계사, 즉 숫자 전문가라는 점이 한층 더 부각된다. 독실한 신앙심을 바탕으로 누구보다 확고한 사명감을 지니고 있지만, 만인이 이해할 수 있는 숫자로 결과가 나오지 않는 것에 대해서는 단호한 태도를 보인다. 소셜 섹터에서 선의로 하는 일이라며 애매하게 넘어가려는 부분도 확실하게 숫자로 보여주기를 요구해서 조직의 안정적이고 장기적인 성장을 도모한다.

조곤조곤한 목소리와 예의 바른 말투로 매섭게 소셜 섹터의 현실을 지적하는 김형진 매니저. 그와 나눈 이야기가 소셜 섹터로의 커리어 전환과 조직 역량에 대해 고민하는 이들에게 생각을 전환하는 계기가 되었으면 한다.

일의 의미를 찾아서

형진 님이 삶의 목표와 부합한 생활을 하시는 걸 보면 처음에 회계사가 되겠다고 마음먹은 계기도 있을 것 같아요. 지금 형진 님이 걷고 있는 체인지메이커의 길은 비주류에 가까운 길인데, 첫 커리어로 회계사라는 주류의 일을 하게 된 이유가 궁금하네요.

제가 회계사가 된 이유는, 감사監査라는 단어가 주는 느낌과 제가 이해한 회계사의 콘셉트에 매력을 느껴서였어요. 잘못된 것을 찾아내서 바로잡는 것에 끌렸어요. 제가 무식했던 거죠. 학교 선배들과 안 친해서 정보도 별로 없었고요. 회계사가 되고 보니 제가 생각한 건 검사나 감사원, 국세청에서 하는 일이더라고요. 회계사는 그런 일을 할 수가 없었어요. 그래서 갈수록 의미를 찾기 힘들었죠.

일을 재미있게 하려고, 이것도 결국은 서비스업이라고 생각하기 시작했어요. 주변에서도 그렇게 말하는 사람이 많았고요. 문제는 이 서비스를 재벌 기업에 한다는 건데, 재벌 기업은 진짜로 제 도움이 필요한 게 아닌 것 같았어요. 저는 그냥 그들이 귀찮아하는 일을 대신 해주는 사람 같더라고요. 그래서 제 도움이 진짜 필요한 곳, 그중에서도 사회적으로 의미 있는 일을 하는 조직을 돕고 싶다고 생각했죠.

김형진

회계에 관심을 갖게 된 이유가 잘못을 찾아내서 바로잡는 것에 대한 관심 때문이라고 했잖아요. 그런데 회계사라는 직업의 특성을 고려해서 회계사를 준비하는 사람들은 잘 없는 것 같아요. 안정적이고 전문직이라서 하는 것 같거든요. 평범하지 않은 생각을 한 이유는 뭘까요?

맞아요. 나중에 안 거지만 보통은 그저 회계사 자격을 갖고 회계법인을 거쳐서 다른 일을 하려고 하더라고요. 개업을 해서 안정적인 길로 간다거나 더 높은 연봉을 주는 곳을 가기 위해 거치는 길로 생각하는 거죠. 저는 수입이 꽤 될 거라는 생각은 했지만, 그보다 그냥 회계가 좋고 일로 하면 재미있을 것 같아서 시작했어요.

　종교적인 이유도 컸던 것 같아요. 10대 때부터 성당 활동을 열심히 했고, 일을 하면서도 종교적인 가르침을 실천하고 싶다는 마음이 있었어요. 조금 이른 나이에 일을 시작해서 그런지 실천이 쉬울 거라고 생각했던 것 같아요. 하지만 제가 대학생 때까지 많은 시간을 보낸 성당과 사회는 너무 다른 세상이더라고요. 실망스러운 모습을 종종 봤어요. 성당과 대비되는 모습을 보면서 어린 마음에 반발심도 생겼고요. 여기에 종교적인 사명감이 더해지면서 제가 성당에서 배운 것을 더 의미 있는 일에 쓰고 싶다는 생각을 한 것 같아요.

어떤 일이 의미 있는 일이라고 생각하셨나요?

제게 의미 있는 일은, 이 세상이 좀 더 따뜻해지고 사람다워 지는 것에 제가 기여하는 거예요. 그동안 그런 기여는 종교 활동을 통해 하는 거고, 일은 그런 기여와 상관없이 먹고살 기 위해 하는 거라고 생각했어요. 그게 어떤 일이든 일을 하 면서 삶의 가치를 느끼는 사람도 많을 텐데 저는 그런 것과 는 거리가 있었죠. 갑자기 이직을 한 거라 두 번째 회사에서 는 그런 느낌을 더 못 받았어요. 일을 할수록 발전하는 것 같 은 느낌이요. 업무 측면에서 보면 그때도 배운 게 많지만, 당 시의 저는 그런 느낌을 받았던 거죠. 그래서 성당 활동에 더 많은 시간과 마음을 썼어요. 그러다 보니 의미 있는 일을 더 많이 하고 싶더라고요. 성당 활동만으로는 부족해진 거죠. 이때부터 제가 가장 많은 시간을 쓰는 경제 활동과 저의 미 션이 일치되었으면 좋겠다는 생각을 했어요. 그러다 루트임 팩트를 알게 된 거예요. '선의'라는 단어가 회사의 미션 문구 에 있다는 사실이 신선했어요. 처음에는 그게 제일 좋았죠. 이곳에서 일하면 일과 제 미션이 일치될 거라고 생각했어요.

세상이 좀 더 따뜻해지고 사람다워지길 바란다고 말씀하셨 는데요. 형진 님이 생각하기에 사람답게 사는 사회로 나아가 는 데 가장 큰 장애물은 뭔가요?

불안감인 것 같아요. 불안하게 하는 제도와 사람이 있어요. 불안감을 느끼면 경쟁에서 뒤처져 나락으로 떨어지기 싫으

김형진

니까 다른 사람을 짓밟고 위로 올라가려 해요. 나부터 살고 보자는 생각이죠. 그런데 불안감이라는 게 어렸을 때부터 받은 교육이나 주변 사람들의 영향 등을 통해 조금씩 쌓이는 것 같아요. 그렇게 불안에 대한 믿음이 점점 강해지고, 그러다 어느 순간 믿음이 불안을 현실로 만드는 거죠.

합리적인 사회 제도를 무용지물로 만드는 힘 센 사람들은 늘 있잖아요. 이 사람들이 다른 사람의 불안감을 조장해요. '나부터 살고 보자'는 생각을 자신만 하면 성공할 수 없으니까 다른 사람들도 그런 생각을 하게 만드는 거예요. 모두가 불안해하면 공동체가 깨져요. 이런 식으로 힘이 센 사람들이 이기는 거죠.

성당에서 중고등학생들을 가르치며 학교폭력 사례도 보고 들었다고 하셨는데, 혹시 그 사례들을 접하며 더욱 그렇게 느끼신 걸까요?

성당에서 중고등학생들 가르치는 일을 오래 했어요. 왕따나 학교폭력도 다른 친구를 못 믿어서 생기는 거라고 생각해요. 가해자는 가만히 있으면 내가 맞을 것 같고, 가만히 있다 배제될 것 같아 가해를 해요. 그래서 먼저 배제하고 때리는 거라고 느꼈어요. 반대로 피해자들은 점점 더 불안감이 강해지죠. 결국은 양쪽 다 불안감을 가지는 거예요. 몇 년 전에 고위급 공무원이 '개돼지' 발언을 했던 긴 인터뷰가 통째로 나왔잖아요. 그 인터뷰에서도 그런 느낌을 많이 받았어요. 불안감을 느낀 공무원이 국민을 통제의 대상으로 본 거죠. 나와 내 자식은 낙오되지 않았으면 좋겠다는 마음이 뒤틀려서 그렇게 발현된 거라고 생각했어요.

이 불안감을 극복할 수 있는 방법은 여러 가지겠죠. 개인적으로는 종교도 그렇다고 생각해요. 사회적으로는 교육의 힘이 크다고 보고요. 뭐가 됐든 여러 수단을 통해 불안감 대신 희망과 사랑 같은 감정으로 마음을 채워줘야 해요.

소셜 섹터에서의 1년 반

소셜 섹터로 이직한 지 1년 반이 되셨네요. 긴 기간은 아니지만, 업무나 조직 문화 차원에서 영리 섹터와 확연히 다르다고 느꼈던 부분이나 이전에 가졌던 생각이 소셜 섹터에 들어와 보니 바뀐 부분이 있나요?

아직 루트임팩트를 제외한 나머지 소셜 섹터는 잘 모르겠어요. 저는 루트임팩트와 이전 직장의 확연한 차이를 느끼지만, 소셜 섹터의 다른 조직을 가도 이 정도 차이를 똑같이 느낄 수 있을지는 모르겠다는 거예요. 소셜 섹터 전체를 경험한 건 아니라 말하는 게 소심스럽기도 하고요.

루트임팩트로 한정해서 말한다면, 다르다고 느끼는 점은

신뢰예요. 신뢰가 생기니 서로 존중하게 되고요. 일을 할 때
서로의 의견을 존중하고 반영해주니 좀 더 진취적으로 일하
게 되고, 각자의 라이프스타일을 존중해주니 자유롭게 지내
며 워라밸을 지킬 수도 있죠. 인격을 존중받으니 동료들에게
도 인간적인 매력을 느끼고 조직을 진심으로 지지하게 되는
것 같아요. 이전 회사에서는 이 모든 게 잘 안 되었어요. 다
만, 이게 '소셜벤처'여서인지, 그냥 '벤처'여서인지는 아직 모
르겠어요. 아, 한 가지 더 말하자면 사회적 가치에 대해 이야
기한다는 것도 가장 크게 다른 점이겠네요.

지금 루트임팩트 외에 다른 조직들의 회계 업무도 지원하고
있잖아요. 회계의 기초를 알려주는 '닭 잡는 회계' 같은 프로
그램이나 회계 지원 프로그램을 진행하고 있는데, 이 모든
것을 기획한 계기와 프로그램을 해왔던 소회가 궁금해요.

오자마자 컨설팅 계획을 짜서 소셜벤처 세 곳을 지원했어요.
팀으로 하는 것보다는 퀄리티가 낮았겠지만 어느 정도 괜찮
은 결과물을 줬다고 생각했는데, 이게 기업 내부에서 자체적
으로 굴러가지 않는 거예요. 아무리 좋은 일을 한다고 해도
성과는 내야 하고, 그러려면 역량이 필요해요. 선한 의지만
으로 성과를 낼 수 있는 건 아니잖아요. 각 조직에 역량이 부
족하다는 점이 소셜 섹터의 현실적인 한계라고 느꼈어요. 그
래서 실무 역량을 강화할 수 있는 뭔가가 필요하다는 생각에

컨설팅 대신 강의와 세미나를 해본 거예요. 그런데 이게 다시 딜레마더라고요. 예를 들면, 대기업은 교육도 더 많이 받잖아요. 근무 시간에 며칠짜리 외부 교육도 듣고요. 하지만 이쪽은 그렇지 않은 것 같더라고요. 바쁘다거나 그 정도로 필요하지는 않다거나 경영진이 그 정도를 해줄 의지가 없다거나 여러 이유가 있겠지만, 가장 중요한 건 회계 역량에 대한 경영진의 의지와 공감대예요. 사업 전략, 영업, 마케팅 등에 역량이 쏠리면서 회계는 지원 분야라고 생각하거든요. 한 단계 올라가려는 기업에서 회계는 단순 지원을 넘어 전략적인 의사결정과 함께 가야 하는 분야인데 말이에요. 강의를 할 때 반응은 좋았지만, 얼마나 실질적인 도움을 주고 있는가에 대해서는 아직 의문과 아쉬움이 있어요.

가끔 외부 도움을 받는다 하더라도 조직 내부에 '이 정도는 준비가 되어 있어야 한다'는 점이 있을까요?

사실 회계와 재무는 모든 구성원이 기본적으로 갖추어야 할 소양이에요. 실무자는 자신의 힘으로 결산을 하고 사업 계획도 세울 줄 알아야죠. 스스로 결산할 능력도 없는 회사는 다음 단계로 가는 게 쉽지 않아요. 물론 결산에서 그 정확성의 기준과 정도를 어떻게 볼 것인가에 따라 차이는 있겠지만, 이 정도 역량은 갖추어야 하지 않나 싶어요. 그래야 소셜에서 끝나지 않고 성공한 소셜벤처로 나아갈 수 있지 않을까 합니다.

김형진

회계사가 본 임팩트 평가

영리 기업은 회계 기준에 따라 산출된 매출, 영업이익 등으로 그들의 성과를 평가한다. 하지만 소셜벤처나 비영리단체는 숫자 이상의 사회적 성과, 즉 임팩트를 만들어낸다. 최근에는 임팩트를 최대한 정량적으로 평가하려는 다양한 노력이 전개되고 있다. 정성적이고 주관적인 임팩트를 대다수가 쉽게 이해할 수 있도록 표현하는 것은 소셜 섹터의 성장을 위해 필수이기 때문에 김형진 매니저는 루트임팩트에서 임팩트 평가를 연구하고 있다.

지금 루트임팩트 안에서 임팩트 평가 태스크 포스를 이끌고 있죠. 이전 회사나 업무가 정량적인 업무였다면 임팩트라는 건 굉장히 정성적이잖아요. 성수동 안에서 여러 소셜벤처들이 임팩트를 평가하는 관점이나 섹터 전반에서 나누는 임팩트에 대한 이야기를 어떻게 느끼나요? 어떤 연유에서 자발적으로 태스크 포스를 하게 되었는지 궁금합니다.

임팩트라는 개념은 루트임팩트로 이직하고 나서 처음 접했지만, 실제로 사례들을 듣고 접하다 보니 이해하기 어려운 개념은 아니더라고요. 그런데 아직까지 모든 사람이 동의할 만한 답은 없잖아요. 많은 사람이 오랫동안 이 개념을 고민했는데 말이에요. 여기에 궁금증이 생겨서 임팩트 평가를 시작한 거예요.

또, 저는 평가에 관심이 많아요. 회계도 곧 평가고, 제가 관심 있는 교육도 평가가 중요하잖아요. 임팩트 평가라는 분야를 오랫동안 공부해서 전문성을 키워온 게 아니라 조심스럽지만, 임팩트를 연구하다 보면 애초에 수치로 표현해서 평가할 수 있는 것과 그렇지 않은 것이 있다는 생각이 들어요. 그래서 중요한 것은, 수치화할 수 있는 것과 없는 것을 잘 구분하는 거예요. 수치로 표현하는 것이 합리적이지 않은 임팩트를 억지로 수치화하기보다 그 나름대로 잘 평가하고 표현하는 방법을 고민해야 한다는 거죠.

임팩트 평가 관련 공부를 하시면서 이런 발전은 지양해야겠다고 느낀 부분이 있을까요? 임팩트 평가 방법을 찾아냈다고 홍보는 열심히 하는데 실체는 의심스럽다거나 그런 기준을 회계처럼 보편적으로 적용했을 때 긍정적인 것보다 부정적인 것이 더 많을 것 같다고 느꼈던 사례가 있다면 말씀해주세요.

임팩트를 단순하게 화폐 가치로 환산해서 표기하는 건 지양해야 한다고 느껴요. 처음 들었을 때는 대단하게 느낄 수 있는데, 케이스 몇 개를 보면 '이게 맞나? 그래서 내 통장에 있는 1000만 원과 이 임팩트를 표시한 1000만 원이 같은 가격이라는 건가?'라는 생각이 들면서 납득이 안 되더라고요. 임팩트를 처음 들으시는 분들, 회계에 대한 배경지식이 얕은 분들에게 재무적 가치는 객관적이고 신뢰성이 높은 반면 임팩트는 주관적이라며 흑백논리로 비교하는 것도 들은 적이 있는데, 사실 그렇지도 않아요. 재무적 가치에도 가정假定이 굉장히 많고, 화폐 가치로 평가하지만 객관적이지 않고 신뢰성이 낮은 경우도 많아요.

객관적이고 공정하게 신뢰성이 높은 평가를 한다는 것은 어떤 영역이든 어려워요. 모두가 공감하게 하는 것은 제일 어렵고요. 이 어려운 걸 누구나 할 수 있는 일이라고 생각하는 접근이 오히려 잘못된 것 같아요. 임팩트 평가가 어렵다는 걸 인정하고 주관적인 건 주관적으로 평가하게 연구해보면 좋을 것 같아요. 또 임팩트는 재무적 가치에 비해 더 많은 공감대가 필요한 것 같아요. 임팩트를 100으로 평가했다면 이를 뒷받침할 수 있는 논리가 필요하고, 그 논리를 외부에서 인정할 수 있을 때 비로소 100이라는 숫자가 공신력을 얻을 수 있겠죠. 게다가 임팩트는 사람들이 공감할수록 평가의 신뢰성이 높아지잖아요. 사실 누군가 특정 임팩트에 공감하게 된다는 것 자체가 이미 또 다른 임팩트가 발생하고 있는 거라고 생각해요.

루트임팩트를 넘어

언젠가 학교를 차릴 거라는 소문이 자자합니다. 구체적으로
세운 계획이 있나요?

같은 꿈을 꾸는 친구들 열 명이 한 달에 한두 번 정도 모여
요. 사실 꿈과 비전만 있지 대단한 게 있지는 않아요. 각자가
쓰는 시간과 마음속 중요도가 제각각이라 진도는 잘 안 나가
지만, 같이 이야기하고 공부하는 시간이 어느 정도는 되었다
는 생각이 들어요. 최근에는 우리 생각을 교육에 구현하려면
어떻게 해야 할지 커리큘럼부터 준비해보자는 이야기가 나
와서 커리큘럼 만드는 작업을 하고 있어요. 이게 계획대로
잘되면 공교육의 방과후학교나 자유학년제에 적용해볼 생
각으로 테스트 결과를 누적하려 해요. 저는 학교를 세울 돈
이 없는데요. (웃음) 예전부터 언젠가 돈이 많은 사람을 만났
을 때 그 사람을 설득할 수 있는 콘텐츠를 준비하자는 생각
으로 하고 있어요. 그때를 위해 검증된 콘텐츠를 잘 쌓아두
어야겠죠.

전업 체인지메이커와 상관없는 커리어를 밟으면서 교육 분
야에 비전을 갖게 되었고, 실제로 이직을 해서 다양한 활동
을 하며 창업에 가까운 것을 준비하는 거잖아요. 이런 높은
수준의 헌신을 꾸준히 유지하는 비결이 있나요?

319   김형진

이쪽으로 가야 하는데 그러고 싶지 않을 때 어떻게 다잡는 거냐고 묻는 거라면, 아직까지 저는 그런 마음이 안 들어요. 이쪽으로 가고 싶어서 가는 중인 거예요. 그게 꼭 사회적이고 종교적인 사명감이라고 생각하지도 않아요. 물론 제가 종교가 있으니 그런 측면에서도 생각을 하긴 하지만, 꼭 그게 아니더라도 그러고 싶어요. 이게 재미있어서 마음 가는 대로 하고 있는 것 같아요. 또 저는 저와 가까운 주변 사람들도 행복해지면 좋겠거든요. 제가 지금 하는 일이 이들이 행복해지는 방향이라고 믿는 부분도 있는 것 같아요.

일이 사람에게 주는 가치가 사람마다 다를 텐데, 저한테는 그 가치가 조금 큰 것 같아요. 보통 가장 많은 시간을 일에 쓰잖아요. 그러면 나한테 일이 얼마나 가치 있느냐가 가장 중요할 텐데, 제가 만난 많은 직장인은 일하면서 가치를 못 느끼거나 가치를 찾는 것조차 포기한 상태였어요. 그분들 모두가 이직을 할 수는 없을 거예요. 여전히 일반적인 회사에 다니면서 만족하지 못하는 분도 많겠죠. 그분들에게 포기하지 말라는 말을 하고 싶어요. 답 없는 이야기를 하고 싶지는 않지만, 내가 일하는 시간이 가치 있는 시간이라는 믿음을 포기하지 않았으면 좋겠어요. 당장은 방법이 잘 안 보이겠지만, 내가 하는 일이 단순히 회사에게 돈을 많이 벌어다주는 일이라고만 생각하지 마세요. 그 일이 나에게, 주변 사람에게, 이 세상에 어떤 영향을 미치고 있는지 생각해보면 가치 있게 느껴질 때가 있을 거예요.

부정할 수 없는 현실 중 하나는 한국 소셜 섹터에 순혈 의식이 존재한다는 것이다. 소셜 섹터가 성장하는 과정에서 많은 활동가의 헌신을 보상하기 위해 생겨난 게 아닌가 싶은 순혈 의식은 소셜 섹터에서 영리 섹터로 가는 사람들을 변절자로, 영리 섹터에서 소셜 섹터로 오는 사람들을 뜨내기로 구분한다. 물론 충분한 인정과 대우를 받지 못하고 공익에 대한 사명감으로 헌신하는 소셜 섹터 종사자들에 대한 존중이 필요한 건 사실이다. 하지만 우리나라처럼 영리 섹터와 소셜 섹터의 괴리가 클수록 영리 섹터에서 소셜 섹터로 넘어오는 사람들의 역할은 더 중요하고, 그들을 적극적으로 영입해 교육시켜야 한다고 믿는다.

한국의 소셜 섹터는 과거부터 현재까지 민주주의의 발전, 인권 증진, 한국형 복지 체계 등 다양한 곳에서 무에서 유를 창조하는 놀라운 일을 해왔다. 하지만 한국이 급성장을 한 것에 비해 아직도 너무 많은 비영리단체와 사회적 기업은 체인지메이커 개개인의 놀라운 헌신으로 어찌저찌 조직을 꾸려가는 상황이다. 이제는 한국 소셜 섹터도 질적·양적으로 급성장을 해야 하는 시기가 왔다. 소셜 섹터가 영리 섹터처럼 성장하려면 체계화를 통해서만 가능하다. 그리고 김형진 매니저처럼 영리 섹터를 경험한 사명감을 가진 이직자들이 성장에 필수불가결한 반석이 될 것이다.

김형진

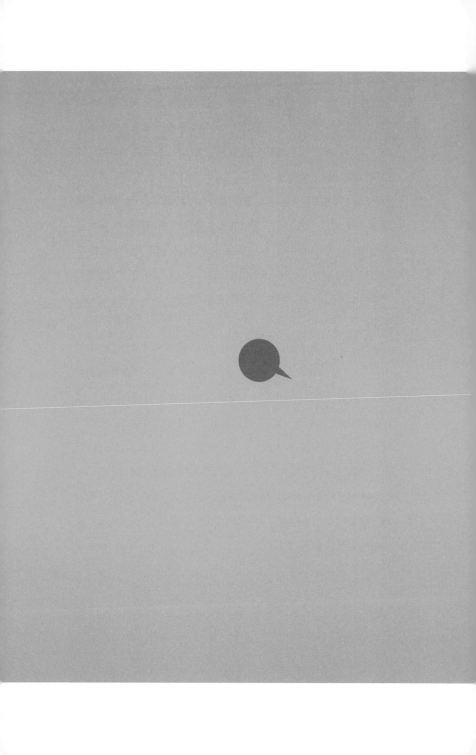

가치 중심의
소비문화를
소개하다

▶ ▶ ▶

가치소비자 **성 그레이스**

사회학을 전공하고, 13년간 주한미국대사관 상무부에서 상무담당위원으로 일하며 소비재와 유통 산업을 담당했다. 2004년 닥터 브로너스 본사와 프로젝트를 진행하며 그들의 독특한 문화와 철학에 반하게 되어 2013년부터 닥터 브로너스 공식 수입사인 엠아이인터내셔널의 마케팅 이사로 일하며, 닥터 브로너스 본사가 추구하는 환경보호 및 사회공헌 활동이 한국에도 자리 잡을 수 있도록 CSR 활동에 집중하고 있다. 또한 수입사 에임케이를 설립해 신환경 세제 및 생리대를 국내에 소개하며 가치소비 확산에 힘쓰고 있다.

가치소비(가치를 충족시키거나 만족도가 높은 소비재를 과감하게 구매하는 소비 성향)는 분명히 우리 모두에게 이로운 일이다. 친환경적인 방법으로 생산된 제품 사용으로 매연이나 오염을 예방해 삶의 질을 높이고, 소외된 이들을 고용해 안정적인 생활을 가능케 함으로써 사회 안정을 도모하는 것까지 어느 하나 나쁜 게 없다. 심지어 이런 소비재를 찾기 힘들고 찾아도 비싸다는 문제점조차 보다 많은 소비자가 찾아 규모의 경제가 실현되고 충분한 연구와 기술 개발이 진행되면 해결될 수 있을 것이다. 그런데 왜 우리는 아직도 가치소비를 하지 않을까?

가치소비를 통해 우리가 미래에 얻을 혜택은 너무 멀고 추상적인데 비해, 값싸고 편한 불량제품은 지금 우리 앞에 확실하게 존재하기 때문이다. 하지만 주변 사람들을 보면 미래를 대비하는 본능이 강력하게 작동하는 계기가 있다. 바로 자식이 생겼을 때다. 세상 그 무엇보다 사랑스러운 자식이 생기는 순간, 사람들은 내 아이가 행복하게 살 수 있는 세상에 대한 고민을 하게 된다.

성 그레이스 대표님도 아이 덕분에 임팩트 비즈니스의 영역에 발을 들여놓았다. 주한미국대사관에서 일하다 둘째 아이를 가진 것을 계기로 일을 그만둔 뒤, 닥터 브로너스를 수입하게 되었다. 아우슈비츠에서 부모님을 잃고 사람을 위한 사업을 하게 된 닥터 브로너스의 창업주 에마누엘 브로너Emanuel Bronner의 이야기도 인상적이지만, 분명한 철학을 갖고 사업을 운영하는 성 그레이스 대표님의 이야기도 무척 흥미로웠다.

아무리 바빠도 매일 아이들과 저녁을 함께하고 다양한 미팅에 아이들과 함께 참여해, 아이가 자연스럽게 친환경이라는 주제에 관심을 갖게 하는 대표님의 이야기를 들으며, 이렇게 원칙을 충실하게 지키는 사람이 있기에 닥터 브로너스도 원래 취지대로 한국에서 사업을 전개해 지금의 성공을 거둔 게 아닌가 싶다.

닥터 브로너스가 한국에서 호응을 얻고 있는 것은 좋은 일이지만 친환경 브랜드의 미래는 녹록지 않다. 인터뷰에 나온 것처럼 몇몇 진정성 있는 브랜드가 있어도 다른 대형 플레이어들이 참여하지 않는다면 친환경 재료 자체가 위협받는다. 보다 많은 사람이 가치소비를 시작해 더 많은 시장 참여자가 가치소비를 중요한 전략으로 인식할 계기가 필요하다.

가치소비를 제공하는 일을 선택하기까지

대표님은 어린 시절을 미국에서 보냈고, 주한미국대사관에서 상무관으로 일하다 현재는 급성장하는 친환경 브랜드의 대표가 되었어요. 주된 삶의 터전도 바뀌었지만 하고 있는 일도 크게 바뀌었다는 생각이 들어요. 어떻게 여기까지 온 건지 알고 싶어요.

저희 부모님은 미국에서 대학원을 나오셨어요. 그래서 저는 미국에서 태어났지만 한 살도 안 되어 한국에 왔어요. 한국에서 초등학교를 졸업하고, 중고등학교는 미국에서 졸업했어요. 그러다 2000년에 한국으로 다시 돌아오게 되었죠.
　첫 직장이 주한미국대사관이었어요. 상무관으로 일하면서 미국 회사들이 한국에 제품을 수출하는 일을 도왔죠. 2003년부터 미국 친환경 시장이 커졌고, 시장 변화에 맞춰 한국친환경 시장도 활성화시키고 싶었어요. 현대백화점이나 신세계백화점, 그리고 각종 수입사를 대상으로 하는 박람회에 가서 미국 브랜드 제품을 연결하는 일을 했어요. 그때 닥터 브로너스를 알았고요. 닥터 브로너스가 2004년 한국에 수출하겠다고 했을 때 입찰을 통해 수입사로 결정된 곳은 국내 대기업이었어요. 이 대기업과 향후 3년간 사업을 전개했지만 닥터 브로너스가 가족 기업이라 그런지 대기업의 가치와 안 맞는 부분이 있었던 것 같아요. 특히 해당 대기업은 석유화학을 다루는 회사이기도 했으니까요. 어쨌든 그런 부분이 안 맞아서 이후 새로운 파트너를 선정하겠다고 했죠. 그때 지금 수입사인 엠아이인터내셔널이 선정되었어요.

그렇게 일하다 2013년에 제가 늦둥이를 낳았어요. 첫째를 돌봐주던 베이비시터 분이 둘째도 봐준다기에 아이를 낳았죠. 확실한 지원이 있다는 믿음으로 아이를 낳았는데, 그분이 건강상 문제로 쓰러지신 거예요. 그때 이런저런 경로로 아이 봐줄 분을 찾아보면서 시어머니나 어머니에게 잠깐씩 기대기도 했고요. 결과적으로 한 6개월 버티다 대사관을 그만두었어요. 미국 대사관에서 아이 돌봄 때문에 일을 그만두는 첫 번째 케이스가 저였어요. 그때는 대사관에 육아휴직도 없었기 때문에, 나올 때 대사님에게 육아휴직을 꼭 만들어달라고 하고 나왔어요. 그것 때문인지는 몰라도 지금은 육아휴직이 생겼어요.

제가 그만두고 나서 한 달이 지난 시점에 남편이 대표로 있는 엠아이인터내셔널에 콜만Corman이라는 브랜드에서 연락이 왔어요. 한국에 수출을 하고 싶어 파트너를 찾고 있다고요. 남편과 함께 지켜봤는데 이 브랜드는 꼭 함께해야겠다는 생각을 하게 됐어요. 제가 이쪽 일을 할 팔자였는지 공교롭게도 그만두고 6개월이 지나니 좋은 베이비시터가 구해지더라고요. 그래서 사업자등록증을 새로 내고 두 번째 브랜드로 콜만을 들여오게 된 거죠. 그렇게 저는 엠아이인터내셔널의 자매회사인 에임케이의 대표가 되었어요. 닥터 브로너스에서도 CSR을 진행하기 때문에 엠아이인터내셔널의 이사로 활동하고 있기도 하고요.

이 일을 하고 나니 오히려 대사관에 있을 때보다 일과 삶의 균형은 못 지키는 것 같아요. 대사관 근무는 오전 8시 30분부터 오후 5시까지인데, 유연 근무가 가능해서 저는 오전 7시부터 오후 4시까지 근무했어요. 일찍 퇴근해서 아이와 함께 지냈죠. 또 주한 미국 대사관이라 한국과 미국의 공휴일을 모두 쉬어서 아이와 시간 보내는 게 더욱 수월했어요. 그런데 둘째 아이를 낳는 시점에 퇴사를 하고 사업을 하면서, 계획에 맞게 시간을 활용하는 것이 굉장히 힘들었어요. 해외 브랜드 사람들과 소통하다 보니 시차가 발생하면서 생활 패턴이 엉망진창이 되었죠. 그게 아니더라도, 가족과의 저녁 시간은 확실히 지키면서 일하려니까 아이가 자고 나서야 일을 할 수 있었어요. 밤을 새워서 일하는 게 문제였죠. 심지어 작년에는 풍이 오기도 했어요. 마침 작년이 회사 창립 10주년이라 안식 휴가 한 달을 쓰고, 제가 태어난 시애틀부터 포틀랜드 등을 돌아다니며 건강을 회복했죠.

제게는 두 가지 원칙이 있어요. 첫 번째는, 가능한 한 아이들과 함께 저녁을 먹는 거예요. 남편이 불가능하면 제가, 제가 불가능하면 남편이 먹어요. 주말은 무조건 아이 위주로 움직이고요. 두 번째는, 직장을 가정과 먼 곳에 두지 않는 거예요. 둘째가 여섯 살이고, 첫째는 5학년이라 손도 많이 가고, 급한 일이 생기면 바로 뛰어가야 하거든요. 가끔 저희 매장과 쇼룸을 보곤 왜 이렇게 후미진 곳에 자리를 잡았냐고 물어보는 분들이 있어요. 그건 제가 원칙을 지키기 위해 감수한 부분이에요. 아이들이 혼자 있기 어려우면 출장 갈 때도 데리고 갔어요.

이런 원칙을 지키다 보니, 저희 딸도 이 업계에 대해 아는 것이 굉장히 많아졌어요. 제가 이야기하는 게 어떤 내용인지 자연스레 알게 된 거죠. 그 영향 때문인지는 몰라도 아이가 돼지고기를 먹지 않겠다고 하는 등 저와 함께 가치소비를 하는 부분도 많아요. 주말에 봉사활동을 하는데, 아이가 따라 와서 같이하기도 해요. 이렇게 4인 가족 활동이 삶으로 스며들면서 균형이 맞춰진 것 같아요.

비누를 만드는 이유

수입하는 제품 중에 콜만이 있고, 에타민듀리스Etamine du lys라는 프랑스 친환경 세제도 있죠. 어떻게 보면 전부 친환경 제품이잖아요. 닥터 브로너스는 상무관 시절 알게 된 인연으로 시작하긴 했지만 다음 브랜드들도 친환경인 건 역시 상무관 시절에 친환경 제품을 다뤘던 경험 때문인가요?

그런 이유도 있어요. 닥터 브로너스를 수입한 지 이제 10년이 됐고, 조금도 하자가 없는 진정한 친환경이에요. 정말 좋은 제품이죠. 그러니 조금이라도 나쁜 제품은 들여오지 않겠다는 생각을 하게 돼요. 팔면 팔수록 아는 게 많아지니까 고르는 게 더 까다로워지는 거죠. 닥터 브로너스를 10년 동안 하면서 작년 빼고는 닥터 브로너스 제품의 수입국 중 1위를 계속하고 있어요. 그만큼 성공적이었죠. 미국 친환경 산업이 생각보다 작아서 같이하자는 연락도 많이 왔고요. 그런데 연락 온 회사들이 100퍼센트 친환경이 아니면 쉽게 수입을 결정하지 않았어요. 저희 눈은 이미 높아졌고, 계속 그 눈높이로 제품을 보는 거예요. '이건 안 돼, 이건 이래서 안 돼, 저건 저래서 안 돼' 하는 식으로요. 그래서 두 번째 브랜드인 콜만은 사업체 만들고 8~9년 됐을 때 사인했어요. 그다음이 에타민듀리스고요. 정말 어렵게 들어왔죠.

이 질문을 더 해야 할 것 같아요. 사실 친환경 브랜드들이 가장 많이 겪는 고충 중 하나가 품질 올리려다 가격도 올라가는 거잖아요. 이 부분도 굉장히 고민이 많았을 것 같아요.

고민 많이 했죠. 환경이 파괴되고 오염될수록 친환경 원료 구하기는 더 어려워져요. 10년 하면서 원가가 6~7번은 올랐어요. 그럴 때마다 본사는 저희에게 '미안해, 하지만 친환경 티트리 구하기 힘들어, 페퍼민트 구하기 힘들어' 이렇게 이야기해요. 또 공정무역이잖아요. 저희가 공정무역 농장이랑 계약하면 공정무역 프리미엄에 친환경 프리미엄 붙어서 들어와요. 수출 가격 비교해보면 저희 원가가 제일 높아요. 그래도 저희는 본사의 미션을 믿고 지지하니까 감수해요. 이전 수입사에서 저희 회사로 수입사가 변경되었을 때도 이전 가격 그대로 판매했어요. 한미 FTA 맺었을 때도, 대표님은 그에 맞춰 정직하게 가격을 낮춰야 한다고 했죠. 본사 원가는 오르는데요. 그래서 힘든 부분이 있었어요.

경쟁하는 건 어떠냐는 질문을 많이 받아요. 사람들 인식도 많이 변하고 친환경이 보편화되니까 경쟁 업체도 많아지고 타깃도 많아지지 않았냐는 거죠. 물론 타깃도 많아지고 경쟁도 치열해졌어요. 하지만 저희는 수입 브랜드고, 사실 올리브영 같은 곳 가서 보면 친환경 제품은 저희 것밖에 없어요. 올리브영 바이어 만나서 저희 경쟁사는 누구냐고 하면 닥터 브로너스처럼 수입인데 친환경인 브랜드는 없어서 경쟁사가 없다고 해요. 문제는 한국 친환경 제품이나 다른 브랜드들이 무조건 원 플러스 원 이벤트를 하는 거예요. 한 달에 한 번씩은 꼭 하더라고요. 그런데 저희는 절대 그렇게 할 수가 없어요. 만약 그렇게 하면 지금 저희 직원이 열다섯 명인데 다섯 명은 줄여야 할지도 몰라요.

비콥에서 닥터 브로너스 평가 점수가 특히 높아요. 여러 원칙을 지키면서 빠른 성장을 하는 건 어려운 일이잖아요? 비콥에서 높은 점수를 유지하는 비결은 무엇인가요?

성 그레이스

우선 축하할 일은, 작년에 비콥에서 178점을 받아서 비콥 최고 점수를 기록했어요. 본사 사장님이 이번(2018년) 2월에 와서 발표하면서 너무 좋아하더라고요. 지금 본사 대표가 1973년생 한 분, 1975년생 한 분이거든요? 그런데 그분들이 맡고 나서 회사가 매출 1000억 이상을 기록하고 있으니까 부임 후에 회사 규모를 열 배 넘게 키운 셈이에요.

이럴 수 있었던 이유 중 하나는, 가치소비에 대한 미국인들의 지지 기반이 상대적으로 강해서인 것 같아요. 좀 비싸고 불편해도 감수하고 소비하는 거죠. 이런 시장 환경 외에 닥터 브로너스가 대를 거쳐 지키는 원칙도 중요한 이유인 것 같아요. 쉽게 말하면, 이른바 '밥상머리 교육'이 잘되어 있어요. 닥터 브로너스의 창립자로부터 이어져온 두 가지 원칙이 있는데요, 사실상 이게 닥터 브로너스가 비콥이 될 수 있던 이유이기도 해요.

하나는 올 원All One 철학이에요. 세상에 있는 모든 사람은 인종과 종교 등의 조건을 떠나 하나이기 때문에 서로 존중하고 이해하고 돌봐주어야 한다. 그래서 4대손도 5대손도 사회적으로 소외된 계층을 품고 돌보는 게 자신들의 일이라고 생각해요. 다른 하나는 이쪽에서 얘기했던 건설적 자본주의Constructive Capitalism예요. 비누를 팔아서 이윤을 남겼으면 이를 가능하게 한 자연과 사람 모두에게 일정 수준 이상 돌려주어야 한다는 거죠. 5대손까지 내려오며 전 세대에 걸쳐 이 원칙에 대한 해석을 매우 잘했어요. 예를 들어, 그전까지는 천연이었지 친환경은 아니었는데, 시대 흐름에 맞춰서 제품 원료를 인증된 친환경 Certified Organic 으로 바꾼 거예요. 제품 원료에 인공 비료나 제초제 등을 뿌리지 않고 보존하는 거죠. 또 모든 플라스틱 용기를 재활용 플라스틱 용기로 바꿨어요. 이 용기 원가가 굉장히 비싼데도 불구하고요. 이후 노동자에게도 이익을 돌려주어야 한다는 생각에 공정무역 인증도 받았어요. 본사 대표 말로는, 할아버지가 귀가 따갑도록 이 원칙을 이야기했다고 하더라고요.

미국 소비자들은 가치 지향적 행위가 조금 불편하더라도 불편함을 감수하지만, 한국은 여러 상황 때문에 소비자를 설득해서 가치소비를 확산하기가 힘들잖아요. 이런 가치를 실천하기가 만만치 않았을 것 같은데, 어땠나요?

저희는 본사의 한국 지사가 아닌 수입사라 본사만큼 훌륭한 일을 하지는 못해요. 그래도 지난 10년간 함께 일하면서 많은 부분을 본받으려 했어요. 매년 서울시복지재단과 초록우산을 통해 소외된 사회 계층을 돌아보고 있어요. 지금까지는 독거노인의 백내장 수술비 지원, 미혼모 시설 지원, 장애 아동 보호 시설 지원 등에 주력했고, 카카오 같이가치 등을 통해 접하는 안타까운 사연들은 적극 지지하려고 해요.
　　자년에는 아이를 키우는 지적 장애인 어머니가, 비위생적인 외부 화장실을 사용하며 산다는 사연을 접해서 실내 화장

　　　　　　　　　　　　　성 그레이스

실 설치를 지원하기도 했죠. 작년 말에는 신촌 CGV에서 메리 매직 크리스마스트리를 운영해 사진 찍는 분들 수만큼 기부하는 행사를 했어요. 기부금은 마포구의 저소득층 아이들 공부방에 전달했고요. 아주 높은 참여율을 기록하지는 못했지만 원래 생각했던 목표 금액은 기부할 수 있었어요.

또 대학생이 주최가 되는 행사는 현장 판매를 하지 않더라도 함께 참여해 제품을 나누어주는 것으로 지원을 지속하고 있고요. 그 외에도, 저희는 꾸준히 공정무역, 동물보호, 환경보호에 대한 메시지 확산을 위해 노력하고 있어요. 공장식 축산 반대는 2014년부터 했는데, 그때마다 사람들은 동물 복지까지 신경 쓸 여유가 없다는 반응을 보였어요. 그런데 작년에 봉준호 감독의 〈옥자〉가 넷플릭스에서 방영되었잖아요? 그 영화의 파급력과 매거진 〈오보이!〉, 동물보호단체 카라의 의지가 맞아떨어지면서 캠페인을 시작하게 됐어요. '동물 감금틀 없애기' 서명운동을 지원하고, 고기 섭취를 줄이면 환경오염을 제공하는 가스를 줄이는 데도 좋다는 캠페인도 진행했죠. 물론 큰 사회적 파장을 만들기에는 턱없이 부족했지만요.

전에 치약을 수입하려는데, 한국 식품의약품안전처(이하 식약처)에서 치약을 수입하려면 동물실험을 해야 한다고 하는 거예요. 저희는 약 10배의 가격을 더 내고 인체실험으로 대체하겠다고 했어요. 그런데 식약처가 인체실험은 비윤리적이라고 승인을 해주지 않았어요. 저희는 결국 일반 시장에서 판매하는 것을 포기했고요. 사실 닥터 브로너스 치약이 미국 내 천연 치약 매출 1위 제품이거든요. 베스트셀러 제품이라 식약처 지침대로 동물실험을 한 뒤 수입을 진행했다면 크게 성장했겠죠. 그런데 그것보다 저희와 본사의 신념에 어긋나는 방법으로 사업을 전개하지 않겠다는 마음이 더 컸어요.

'그린 워싱'이라는 말이 있다. 실제로는 환경에 좋지 않은 일을 하는 회사가 일시적으로 친환경 이미지를 내세워 회사 이미지를 포장하려는 노력을 칭하는 말이다. 안타깝게도 실제로 친환경 영역에는 이런 그린 워싱이 차고 넘친다.

심지어 일부 사회적 기업은 진정성 있게 친환경을 추진하다가도 예상치 못한 문제에 부딪혀 환경오염을 야기하는 경우도 있다. 원자재는 친환경인데 과대포장을 하거나, 저탄소 기법으로 생산된 물건을 대기 오염이 심한 수단으로 배송한다. 소비자들 대부분은 매대 위에 올라온 상태에서 물건을 평가하기 때문에 전체 가치 사슬을 인지하는 것이 어렵다. 그래서 미국의 경우, 공신력 있는 제3자가 각종 친환경 제품이 실제로 친환경인지 평가한 뒤 그 결과를 소비자에게 쇼핑 가이드 형태로 배포하는 경우도 있다.

성 그레이스

가치소비 트렌드의 그림자에 대하여

닥터 브로너스 제품의 수입국 중 한국이 일본과 함께 매출 규모 1, 2위를 다툰다고 하는 것을 보면, 닥터 브로너스가 한국에서 굉장히 빨리 성장했다고 볼 수 있는데요. 이렇게 빨리 성장할 수 있었던 이유는 무엇일까요?

저희가 2007년부터 사업을 시작했잖아요. 그런데 2008년 즈음부터 화장품에 전성분표시제를 도입하자는 이야기가 나왔어요. 그래서 업계 전체가 패닉했죠. 닥터 브로너스는 아무렇지도 않았어요. 이미 60년 전부터 전성분표시제를 실천하고 있었으니까요. 그래서 조금 더 빠르고 자연스럽게 친환경 시장을 선점할 수 있었어요. 이제 더 이상 잡지 홍보나 간접 광고를 하지 않는데도 '지구의 달'이나 환경 이슈가 생기면 기자들이 알아서 연락을 해요.

가치소비가 확산되는 건 긍정적인 흐름이지만, 한편으로 우려스럽다고 느끼는 부분도 있나요?

CSR하면서 외로운 부분이 굉장히 많아요. 저희 창립자가 물려준 철학 중 하나가 10년 앞서서 생각하고 행동하라는 거예요. 그래서 10년 앞서서 친환경 인증을 받았고, 또 제일 먼저 공정무역 인증도 받았어요. 정말 다 했어요. 하지만 이런 부분을 선도하고 이끌어나간다 해도 저희는 주류가 아니잖아요. 외로운 건 어쩔 수 없죠. 그래서 유한킴벌리에서 '우리 강산 푸르게 푸르게' 캠페인을 하고, 러쉬LUSH에서 동물보호를 외치면 정말 많이 반가워요. 이미 알려진 큰 회사들이 목소리를 내면 파급력이 크니까요.

우려되는 부분도 있어요. 화학 제품을 멀리하고 동물 원료가 들어간 제품은 쓰지 않는다는 가치소비가 주목받으면 굉장히 영악한 사기업들이 마케팅만 살짝 바꿔서 이런 흐름에 편승해요. 예를 들면, 모 브랜드에서는 매년 유방암 환자들을 지원하면서 유방암 인식 개선 캠페인을 해요. 이런 캠페인을 할 거라면 브랜드 화장품에 유방암을 일으키는 원료를 넣지 않는 게 당연한데, 유방암 발병 원인인 원료는 다 넣고 판매하면서 캠페인을 진행해요. 이건 CSR 캠페인이 아니라 그냥 제품 하나 더 팔려는 마케팅이에요. '환경오염을 하지 않아요. 하나를 구매하면 나무 한 그루를 심어요'와 같은 캠페인을 하면서 포장을 서슴없이 하고 벌목에 일조하기도 해요. 이건 소비자 우롱이에요. 소비자는 제품 생산 과정을 구체적으로 아는 것이 아니니까요. 이런 꼼수들로 마케팅을 하고, 소비자가 자연스럽게 그 브랜드를 지지하는 걸 보면 굉장히 안타까워요.

친환경 시장은 주체 하나가 과학적으로 정리된 신빙성 있는 자료를 모아서 일목요연하게 보여주는 것이 아니라, 주체마다 다른 이야기를 하는 경우도 많잖아요. 과연 모든 사람이 신뢰하고 가치소비를 할 수 있게 하는 정보 제공 채널이 등장할 수 있을까요? 미국은 어때요?

그래서 환경운동연합Environmental Working Group, EWG을 많이 보는 것 같아요. 환경운동연합이 미국에서 스킨딥Skin Deep이라는 사이트를 운영해요. 소비자가 쓰는 특정 화장품을 스킨딥에 검색하면 상세한 분석이 나와요. 원료 등급도 나오고요. 소비자의 알 권리를 충족시켜주는 거죠. 소비자는 그 분석을 보고 사용할지 말지 선택권을 갖게 되는 거예요. 한국에서는 '화해'라는 앱이 이를 벤치마킹해서 운영하고 있어요. 이런 걸 보면, 정보 제공 채널이나 시스템은 마련할 수 있다고 봐요. 문제는 제조업자들이 이런 채널이나 시스템을 가장 싫어한다는 거죠.

한국에 디톡스가 한창 유행일 때가 있었거든요. 유행하던 디톡스 방법 중에 이미 미국에서 13년 전쯤 과학적으로 효과가 전혀 없다고 증명된 것도 있었어요. 그게 국내에서 유행하더라고요. 이런 건 도대체 누가 견제해야 하는지 고민이 되기도 해요.

가치소비를 하시잖아요. 대표님의 전문영역 외에서는 어떻게 가치소비를 실천하는지 궁금해요. 또, 대표님이 정의하는 가치소비에 대해서도 듣고 싶어요.

가치소비란, 제품을 구매할 때 그 제품의 기능이 조금 떨어지거나 가격이 조금 비싸더라도 자신의 가치관과 부합한다면 구매를 통해 지지를 표하는 거라고 생각해요. 가성비의 반대말이라고도 생각하고요.

개인적으로 저는 물을 오염하는 게 정말 싫어요. 그래서 세면대가 아주 막혀도, 세면대 반이 넘게 물이 차지 않으면 배수관 뚫는 제품을 안 써요. 이런 제품들의 원료가 무엇인지 잘은 모르지만 분명 유독한 원료가 사용되었을 거라고 생각해요. 그 원료가 강으로, 바다로 흘러갔을 때 당연히 안 좋은 영향을 주겠죠. 그래서 저는 탄산가스로 뚫는 방식을 선호해요.

패스트 패션이 환경오염에 일조한다는 것을 알고 나서는 될 수 있으면 의류도 구매하지 않아요. 충동 구매로, 유행 때문에, 저렴해서 산 옷들은 몇 년 전에 모두 정리했어요. 계절마다 약 열 벌 정도 옷을 돌아가면서 입어도 충분하다는 것을 알게 되었죠. 그 외에, 호텔 투숙할 때 3일마다 한 번씩 시트를 교체하는 것, 수건 한 번 더 사용하기, 일회용품 줄이기,

동물복지인증을 받았거나 방목된 고기와 계란 구매하기, 회사에서 이면지 사용하라고 잔소리하기, 친환경이나 무농약 채소 구매하기, 에어컨 대신 선풍기 사용하기 등을 실천하고 있어요.

돼지고기도 안 먹어요. 제가 지속적으로 관심을 기울여서 인지, 자꾸 제 눈에 공장식 축산에 대한 정보가 보여요. 관심 분야 계정을 팔로우하고 있는 인스타그램을 통해서도 다양한 정보를 습득하고요. 물론 제가 돼지고기를 먹지 않으니 먹는 음식이 제한된다고 생각하는 저희 친정어머니 같은 사람들도 있어요. 하지만 비건 소사이어티The Vegan Society나 마마웬트비건Mama went VEGAN 같은 곳을 찾아 보니 먹을 수 있는 게 훨씬 더 많아졌다는 것을 알게 되었어요. 그래서 더 쉽게 고기를 안 먹거나, 덜 먹는 것 같아요. 더불어 〈옥자〉를 만든 봉준호 감독님께 진심으로 감사를 드리고 싶어요. 항상 실천하는 게 어려웠는데, 영화지만 공장식 축산을 눈으로 보고 나니 더 이상 먹기가 힘들더라고요. 마치 남의 살을 씹는 것 같은 느낌도 들었고요.

사실 가치소비에서 제일 중요하다고 생각하는 건, 저희가 판매하는 제품을 통해 가치소비가 실천되는 거예요. 세탁 세제와 생리대, 그리고 모든 바디케어 제품이 거의 완전히 생분해되는 원료잖아요. 닥터 브로너스 바디케어 제품은 100퍼센트 생분해되고, 세탁 세제는 92퍼센트까지 가능해요. 콜만 생리대는 땅에 묻히면 90일 이내에 생분해가 되고요.

미국과 한국에서 생활해본 결과, 가치소비를 더욱 확산시키려면 뭘 해야 한다고 생각하세요? 주요 동기가 있을까요?

저는 개인 차원에서 일어나는 가치소비가 변화를 일으키는 충분한 힘이 된다고 생각해요. 발달된 기술과 기기 덕분에 그 어떤 정보에도 쉽게 접근할 수 있잖아요. 개인은 더 많은 정보를 알게 되고, 이를 통해 가치관을 바꾸거나 더 확고하게 할 수 있다고 생각해요. 이런 가치관을 기반으로 가치소비를 이어간다면 소비자가 기업을 바꿀 수 있을 거예요.

동기라면, 뭔가 '쇼킹한 동기'가 부여되어야 하는 것 같아요. 제가 고기를 먹지 않게 된 게 〈옥자〉 때문이듯, 개개인이 행동을 변화할 정도의 동기 부여가 있어야 하는 것 같아요. 저는 재활용품 관련 사태를 보면서 감탄했어요. 그저 많은 과정 중 하나인데 수거 업체가 수거하지 않겠다니까 난리가 났잖아요. 생각보다 아무렇지 않게 순환되던 과정을 누군가 한번 건드리면 마치 도미노처럼 바뀌는 것 같아요.

어떤 사람은 개인이 변화를 일으킬 수 있냐고 이야기하죠. 물론 제가 한국에 처음 왔을 때만 해도, 이 사회의 트렌드는 기업이 주도한다고 생각했어요. 하지만 지금은 생각이 조금 바뀌었어요. 이제 우리는 각자 원하는 정보를 매우 방대하게 획득할 수 있기 때문에 트렌드가 주어진다고 해도 예전보다는 본인의 가치관을 확고하게 혹은 다르게 가져갈 수 있다고 봐요. 이제는 기업이 트렌드를 주도하는 시대가 아니에요.

성 그레이스

트렌드가 무엇이든 소비자가 가치에 따라 연대해서 하나의 목소리를 내면 결국 바뀐다고 생각해요.

가치소비가 어려운 건, 모든 가치 사슬에서 임팩트를 추구해야 하기 때문이다. 가치소비 제품을 만드는 회사는 원자재부터 노동자까지 불필요한 사회 비용을 야기하지 않고 충분한 대가를 제공하며 소비자들에게 정직한 정보를 제시해야 한다. 그러는 동안 경쟁자들은 노동자를 탄압하고, 낮은 품질의 원자재를 값싸게 사용해 소비자를 현혹하는 공격적인 마케팅을 펼친다.

다행히 시장 자체가 변하고 있다. 더 많은 소비자가 기업들이 미래를 위해 어떤 고민을 하고 있는지 묻기 시작했다. 말로만 몸에 좋은 것이 아니라, 충분한 고민을 통해 우리 몸에 좋은 제품이 나왔는지 구체적인 정보를 요구하기 시작했다. 진정성 있고 묵묵하게 원칙을 고수하는 기업의 제품과 서비스는 좀 더 비싼 가격을 지불하고서라도 사려는 이들이 늘어나는 것이다. 미래에 대한 고민을 어려서부터 하고 자란 밀레니얼 세대가 우리 사회의 어른이 된다면, 분명 가치소비는 모두의 관심사가 될 것이다.

즐거운
자원봉사를 위한
버스에 타다

자원봉사자 **이범규**

초기투자 벤처캐피털 본엔젤스BonAngels에서 심사역으로 일한다. 유럽으로 교환학생을 가서 기획한 '한 사람에게 한 문장씩 받아 이어 쓰는 소설' 프로젝트를 계기로 다양한 프로젝트 활동과 창업을 하게 됐다. 2012년 일회용 종이컵 문제를 근절하고자 소셜벤처 '브링유어컵'을 창업했고, 2013년 괴짜 프로젝트 발굴단 '고긱스GoGeeks'를 만들었다. 2014년 자원봉사단체인 '어낫버스'를 시작해 5년째 이어오고 있으며, 매해 여름 팟캐스트 '무서운 이야기'를 진행한다.

▼

루트임팩트의 비전인 '모든 사람들이 각자의 방식으로 사회문제 해결에 기여할 수 있는 세상'을 이야기하면 종종 이런 질문을 하는 사람들이 있다.

'그럼 모든 사람이 사회적 기업이나 비영리단체에서 일해야 해?'

물론 우리의 대답은 '아니다'이다. 자원봉사나 프로보노처럼 전업이 아니더라도 사회적 선의에 기여하는 방법은 얼마든지 있고, 일반 기업이나 매장에서 일하면서도 사회 변화를 추구할 수 있다.

그런 면에서 이범규라는 청년은 사회적 선의를 실현하는 방법이 이렇게나 다양하다는 걸 몸소 실천하는 카멜레온 같은 존재다. 루트임팩트가 운영하는 체인지메이커들을 위한 코리빙Co-living 커뮤니티 디웰 행사에서 그를 처음 만난 후, 세계경제포럼 산하 청년단체인 글로벌 셰이퍼Global Shaper에서 함께 활동하며 보다 많은 이야기를 나누게 되었고, 알면 알수록 대단하다는 생각이 들었다.

그는 2011년에 사회적 기업을 창업한 이후 IT 분야에서 일을 시작해 현재는 벤처캐피털 심사역으로 일한다. 여유 시간에 시작한 자원봉사단체인 '어떤버스'는 버스 다섯 대와 자원봉사자 150명으로 출발했지만, 1000명 단위 단일 행사를 기획하는 등 규모가 커졌고 현재 일곱 번째 시즌을 맞았다. 여름에는 공포 이야기를 읽어주는 팟캐스트도 운영한다. 언뜻 듣기에도 다재다능하지만 그 이상으로 인상 깊었던 점은 사회적 선의에 대한 진지함이었다.

비영리단체를 전업으로 하며 생긴 나쁜 버릇은 '사이드 프로젝트'로 사회혁신에 참여하는 사람들에 대한 계급의식이었다. 위험을 감수하고 어려움을 버텨야 체인지메이커라고 생각했다. 낮에는 직장에 다니고 밤이나 주말에 사이드 프로젝트를 하는 사람들을 일이 어려워지면 언제든 그만둘 사람으로 취급했다. 하지만 힘든 회사 생활을 하는 와중에 짬을 내어 사회적 선의에 대한 고민을 한다는 건 그 자체로 고마운 일이다. 이렇게 생각한 지는 얼마 되지 않았고, 그 계기를 제공한 사람이 바로 이범규다. 누구보다 진지하며 불의에 분노하는 사람. 일과 사이드 프로젝트 모두를 잘하려면 잠을 줄이면 되지 않냐는 사람. 그가 왜 사회혁신에 관심을 갖게 되었는지, 그에게 왜 사이드 프로젝트라는 개념이 중요한지에 대해 들어보았다.

이범규

50년 목표와 두 개의 길을 간다는 것

엄청나게 바쁜 일상을 보내고 있죠? 본인은 그렇게 생각하지 않아도, 지켜보는 사람들은 이미 충분히 그렇게 생각하고 있어요. 아직 어린 나이지만 어떤 계획을 통해 지금까지의 삶을 살아왔는지 궁금해요. 언제부터 체인지메이킹에 대한 욕구를 가졌고, 어떤 과정을 거쳐 현재 어떤버스라는 사이드 프로젝트를 운영하고 있는지 이야기해주세요.

저는 50년 목표가 있어요. 20대에 우리나라 사람이 다 아는 프로젝트를 하고, 30대에 세상 사람이 다 아는 좋은 프로젝트를 하고, 40대에는 세상에 영향을 미칠 수 있는 자리에 올라, 50대에 세상을 구하는 프로젝트를 하고, 60대에 사회 분위기를 바꾸는 거요.

이렇게 목표를 잡고 생각해보니, 40대 때 세상에 영향을 미치려면 인생을 투 트랙Two-track으로 살아야겠다는 생각이 들었어요. 그래서 잠을 줄이고 시간을 내서 NGO와 NPO 쪽 일을 하기로 했죠.

제가 이렇게 하는 이유도 있어요. 저는 인간의 모든 행동이 결핍에서 기인된다고 생각해요. 저라는 사람은 박수를 받는 것에 결핍이 있어요. 이른바 사회적인 일을 하면 박수받기가 쉽잖아요? 그래서 본능적으로 이 일을 선택했어요. 또 저는 프로야구나 월드컵처럼 사람들이 한마음으로 응원하는 모습을 보면 눈물이 나요. 그래서 모두가 한마음이 되는 축제를 만들자고 생각했고요.

일본 메이지유신을 이끌었던 사카모토 료마坂本龍馬를 좋아해요. 료마 본인은 정작 아무것도 하지 않으면서 사람들이 움직이는 판을 만드는 데 집중했거든요. 저도 그런 일을 잘해요. 모든 사람이 만족할 만한 판을 만들어 끌어들이고, 거기에서 가치를 얻게 하는 거죠. 그걸 위해 뛰어다니는 게 재미있어요.

진로에 대한 생각을 많이 했어요. NPO 쪽에 계셨던 교수님을 찾아뵙고 어떤 일을 해야 할지 고민이라고 말씀드렸더니, 한국 NPO는 오히려 영리 섹터 경력을 가진 사람을 선호하는 경우가 많다고 하시더라고요. 그래서 그럼 제가 하고 싶은 것에 대한 열망을 줄이고 일단은 돈과 경력을 좇으며 살아도 괜찮냐고 여쭈어보니 그렇다고 하셨어요. 교수님 말씀을 듣고는 투 트랙으로 살아야겠다는 데 더 확신을 가지게 되었죠.

서로 상관없어 보이는 경력을 갖게 된 것 역시 하고 싶은 것에 대한 욕망과 그에 다다르기 위한 방법을 함께 고민했기 때문이에요. 2011년에 제일 부러웠던 게 개발자였기 때문에 개발이라는 것을 배워야 체인지메이커로서 에너지를 펼칠 수 있겠다고 생각했어요. 서비스 개발 경험이 없어서 1년 반 동안 게임 회사에서 열심히 일하고 공부했어요. 그렇게 우아한형제들에 입사했고, 이후 배달의민족에서 서버 개발을 맡았어요. 지금은 벤처캐피털에서 일하고 있고요. 그동안 제가 얼마나 많은 노력을 했는지 쉽게 상상할 수 없을 거예요.

이범규

굉장히 많은 프로젝트를 하며 20대를 보냈다고 들었어요. 범규 님을 알고 지낸 지는 꽤 되었지만 프로젝트들에 대한 구체적인 이야기를 들어본 적은 없는데, 들려줄 수 있나요?

어떤버스를 준비하기까지 정말 많은 프로젝트를 했죠. 그중에서 살아남은 건 '무서운 이야기'라는 팟캐스트예요. 이건 여담이지만, 일주일에 두 시간밖에 쓰지 않는데도 일일 청취자 만 명을 기록하는 팟캐스트죠.

그전에 했던 프로젝트도 말씀드릴게요. 제가 학교 동아리 회장을 맡았을 때 하고 싶던 일이 기업들의 산학협력을 유도하는 거였어요. 많은 선배가 시도했지만 이루진 못했어요. 기업 대표님들에게 아무리 이메일을 보내도 답이 오지 않았거든요. 문득 제가 인턴을 할 때 사장실에 꽂혀 있던 편지들이 떠올랐어요. 그래서 직접 손편지를 써서 여러 기업에 보냈고, 생각보다 많은 답장을 받았어요. 그중에서도 공간서비스 그룹으로 유명한 토즈TOZ 대표님과의 만남이 인상 깊었어요. 함께 술도 마시며 많은 이야기를 나누었는데, 한번은 그 대표님이 '네가 하려는 게 어떤 임팩트를 발휘하는지 알고 싶으니, 직접 가겠다'라며 대전에 와서 강연을 해주셨어요. 가장 인상적이었던 말은 '작지만 능동적인 실행을 해봐야 큰 기회가 왔을 때 움켜쥘 근육이 생긴다'는 거였어요.

그러고 나서 저는 프랑스로 교환학생을 갔어요. 당시 유럽으로 먼저 떠난 친구가 '미술관 100곳 방문'이라는 계획을 지키는 모습을 보면서 멋지다고 생각했고, 저도 뭔가 계획을 세워야겠다고 마음먹었죠. 그래서 교환학생 기간 중에 한 사람 한 사람에게 한 문장씩 받아서 동화《인어공주》의 뒷이야기를 만들어보자는 계획을 세웠어요.

기본 골자는 인어공주가 왕자의 의심을 받는다는 거였어요. 지금 인어공주가 진짜 인어공주가 아닐 거라는 의심이요. 원작에서는 이웃나라 공주가 인어공주 행세를 하며 결혼을 하거든요. 이 프로젝트를 안고 유럽 전역을 돌았어요. 공원, 기차, 학교 등을 돌아다니며 많은 사람을 만났죠. 시작은 밀라노였는데 계단에 독일인 두 명이 있었어요. 왠지 해줄 것 같다는 생각에 다가갔는데 저한테 모든 시선이 쏠리더라고요. 부끄러웠지만 첫 미션을 완수하긴 했어요.

그런데 문제는 사람들이 제 프로젝트를 확실히 이해하지 못하는 거였어요. 처음에는 파이팅 메시지를 써주는 사람이 많았을 정도로요. 그렇지만 메시지 600여 개를 받으면서 많은 걸 배웠어요. 실행하는 건 정말 어려워요. 거부당하는 게 무섭거든요. 하지만 해보니까 망설이는 시간이 낭비더라고요.

이걸 깨닫고 나서는 정말 많은 프로젝트를 했어요. 우리 사회가 시급하게 해결해야 할 문제가 뭐냐고 묻는다면 어떤버스로 하고 있는 자원봉사라기보다는 사이드 프로젝트를 시작하는 것에 대한 가르침과 훈련이라고 말하고 싶어요. 어떤버스는 사이드 프로젝트를 하는 회사원과 학생 40여 명으로 이루어진 단체거든요. 저는 사람들이 자신의 프로젝트를 실행할 능력을 기르지 못하는 것이 안타까워요.

사람들이 사이드 프로젝트를 즐기면서 한다면 임팩트는 물론 경제적 가치도 창출될 거라고 생각해요. 사이드 프로젝트라는 아이를 낳고 키우는 것이 개개인의 행복을 증진한다고 믿어요. 이를 통해 많은 사회문제가 해결될 수 있을 거라 보고요.

사이드 프로젝트의 늪과 시작을 위한 조건들

결국은 범규 님도 사이드 프로젝트를 경험하는 것이 중요하다고 생각해서 일을 벌인 것 같아요. 저도 그런 경험이 있지만, 모든 사람이 리더나 창립자가 되는 건 아니잖아요. 모든 것은 팀으로 돌아가기도 하고요. 어떤버스를 예로 들어, 팀으로 하며 힘든 순간은 없었는지 듣고 싶어요.

어떤 버스 초기에 저희가 서울대학교 커뮤니티에 글을 올리면 꼭 '새우잡이?!'라고 댓글을 다는 분도 있었어요. 지금은 웃을 수 있는 일이지만, 그때는 그런 반응 때문에 모객에 어려움도 있었죠. 지금은 어떤버스에 대한 신뢰도가 많이 올라가긴 했지만, 당시에는 40명 정도를 미리 모은 후에 '어떤버스는 랜덤 봉사처로 향하는 버스'라는 사실을 일부러 노출했어요. 탑승 확인이라는 명목하에 누가 타는지 투명하게 올리고요. 덕분에 다음에 지원하는 사람들은 저희를 믿고 지원할

수 있었죠. 좋은 결과도 얻었고요. 나중에 정말 어촌 봉사를
가려고 알아봤는데, 배를 태워주지는 않더라고요. (웃음)

　어떤버스도 성장하는 조직이라 갈등이 있고, 그럴 때 어려
워요. 어떤 날은 싸우고 갈 때도 있어요. 그러면 박수받으려
하는 일인데 왜 이렇게 싸우고 있나 싶어요. 그때마다 역시
사이드 프로젝트는 가볍게 해야 한다는 결론에 도달해요. 저
희 팀이 열한 개예요. 그중에서도 콘텐츠팀이 봉사에 대한
미션이 가장 강하고, 총괄팀은 새로운 아이디어에 제동을 거
는 일이 많은 팀이죠. 총괄팀이 제동을 걸면, 콘텐츠팀은 다
시 총괄팀에 제동을 걸어요. 매일 첨예하게 대립하는 거예
요. 총괄팀이 '단체 성장이 중요해!'라고 하면, 콘텐츠팀은
'봉사의 퀄리티와 본질이 중요해!'라고 받아치는 거죠.

어떤버스라는 아이를 낳고 키워본 입장에서 봤을 때, 프로젝트
나 사업을 시작하려는 사람들이 꼭 피해야 할 함정이 있나요?

어떤버스에는 40명이 있어요. 사람이 많아져 겪는 우여곡절
도 있지만, 한편으로는 제가 놓치던 방향을 멤버들 덕분에
찾을 때 느끼는 희열 같은 것도 있죠. 사이드 프로젝트는 보
통 특정한 누군가의 아이디어고, 아이디어를 낸 사람이 총대
를 메고 시작해요. 처음에는 그 사람이 곧 부모고, 다른 팀원
들은 베이비시터가 되어 사이드 프로젝트라는 아이를 키우
게 되죠. 그러다 시작한 사람 역시 베이비시터가 되어야 하

는 순간이 와요. 주도권을 나누고 조금 떨어져서 상황을 봐야 하는 거죠. 그 순간을 잘 아는 게 중요한 것 같아요. 아이에게 집착하지 않는 구조를 마련해야 하는 순간이요. 그게 참 어려워서 저는 끊임없이 집착하고 있지만요.

이런 일을 시작할 때 조심해야 할 점은 크게 두 가지인 것 같아요. 제가 조심하는 부분이기도 하고요. 하나는, 사업 모델이 없는데 뭔가 될 것 같아서 시작하는 태도예요. 사업 모델링이 되지 않은 상황에서의 올인은 정말 위험해요. 분명 처음에는 좋아서 시작하지만, 벽에 부딪히면 또 다른 걸 해야 하거든요. 그러면 괴물이 되는 거예요. 스스로 판을 그려보았는데 이건 사이드 프로젝트라는 생각이 들면 과감하게 사이드로 남기고, 깊게 개입해야겠다는 생각이 들면 올인해야 한다고 생각해요.

다른 하나는, 아무나와 함께하면 안 된다는 거예요. 북한 이탈주민 청년 문제처럼 굉장히 좁은 분야의 문제를 목적으로 하면 관심 있는 사람이 적을 수밖에 없어요. 그럼 관심을 보이는 사람들 안에서만 함께할 사람을 찾죠. 이러면 나중에 그 사람한테 문제가 생겨도, 분야가 좁아서 고리를 끊기 쉽지 않기 때문에 극단적으로는 사업을 다시 만들어야 해요. 이 작업은 절대 쉽지 않아요.

대학생들에게도 팁을 주자면, 요즘 단편 프로젝트를 많이 하는 것 같던데 이때 중요한 게 끝을 그려놓는 거예요. 안 그러면 학점만 낮아지고 아무것도 안 남아요. 나중에 이런 거 했다고 자랑하려면, 끝을 맺어야 하지 않겠어요?

생각해보면 내가 지금 하는 모든 일도 사이드 프로젝트에서 시작했다. 대학생 때 쿠스파KUSPA라는 문화 콘텐츠 기획 동아리를 만들었다. 파티나 전시회 같은 일상적인 행사를 통해 모교 학생들이 사회적으로 의미 있는 일에 관심을 갖게끔 의식을 환기하는 프로젝트를 진행했다. 나는 이 프로젝트로 사회문제에 대한 관심을 키워 아예 전업으로 일을 하게 되었고, 아직도 쿠스파는 새로운 프로젝트로 대학생들의 사회 참여를 유도하고 있다.

아직도 어려운 봉사 그리고 어떤버스의 내일

범규 님 본인이 사회적 선의에 관심이 많잖아요. 요즘 프로젝트를 통해 사회적인 활동을 처음 시작해보는 분이 많아졌는데, 종종 섣부른 선의가 더 파괴적일 수 있다는 이야기를 많이 들어요. 아무리 진정성이 있어도 활동을 처음 시작하는 사람들은 실수를 하기 마련이니까요. 이런 사례가 있을까요?

어떻게든 어떤버스라는 봉사 투어에 사람들을 끌어와서 더 많은 사람이 봉사를 훨씬 재미있게 축제처럼 즐겼으면 하거든요. 나중에는 데이트 중 하나로 봉사를 했으면 해서 저희는 오히려 미숙련 봉사자 20명이 한 시간 정도 교육을 받으면 할 수 있는 봉사처를 찾고 있어요. 미숙련 봉사자들이, 심지어 아무것도 모르고 봉사를 가는 거니까요. 물론 봉사처에 도움이 안 되는 행동을 할 때도 있어요. 그런 실수 정말 많죠. 그런데 저는 괜찮다고 봐요. 실수를 해도 뭐 얼마나 하겠어요. 2주에 한 번 정도 모여서 페인트칠하고 쓰레기 치우는 일이 큰 타격을 줄 수 있겠어요? 만약 그렇다 해도, 하려는 사람들의 진정성이 있다면 금방 나아져요.

그럼 수혜처들의 피드백도 지속적으로 받나요? 혹시 관련된 분들에게 상처를 주면 문제잖아요.

그렇죠. 그래서 장애인 및 장애 아동 봉사의 매칭률이 상대적으로 굉장히 떨어져요. 그러니까 수혜처와 이야기를 많이 나누는 게 정말 중요해요. 가능하다면 수혜처가 원하는 봉사를 적극적으로 수용하는 게 좋더라고요. 원하지 않는 봉사를 억지로 만들면 안 돼요.

책에 꼭 실렸으면 하는 얘기가 있어요. 사실 어떤버스에 도움이 되는 이야기인데요. 서울 시내에 미숙련 봉사자가 필요한 곳이 정말 많을 거라 생각했는데 한국에서는 봉사처 찾는 게 정말 어려워요. 그래서 봉사처와 연결이 가능한 경로가 있었으면 좋겠어요. 아무리 찾아도 부족하거든요.

근본적으로는 봉사자들이 있다는 걸 알릴 인프라가 부족하기도 하고, 봉사처에서 큰 관심을 보이지도 않는 것 같아요. 하지만 상대적으로 첫 번째가 더 어렵다고 생각해요. 봉사처가 '봉사할 사람이 많다는 것'을 알게 하는 거요. 봉사처의 많은 분이 인터넷을 활용하거나 메일 쓰는 것을 잘 모르시거든요.

맞아요. 이 부분도 하고 싶은 말이 정말 많아요. 어떤버스는 현재 임의단체예요. 이 말은 곧 아무것도 아니라는 거예요. 정부가 규정하는 그 어떤 곳에도 소속되지 않은 모든 단체를 지칭하는 말이 '임의단체'니까요. 물론 저희도 후원을 받아요. 하지만 기부금 영수증을 끊어드릴 수 없는 명목의 지출이라면 운영비로 사용하기가 매우 어렵죠. 운영비로 사용하려면, 요즘 많이 생기는 모금함을 이용해야 하거든요. 문제는 이렇게 돈을 모아도 저희는 임의단체라 제가 개인 자격으로 갖고 있다가 사용할 수 없다는 거예요. 그래서 행사 진행과 관련 없는 비용은 전부 나눠서 내고 있어요.

저희와 비슷한 환경에 있는 단체들을 위해 관련 제도가 좀 더 유연해졌으면 좋겠어요. 사실 법인 등록을 알아보고는 있는데, 굉장히 복잡하고 어렵더라고요. 게다가 어떤버스는 사이드 프로젝트라 본업이 있는 멤버들은 법인 등록에 부담을 느끼기도 해요. 제일 좋은 건 정부에서 투잡과 비영리에 대한 기준과 제도를 개선해주는 거예요. 법인 설립을 하더라도 회원 수, 상주 인원 등에 대한 기준을 낮출 필요가 있다고 봐요.

이범규

범규 님은 지금 스물아홉인데, 언제까지 이렇게 고강도의 투
트랙 생활을 할 수 있을 거라고 생각하세요?

포지션 설정만 잘하면 충분히 지속 가능하다고 생각해요. 팀
에는 말한 적이 없지만, 어떤버스에 개입하는 건 최대 서른
살까지로 생각하고 있어요. 그 전까지 제가 없어도 충분히
잘 굴러가는 조직을 만드는 게 목표고요.
　어떤버스와 별개로 이 패턴을 놓으면 안 되겠다는 생각도
해요. 가능하다면 어떻게든 두 가지 방향성을 다 가져가려고
노력할 거예요. 하지만 분명한 것은, 사이드 프로젝트를 위
한 사이드 프로젝트를 하지는 않을 거라는 거예요.

인터뷰를 하며 다시 한번 한 고민은 이범규라는 사람을 통상적인 자
원봉사자로 상정해도 되는가였다. 그는 어지간한 비영리단체, 사회적
기업 종사자들에 비해서도 훨씬 더 많은 소셜 섹터 경험이 있고, 노력
의 깊이나 넓이도 비할 바가 아니었다.
　그의 모습은 루트임팩트의 '모든 사람들이 각자의 방식으로 사회문
제 해결에 기여할 수 있는 세상'이라는 비전과 부합한다. 임팩트를 추
구하는 방식은 달라도, 본인이 할 수 있는 일을 명확히 인지하고 최대
한 노력하는 것. 이렇게 다방면에서 활약하는 체인지메이커가 많으면
많을수록 사회문제의 다양한 해결책을 모색할 수 있을 뿐만 아니라,
근본적으로는 사회문제가 발생하기 전에 예방도 가능할 것이다.